契約の解釈

訴訟における争点化と立証方法

弁護士 田中 豊【著】

ぎょうせい

は し が き

　19世紀のイギリスの法制史学者ヘンリー・メインは、「身分から契約へ」という全く無駄のない標語によって、身分によって社会経済関係が構成されていた古代・中世から、私有財産制を前提とし自由な契約に基づいて社会経済関係が構成されるようになった近代以降への歴史的転換を見事に喝破しました。

　私たちの生きる現代では、個人又は法人間の一対一の契約の典型例にとどまらず、拘束される関係者が多数に上ることが予定されるいわゆる約款や規約が存在感を増している一方、単独行為である遺言もまた活用されています。そして、これらの法律行為は、様々な理由から、口頭によるのではなく文書によってされるのが一般的です。

　その結果、文書によるこれらの法律行為（遺言・契約・規約・約款等）の解釈をめぐって多くの紛争が生起しています。本書は、タイトルを「契約の解釈」としていますが、検討の対象を一対一の契約のみならず、上記の遺言・規約・約款といった法律行為全般を射程に収めています。このはしがきでは、「契約の解釈」という用語をこのような広義のものとしてお読みください。

　訴訟又は仲裁という紛争解決の場では、多くの事件において、契約の解釈が主要な争点になり、当事者及びその代理人が主張・立証に注力し、裁判官又は仲裁人がその判断に頭を悩ませています。

　そこで、本書は、日々紛争解決に奮闘しておられる法律実務家をその主要読者層とし、初級者が身につけておくべき基本的論点（「契約の解釈」の考慮要素とその重要性の序列）からかなりの経験を積んだ上級者が理解しておくことが望ましい論点（「契約の解釈」の争点の構造的位置付け）まで、「契約の解釈」に係る各般の問題につき、できるだけ正確で客観的な到達点を示すことによって、「現代における契約の解釈」の全体像を提示し、将来の展望を得ることを試みています。

　そのような試みが成功しているかどうかは、読者それぞれの評価に待つしかありませんが、本書の執筆に当たっての筆者の留意事項を整理しておきたいと存じます。

　第1に、法律実務家のみならず法学研究者の間における理解が未だに帰一

しているとはいい難い事実認定と法律判断との識別の問題につき、繰り返し具体的な紛争の考察の中で言及するように心がけました。そして、本書が検討対象とする「契約の解釈」とは、契約条項の意味を確定する法律判断としての作業であることを具体的に確認しています。

　第2に、契約の解釈の類型論（本来的解釈・規範的解釈という2類型論、又は本来的解釈・補充的解釈・修正的解釈という3類型論）は民法の解釈論ではなく、契約の解釈をした結果を頭の整理のために分類したものにすぎず、契約の解釈をめぐる具体的な紛争をあらかじめどの類型に属するのかを分類して、結論を導き出すことができるような都合の良いものではないことを、検討事例ごとに具体的に確認するように心がけました。

　第3に、上記のとおり、遺言・契約・規約・約款といった各種法律行為の解釈につき、従来、例えば遺言の解釈と契約の解釈とを対比させてあたかも検討の視点が著しく異なるものであるかのような特殊性を強調する言説が多くみられたのですが、具体的な紛争における解決の過程を検証することによって、特殊性を強調するのは正確な観察ではなく、むしろ連続性にこそ着目すべきであること―すなわち、各種法律行為の性質の異同さえ忘れなければ、契約の解釈の原理と手法とを身につけることが、遺言等その他の法律行為の解釈に大いに役立つこと―を確認しています。

　第4に、法律実務家の重要な仕事の一つとして「契約書の作成」が挙げられますが、契約の解釈をめぐる紛争は「失敗した契約書の作成の後始末」の側面があります。契約の解釈をめぐる紛争の発生原因を検証することは、取りも直さず「契約書の作成」についての欠陥を認識することにつながります。本書では、契約の解釈をめぐる紛争から今後の「契約書の作成」に活かすべきレッスンを得ようとしています。

　本書の内容と筆者の意図が読者の頭に届き心に響くことを切に願っています。

　最後に、本書の刊行にご尽力いただきました株式会社ぎょうせいの安倍雄一氏及び同社の関係者に心から謝意を表させていただきます。

　2025年3月

田　中　　豊

目　次

序章　契約の解釈の重要性

1　「身分から契約へ」と「契約自由の原則」……………………… 1
2　契約書の作成と契約の解釈………………………………………… 1
3　債権法改正の際の議論と本書の問題意識………………………… 2

第1章　契約の解釈とは

1　契約の解釈の判断プロセス………………………………………… 4
　⑴　はじめに…………………………………………………………… 4
　⑵　最1小判昭和51・7・19集民118号291頁にみる契約の解釈の判断プ
　　ロセス ……………………………………………………………… 5
2　契約の解釈という作業の性質——事実認定に係る問題か法律
　問題か………………………………………………………………… 11
　⑴　はじめに…………………………………………………………… 11
　⑵　「契約の解釈」という用語の使い方……………………………… 11
　⑶　最高裁判例の理由説示との整合性……………………………… 11
3　契約の解釈に係る方法論の分類学——本来的解釈・規範的解
　釈の2類型又は狭義の解釈・補充的解釈・修正的解釈の3類型 … 13
　⑴　法社会学的観点からの分類学…………………………………… 13
　⑵　最高裁判例の立場………………………………………………… 14
4　債権法改正における条文化をめぐる議論とその結末………… 14
　⑴　はじめに…………………………………………………………… 14
　⑵　「基本方針」における条文案……………………………………… 15
　⑶　「中間試案」における条文案……………………………………… 17

i

目 次

(4) 条文化の挫折とその原因 ……………………………………………………… 19

(5) 結 論 ………………………………………………………………………………… 22

第2章　契約の解釈における基本問題

1　はじめに ………………………………………………………………………………… 24

2　解釈の基準時──契約締結時か現時点（紛争発生時点）か ……… 24

(1) 契約の解釈が法律問題であることの意味 ……………………………… 24

(2) 解釈の基準時と一時的契約及び継続的契約 …………………………… 25

3　本来的解釈とその考慮要素 ………………………………………………… 26

(1) はじめに …………………………………………………………………………… 26

(2) 平成19年最高裁判決にみる契約の解釈とその考慮要素 ………… 27

4　規範的解釈とその考慮要素 ………………………………………………… 42

(1) はじめに …………………………………………………………………………… 42

(2) 昭和42年最高裁判決にみる契約の解釈とその考慮要素 ………… 42

第3章　本来的解釈と規範的解釈との識別、契約の解釈と法規の適用との識別

1　はじめに ………………………………………………………………………………… 54

2　本来的解釈か規範的解釈か──最1小判平成22・10・14における契約の解釈 ………………………………………………………………………… 54

(1) 事案の概要 ………………………………………………………………………… 54

(2) 原審のした本件条項の解釈とXの上告受理申立て理由 ………… 57

(3) 平成22年最高裁判決のした本件入金リンク条項の解釈 ………… 57

(4) 平成22年最高裁判決と契約の解釈の確定判例との関係 ………… 59

(5)　平成22年最高裁判決と契約の解釈における考慮要素 ……………… 61

3　契約の解釈か法規の適用か──最2小判平成20・7・4にお
ける契約の解釈の位置付け ………………………………………………… 69

　(1)　事案の概要 ………………………………………………………………… 69

　(2)　原審のした本件基本契約の解釈とXの上告受理申立て理由 ………… 71

　(3)　本件基本契約に基づく報告義務に係る平成20年最高裁判決の判断 … 72

　(4)　平成20年最高裁判決の判断の構造 …………………………………… 74

　(5)　平成20年最高裁判決の判例理論における位置付け ………………… 78

　(6)　契約の解釈と民商法の規定（任意規定）の適用との相対性 ……… 81

第4章　本来的解釈をめぐる主要な問題

1　はじめに …………………………………………………………………………… 85

2　「契約条項の文言に忠実に」の第1原則──最1小判昭和47・
3・2における契約の解釈 ………………………………………………… 85

　(1)　事案の概要 ………………………………………………………………… 85

　(2)　特約の成否についての原審の判断とYの上告理由 ………………… 86

　(3)　最1小判昭和47・3・2のした特約の成立に関する判断 ………… 87

　(4)　最1小判昭和47・3・2における契約の解釈という問題の位置付
　　け ……………………………………………………………………………… 89

　(5)　「契約条項の文理」の考慮要素がその余の考慮要素に比して圧倒
　　的に重要度が高いこと …………………………………………………… 91

　(6)　契約書の作成についてのメッセージ ………………………………… 92

3　「条項間の統一的・整合的解釈」の第2原則──最2小判平成
7・11・10における約款の解釈 ………………………………………… 93

　(1)　事案の概要 ………………………………………………………………… 93

　(2)　本件免責条項の解釈についての原審の判断とXらの上告理由 …… 94

iii

目 次

　(3)　平成7年最高裁判決のした本件免責条項にいう「配偶者」の解釈…96

　(4)　平成7年最高裁判決と契約の解釈との関係……………………………98

　(5)　考慮要素における「条項の統一性・整合性」の要素と「条項の実

　　　現しようとする目的」の要素との重要性の序列……………………99

　(6)　平成7年最高裁判決と「作成者不利の原則」、「免責条項の類推

　　　（拡張）解釈禁止の原則」との関係………………………………100

　(7)　平成7年最高裁判決の射程及び判決後の約款改正…………………101

4　「契約条項によって実現しようとした目的」の第3原則──最

**　2小判昭和43・2・23における特約の解釈**………………………102

　(1)　事案の概要…………………………………………………………102

　(2)　本件売買契約解除の成否についての第1審及び原審の判断とYの

　　　上告理由……………………………………………………………104

　(3)　解除理由にすることができる債務不履行と昭和43年最高裁判決…105

　(4)　判例理論と昭和43年最高裁判決との関係……………………………106

　(5)　契約の解釈の観点からの昭和43年最高裁判決の分析………………108

　(6)　本件特約が「実現しようとした目的」の重要性……………………112

　(7)　現行民法541条と昭和43年最高裁判決との関係……………………112

5　取引慣行又は社会通念の考慮要素──最3小判平成9・2・

**　25における不動産売買契約の損害賠償条項の解釈**…………………113

　(1)　事案の概要…………………………………………………………113

　(2)　本件契約9条の解釈についての原審の判断とXの上告理由…………115

　(3)　本件契約9条の解釈についての平成9年最高裁判決…………………115

　(4)　平成9年最高裁判決の理由の構造……………………………………117

　(5)　平成9年最高裁判決の性質と契約の解釈における取引慣行又は社

　　　会通念の考慮要素…………………………………………………118

目次

第5章　規範的解釈をめぐる主要な問題

1　はじめに··122

2　「交換的正義」（考慮要素1）──最2小判昭和43・3・15における示談契約の請求権放棄条項の解釈······················123

　⑴　事案の概要··123

　⑵　本件示談契約についての第1審の判断························125

　⑶　本件示談契約についての原審の判断とYの上告理由··········126

　⑷　最2小判昭和43・3・15のした本件示談契約中の請求権放棄の約定の解釈··127

　⑸　最2小判昭和43・3・15のした契約解釈の方法とそれ以外の解釈方法··128

　⑹　契約の解釈が法律問題であることの再確認····················131

3　「手続的正義」（考慮要素2）──最1小判昭和44・7・10における訴訟上の和解の明渡し条項の解釈····················131

　⑴　事案の概要··132

　⑵　本件和解条項についての控訴審（原審）の判断と上告理由·········134

　⑶　最1小判昭和44・7・10の本件和解条項の解釈················136

　⑷　訴訟上の和解における条項の解釈と「手続的正義」の観点·······137

　⑸　規範的解釈をした原判決と本来的解釈をした最高裁判決とを分けたもの··138

　⑹　契約時以降の事実が契約解釈の考慮要素になることの明確な指摘　140

4　「任意規定」（考慮要素3）──最1小判昭和43・11・21における建物賃貸借契約の無催告解除条項の解釈····················141

　⑴　事案の概要··141

v

目　次

- (2) 本件特約条項についての第 1 審及び控訴審（原審）の判断と上告
  理由 ··· 142
- (3) 最 1 小判昭和43・11・21の本件特約条項の解釈 ···················· 142
- (4) 継続的契約と契約解除の要件 ·· 143
- (5) 賃貸借契約の解除と信頼関係破壊論の二面性 ······················ 144
- (6) 賃貸借契約における無催告解除条項の解釈方法論 ················ 144
- (7) 最高裁のした本件特約条項の解釈の意義 ····························· 146

第 6 章　訴訟において「契約の解釈」が争点になる 3 つの態様

- 1 はじめに ·· 148
- 2 契約の解釈が法律問題の下部構造を成している場合（第 2 類型）——最 1 小判令和 4 ・12・12 ··· 149
  - (1) 事案の概要 ··· 149
  - (2) 消費者契約法10条該当性についての原審の判断 ················· 151
  - (3) 最 1 小判令和 4 ・12・12のした本件契約書の無催告解除条項及び
    明渡し擬制条項の各解釈 ·· 153
  - (4) 差止訴訟における消費者契約の解釈 ···································· 156
  - (5) 消費者契約法10条の要件と規範的解釈 ······························ 157
  - (6) 最 1 小判令和 4 ・12・12の意義 ·· 158
- 3 契約の解釈が認定問題の下部構造を成している場合（第 3 類型）——最 1 小判昭和61・ 2 ・27 ··· 159
  - (1) 事案の概要 ··· 159
  - (2) 第 1 審及び控訴審（原審）の判断とYの上告理由 ·············· 161
  - (3) 最 1 小判昭和61・ 2 ・27の理由説示 ·································· 161
  - (4) 最 1 小判昭和61・ 2 ・27の判断の構造と契約の解釈 ········· 162

（5） 重要な先例の存在——最1小判昭和39・10・8集民75号589頁 ····· 165

第7章　遺言の解釈

1　はじめに ·· 168

2　遺言の解釈と契約の解釈との異同——最3小判昭和30・5・10

　　··· 168

　（1）　はじめに ·· 168

　（2）　事案の概要 ·· 169

　（3）　本件遺言条項の解釈に係る原審の判断とYの上告理由 ············· 170

　（4）　最3小判昭和30・5・10のした遺言の解釈に係る判断 ············· 171

　（5）　遺言の解釈が「意思表示の解釈」の問題の一場面であることの確

　　　認 ·· 172

　（6）　遺言の解釈の解釈態度と考慮要素 ·· 172

　（7）　本来的解釈か規範的解釈か ··· 174

3　遺言の解釈における考慮要素 ··· 174

　（1）　はじめに ·· 174

　（2）　最2小判昭和58・3・18判時1075号115頁 ······························· 175

　（3）　最3小判平成5・1・19民集47巻1号1頁 ······························· 181

4　遺言の解釈と遺言書に表われていない事情 ································· 189

　（1）　はじめに ·· 189

　（2）　最3小判平成13・3・13の事案の概要 ····································· 189

　（3）　本件条項についての第1審及び控訴審の判断とXの上告理由 ······ 191

　（4）　最3小判平成13・3・13の本件条項についての解釈 ··············· 192

　（5）　「遺言条項の文言に忠実に」の第1原則 ····································· 194

　（6）　遺言書に表れていない事情を取り込むことの可否 ····················· 196

　（7）　遺言の解釈が法律問題であることの確認 ··································· 198

　（8）　小　括 ·· 198

vii

目 次

5　遺言の解釈における条項の文言の形式的解釈と他の要素の総合考慮とのバランス···198

(1)　はじめに···198

(2)　最2小判平成17・7・22の事案の概要································199

(3)　本件条項についての第1審及び控訴審（原審）の判断とYの上告理由···201

(4)　最2小判平成17・7・22の説示した遺言の解釈の判断枠組みとその適用···202

(5)　考慮要素に当たる具体的事実の認定は事実問題であること·········204

(6)　最3小判平成13・3・13と本件遺言書の記載との関係·············205

(7)　遺言条項の明瞭性の程度とその他の考慮要素との関係·············206

(8)　小　括···207

6　遺言の解釈と契約の解釈との関係·································208

(1)　遺言の解釈は法律行為（意思表示）の解釈の一場面であること····208

(2)　「真意の探求」と遺言の解釈との関係······························209

(3)　本来的解釈と規範的解釈···210

(4)　考慮要素の異同···210

(5)　結　論···211

第8章　約款・規約等の解釈

1　はじめに···213

2　約款の解釈──最2小判平成26・12・19··························213

(1)　事案の概要···213

(2)　第1審と控訴審の判断及びYの上告受理申立て理由·················216

(3)　最2小判平成26・12・19の本件賠償金条項（本件約款53条1項）の解釈···218

(4)　契約（約款）の解釈と「作成者不利の原則」·························220

viii

(5) 「不測の不利益」と「作成者不利の原則」との関係……………………… 221

(6) 契約の解釈と「合意が成立している」という表現との関係 ……… 222

(7) 法廷意見と補足意見………………………………………………………… 223

(8) 最 2 小判平成26・12・19の契約の解釈に係る判例としての位置付

け ……………………………………………………………………………… 224

3 規約の解釈——最 1 小判平成29・12・18………………………… 226

(1) 事案の概要………………………………………………………………… 226

(2) 第 1 審及び控訴審（原審）の判断と Y の上告受理申立て理由 ……… 230

(3) 最 1 小判平成29・12・18の理由と結論………………………………… 231

(4) 最高裁は本件規約全体の解釈によって結論を導いたのかそれとも

本件規約40条 3 項の解釈によって結論を導いたのか ………………… 233

(5) 区分所有法と最 1 小判平成29・12・18………………………………… 234

(6) 団体役員としての地位と役員の就く役職との峻別という発想……… 235

(7) 「区分所有者の合理的意思」に言及する意味………………………… 236

(8) 最 1 小判平成29・12・18の位置付け…………………………………… 238

終章　契約の解釈の全体像

1 はじめに………………………………………………………………………… 240

2 序章及び第 1 章から第 3 章まで—総論—………………………………… 240

(1) 序　章……………………………………………………………………… 240

(2) 第 1 章——契約の解釈とは……………………………………………… 241

(3) 第 2 章——契約の解釈における基本問題 …………………………… 241

(4) 第 3 章——本来的解釈と規範的解釈との識別、契約の解釈と法規

の適用との識別 …………………………………………………………… 243

3 第 4 章及び第 5 章—各論—………………………………………………… 244

(1) 第 4 章——本来的解釈をめぐる主要な問題 ………………………… 244

(2) 第 5 章——規範的解釈をめぐる主要な問題 ………………………… 244

目　次

4　第6章—争点の構造論— ································· 245
5　第7章及び第8章—展開編— ························· 246
　⑴　第7章——遺言の解釈 ······························· 246
　⑵　第8章——約款・規約等の解釈 ············· 247
6　結　　び ·· 247

事項別索引 ·· 249
判例索引 ·· 252
執筆者略歴 ·· 255

x

凡　例

1　裁判例

　裁判例を示す場合、「判決」⇒「判」、「決定」⇒決と略した。また、裁判所の表示および裁判例の出典については、次に掲げる略語を用いた。

（1）　裁判所名略語

大	大審院
最	最高裁判所
○○高	○○高等裁判所
○○地	○○地方裁判所
○○支	○○支部

（2）　判例集・定期刊行物等出典略語

民録	大審院民事判決録
民集	最高裁判所民事判例集
集民	最高裁判所裁判集民事
下民集	下級裁判所民事裁判例集
家月	家庭裁判月報
訴月	訴訟月報
金判	金融・商事判例
判時	判例時報
判タ	判例タイムズ
ジュリ	ジュリスト
法時	法律時報
法協	法学協会雑誌
重判解	重要判例解説（ジュリスト臨時増刊）
最判解民	最高裁判所判例解説民事篇
都法	東京都立大学法学会雑誌

2　文献略称表記

田中・紛争類型別	田中豊『紛争類型別事実認定の考え方と実務〔第2版〕』（民事法研究会、2020年）
田中・法律文書	田中豊『法律文書作成の基本〔第2版〕』（日本評論社、2019年）

平井・契約総論　　平井宜雄『債権各論Ⅰ上──契約総論』（弘文堂、2008年）
四宮＝能見　　　四宮和夫＝能見善久『民法総則〔第9版〕』（弘文堂、2018年）
我妻・講義Ⅰ　　我妻栄『新訂民法総則（民法講義Ⅰ）』（岩波書店、1965年）

序章　契約の解釈の重要性

1　「身分から契約へ」と「契約自由の原則」

　「身分から契約へ」という標語は、社会の多数が他人による身分的支配に従属して生きる者によって構成されていた時代から、社会を構成する全ての個人を権利能力の主体として認める時代への転換を示すものです。

　ここで「契約へ」と凝縮して表現されているのは、権利能力の主体である個人が自らの生活関係を形成する手段が私有財産制を基盤とした契約であるからです。

　個人は、他の者と契約を締結することによって、原則として、自らの望む権利義務関係を自由に創設することができます。これを「契約自由の原則」と呼び、民法521条1項、2項及び522条2項がその内容を成す4項目の自由—契約締結の自由、契約相手方選択の自由、契約内容の自由、契約方式の自由—を規定しています。

2　契約書の作成と契約の解釈

　民法の規定する典型契約をその目的ないし機能の点から観察すると、既に発生している紛争を解決するために締結する和解契約と、これから取引関係に入るために締結する契約とに分類することができます。

　前者の和解契約の条項作成上最重要の点は、紛争の対象（訴訟になっている場合は、「訴訟物」ということになります。）をどのように処分することによって互譲が成立したのかを二義なく明らかにするところにあります。

　後者の取引関係に入るための契約の目的は、平時における契約当事者の行為規範の明確化と危急時又は紛争発生時における裁判規範の明確化の2点にありますから、その条項作成上重要なのは、これら2つの目的を達成するこ

とができるよう、必要な条項を整備（漏れがないように）すること、及び契約全体が整合的であって、各条項を二義なく理解することができ、裁判（仲裁）によって実現することができるようになっていることです[1]。

　契約書の作成は、法律実務家の基本的職責の一つですが、契約の解釈をめぐる議論に精通していることは、契約書の作成能力を向上させるのに大きく役立ちます。とりわけ、契約の解釈が争われた事件において、どのように記述された契約条項につき、契約関係に入った当事者間にどのような内容の見解の対立が発生したのか、見解対立はどのような理由で発生したのか、どのようにすれば見解対立の発生を封ずることができたのか等を具体的かつ論理的に解明する作業を繰り返すことは、法律実務家にとって重要な鍛錬であるといって間違いないと思われます。

　本書は、契約書の作成をテーマとするものではありませんが、契約の解釈の論究が契約書の作成に裨益することを確信しています。契約の解釈が争われた事件は、契約書の作成の失敗例という側面があるのです。もちろん、全ての事件がそうだということはできませんが。

3　債権法改正の際の議論と本書の問題意識

　2017年5月26日、民法の債権法を中心とする規定について120年ぶりに全般的な見直しをした「民法の一部を改正する法律」がその整備法とともに成立し、ごく一部の例外を除き、2020年4月1日に施行されました。

　この改正民法に係る法制審議会においては、契約の解釈に関する準則を明文化するかどうか、明文化するとしてどのような条項にするかについて議論されたものの、結局、民法中に契約の解釈に関する準則を置かないとの結論に至ったため、契約の解釈という作業の性質をどう考えるか、契約の解釈をする際にどのような要素を考慮すべきか等の諸々の問題は、差し当たり判例の展開に委ねられることになりました。

1　以上につき、田中・法律文書304〜318頁を参照。

ところで、後記第1章・4にみるように、現在、契約の解釈に係る学説は錯綜していて、通説又は多数説と呼び得るものがあるかどうか、契約の解釈が争われる場面で実際に使用に耐える理屈が提案されているかどうかも判然としません。

　他方、契約の解釈が争われそれについての判断を示した裁判例は、最高裁判例を含めて多数蓄積されるに至っており[2]、我が国における判例法理の輪郭がみえてきているといってよいように思われます。

　そこで、本書は、契約の解釈が争われた裁判例を素材にして、改正民法に係る法制審議会での学説の議論と対比しつつ、我が国の判例の現在の到達点を確認するとともに将来の展望を得たいと考えています。

2　平井・契約総論79〜80頁は、「どのような証拠によってある『意思解釈』が採用されたのかは、自由心証主義の結果、結局は裁判官の心証に任され、外部から追試できるような形で判決中に明示されることは稀であり、かつ、これまで判例の準則は、契約の解釈の性質を、原則として、法律問題ではなく事実問題であると解するので、最上級審で争われることも稀である。」との認識を語っていますが、筆者の認識とはかなりの隔たりがあります。

第1章 契約の解釈とは

1 契約の解釈の判断プロセス

(1) はじめに

　近時、我が国における「契約の解釈」をテーマにする論文等はかなりの数に上っており、特に、債権法改正の際に法律実務家と法学研究者との間でかなり激しい議論が交わされた[1]結果、むしろ改正民法の中に契約の解釈の準則となる条項が置かれないことになった後に、冷静に「契約の解釈」を再検討しようとする機運も生まれているように見受けられます。

　本書は、債権法改正時の議論の総括を目的とするものではなく、現在の我が国の訴訟又は仲裁において「契約の解釈」がどのように争われ、どのように解決されているかの実際をまずは客観的に認識し、その上で、法律実務家として、「契約の解釈」に係る問題をどのように争点化し、どのように主張し、その争点との関係でどのような点に焦点を絞って立証するのが効果的であるかの展望を得ることを目的とするものです。この検討の過程で、債権法改正時の法学研究者の提案の意義等が明らかになるように試みることにしましょう。

　このような観点から、「契約の解釈」に係る抽象的な問題を抽象的に論ずるのではなく、抽象的な問題に帰着する論点につき、実際に生起する紛争を念頭に置いて具体的に検討することにします。

1　序章・3及び後記4を参照。

(2) 最1小判昭和51・7・19集民118号291頁にみる契約の解釈の判断プロセス

まず、最1小判昭和51・7・19集民118号291頁（以下「昭和51年最高裁判決」といいます。）を素材にして、契約の解釈の判断プロセスの基本を具体的に検討することにしましょう。

ア 事案の概要

昭和51年最高裁判決は、英文の契約書（協定書）による輸出契約の存続期間に係る契約の解釈が争われた事件についてのものであり、その事案の概要を原審の確定したところによって簡潔にまとめると、以下のとおりです。

【検討事例1】

① Ｙはオートバイ等の製造販売業者であり、Ｘは輸出入業者であるが、1964年7月31日頃、Ｙの製造するオートバイのタイ国向け輸出に関し、英文の協定書によって協定（本件協定）を締結した。

② 本件協定前におけるＹ製品のタイ国内における販売実績は比較的少なく、本件協定はその販路拡充を意図するものであった。

③ 本件協定の締結当時、Ｘはその資本、信用が比較的弱体であり、かつ、タイ国内の機構も貧弱で、独立の事務所や専任駐在員もなく、テレックス（加入電信）の設備もない状態であり、このような事情はＹも知っていた。

④ Ｘの販売能力や市場の将来性など不確定な要素があるため、本件協定による取引は試験的なものとして行われた。

⑤ Ｘは、本件協定に基づき、所定の期間に前記①のオートバイ800台をタイ国のＡ社向けに輸出した。

⑥ Ａ社からＹに対し、Ｘのタイ国内における機構・施設が貧弱な上、資金援助も受けられないので、Ｘを介する取引を希望しない旨の申入れがあっただけではなく、Ｘが取引代金の支払を遅滞することがあった。

⑦ 本件協定書第1条は、後記取引期間の1年間にＸがＡ社向け600台

第1章　契約の解釈とは

を超す輸出実績をあげることを条件として（英文の表現は"under the condition that"というもの。）、YはXをオートバイの輸出業者に指定するとの定めである。また、同第3条は、本件協定に基づく取引期間を1964年8月1日から1965年7月31日までの1年間とし、必要に応じて満了の3か月前に当事者双方の協議によりこれを更新することができるとの定めである。

⑧　Yは、Xから、1965年3月頃、本件協定更新の申出を受けたが、これを拒絶し、同年8月1日以降、Xに対するオートバイの供給を拒否した。Xは、Yがオートバイの供給を拒否したことが本件協定上の義務に違反すると主張して、Yに対し、債務不履行又は不法行為に基づき、損害賠償を請求した。

[関係図]

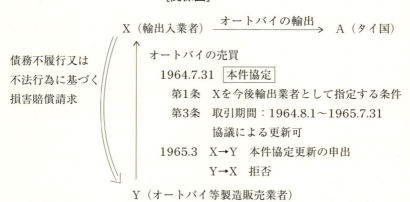

イ　原審のした本件協定の解釈とYの上告理由

第1審は、Xの請求を全部棄却しました。これに対し、控訴審である原審は、以下のように解釈、判断してXの請求を一部認容しました。

①　本件協定書第1条につき、YはXに対し試験的に1年間オートバイをタイ国のA社向けに輸出させることにし、Xが1年間に600台を超す

輸出成績をあげることを条件としてXを指定輸出業者とする旨を約定
したものと解釈し、
② 同協定書第3条につき、第1条所定の試験期間とその更新について
定め、Xが同条の条件を満足しなかった場合には、当事者の一方から
試験期間の延長を申し入れ、Xが同条の条件を満足した場合にも、Y
から試験期間の延長を申し入れることが、それぞれ可能な趣旨である
と解釈し、
③ Xが第1条所定の期間内に600台を超す成績をあげた以上、Xは指定
輸出業者たる地位を取得したものであると判断した。

　Yは、本件協定更新の条件が年間600台を超す輸出成績をあげることのみ
であるとした原判決の判断には経験則違反の違法があると主張して上告しま
した。

　ウ　昭和51年最高裁判決のした本件協定の解釈
　最高裁は、以下(a)～(e)のとおり、Xの請求を一部認容した原判決には、
「法律行為の解釈を誤った違法」があるとして、原判決のY敗訴部分を破棄
しました（破棄自判）。

(a)　法律行為の解釈にあたっては、当事者の目的、当該法律行為をする
に至った事情、慣習及び取引の通念などを斟酌しながら合理的にその
意味を明らかにすべきものである。
(b)　これを本件についてみると、
　(i)　一般的に、輸出貿易の市場関係が、他の同業者による介入、輸入
業者の倒産その他の輸出先の販路の事故など市場関係を急激に変化
させる要因が極めて多く、変遷し易いものであることは、原審の確
定するところであるから、このような事情をも併せて考察すると、
前記事実関係のもとでは、
　(ii)　本件協定による取引は、タイ国内におけるXの販売能力や市場性
につき不確定な要素があるため、試験的に行われたものであって、

第1章　契約の解釈とは

　　(iii)　本件協定書第1条により、Yは、Xが同条の製品を年に600台タイ
　　　　国A社向けに発注することを前提としてXをその輸出業者とする旨
　　　　を約し、さらに、同第3条において、本件協定に基づく取引期間を
　　　　1964年8月1日から1965年7月31日までの1年間とし、必要に応じ
　　　　て満了の3か月前に当事者双方の協議によりこれを延長（更新）する
　　　　ことができる旨を表明したものであり、

　　(iv)　その趣旨とするところは、本件協定は、更新されない限り1965年
　　　　7月31日の経過とともに失効し、当事者の一方が協議を申し入れて
　　　　も、相手方がこれに応ずる義務はないものと解するのが相当である。

(c)　けだし、これを原判決のように解するのは、本件協定書の明文に反
　　するのみならず、Xは同第1条のオートバイ600台を第3条所定の1年
　　間に輸出することにより当然に指定輸出業者たる地位を取得し、その
　　後は期間の制限なくその地位を保持しうることとなり、本件協定によ
　　る取引を試験的なものとした当事者の意思にも反する結果となるから
　　である。

(d)　そうすると、XがYの更新申入れを拒絶したことは前記のとおりで
　　あるから、本件協定は1965年7月31日の経過によって終了したことに
　　なるので、YがXに対し同年8月1日以降右約定による製品の供給を
　　しなくても、そのことが、X主張のように、債務不履行ないし不法行
　　為となる筋合はなく、この理は、Xが所定の600台以上を輸出したこと
　　によって異なるものではない。

(e)　したがって、Xの本訴請求は、その余の点について判断するまでも
　　なくいずれも失当としてこれを棄却すべきであり、右と異なる判断の
　　もとに、Xの請求を一部認容した原判決には、<u>法律行為の解釈を誤っ
　　た違法</u>があり、その違法は判決に影響を及ぼすことが明らかであるか
　　ら、その余の点についてふれるまでもなく論旨は理由があり、原判決
　　中Yの敗訴部分は破棄を免れない。

エ　昭和51年最高裁判決にみる契約の解釈の判断プロセス

　上告審における審判の対象は法律問題のみであり、原判決が適法に確定した事実は上告審を拘束します（民訴法321条１項）。現行民訴法は1998年１月１日に施行されたものであり、昭和51年最高裁判決はそれよりも前のものですが、この点に変更はありません。

　昭和51年最高裁判決の理由は、以下のとおりの構造を有しています。

［昭和51年最高裁判決の構造図］

```
①　原判決が適法に確定した事実の摘示（前記ア）
                    ↓
②　原判決のした本件協定の存続期間に係る契約の解釈及びＸの請求について
　の判断の要約（前記イ）
                    ↓
③　契約の解釈に当たって考慮すべき要素についての最高裁の判断（前記ウ(a)）
                    ↓
④　本件協定書の存続期間に係る契約の解釈についての最高裁の③の考慮要素
　の当てはめ判断（前記ウ(b)(c)）
                    ↓
⑤　④の契約の解釈を前提とするＸの請求についての最高裁の判断（前記ウ(d)
　(e)）
```

　昭和51年最高裁判決は、前記③において契約の解釈に際して考慮すべき要素についての判断を示した上で、同④において具体的事案（本件協定書の存続期間に係る条項）についての当てはめ判断をした事例判例です。

　昭和51年最高裁判決の理由説示の構造を前記のように整理してみれば、原審のした事実認定が①、法律判断が②であり、最高裁のした法律判断が③～⑤であることがよく分かります。

　すなわち、昭和51年最高裁判決を読むことによって、最高裁は、原判決が適法に確定した事実（前記ア）をそのまま前提としており、これに手を触れていないこと（すなわち、最高裁が自ら事実認定をしていないこと）を具体的に感得することができます。

9

第1章　契約の解釈とは

　その上で、昭和51年最高裁判決は、本件協定の存続期間に係る契約条項についての最高裁自身の判断を示した（前記ウ(b)）上で、原判決のした判断が誤っている理由を詳細に説示しています（前記ウ(c)）。

　昭和51年最高裁判決をこのように分析してみると、契約の解釈の判断プロセスは、以下の２ステップから成ることを理解することができます。

[契約の解釈の判断プロセス]

第１ステップ
　解釈が争われている契約に係る取引の慣行又は取引の通念、当該取引を巡る客観的状況、当事者が契約を締結した目的、当事者間の交渉開始から契約締結に至る経緯、契約条項の具体的内容・表現（文言）を確定する作業

第２ステップ
　契約条項をどのように理解すべきであるかの意味を確定する作業

　　オ　２ステップの判断プロセスを理解する実益

　前記エの２ステップのうちの第１ステップにおける作業は、事実審裁判所のする事実認定という性質のものです。これに対し、第２ステップにおける作業は、第１ステップにおいて確定された契約条項の具体的表現（文言）についての判断であり、多かれ少なかれ法律的観点からの評価を伴うものですから、法律判断ということになります。

　契約の解釈の判断プロセスが性質の異なる２ステップから成ることを理解しておくべき実務上の必要は、上告受理の申立理由を規定する現行民訴法318条１項にいう「法令の解釈に関する……事項」に当たるかどうか（要するに「法律問題」であるかどうか）を識別するところにあります。

　すなわち、第１ステップにおける事実審裁判所の判断は事実認定上の判断ですから、上告受理の申立理由にすることはできません。これに対し、第２ステップにおける事実審裁判所の判断は法律問題についての判断であって、上告受理の申立理由である「法令の解釈に関する……事項」ですから、それが「重要な」と判断される場合には、上告が受理され、上告審である最高裁

10

における審理判断がされることになります。

2 契約の解釈という作業の性質——事実認定に係る問題か法律問題か

(1) はじめに

前記1において、昭和51年最高裁判決を素材として検討した結果、契約の解釈の判断プロセスが2ステップから成ること、そのうちの第1ステップにおける判断は事実認定上の判断であり、第2ステップにおける判断は法律問題についての判断であることが明らかになりました。

(2) 「契約の解釈」という用語の使い方

次の問題は、「契約の解釈」という用語をどのように定義し、どの範囲の問題を検討する場面で使うことにするか、という約束事についてです。約束事の話ですから、昭和51年最高裁判決を初めとする最高裁判例における使い方を前提とすることによって、議論の混乱を避けることにします。

本書では、「契約の解釈」とは前記1(2)エの第2ステップにおける判断についてのみ使用することとし、第2ステップの前提を成す第1ステップにおける事実認定を含まないものとして使用することにします。

すなわち、「契約の解釈」とは、契約条項の法的意味（法的価値）を確定する作業（法律問題についての判断）をいうと定義することになります。

これは、後記3の契約の解釈の方法論についての分類如何（すなわち、本来的解釈であるか規範的解釈であるか、又は狭義の解釈・修正的解釈・補充的解釈のいずれであるか）にかかわりません。

(3) 最高裁判例の理由説示との整合性

前記(2)の用語の使い方は、昭和51年最高裁判決の理由説示に準拠したものであり、その後の最高裁判例の理由説示とも整合しています。

第1に、前記1(2)ウ(e)のとおり、昭和51年最高裁判決は、「法律行為の解釈を誤った違法」を原判決破棄の理由として挙げており、原判決が本件協定の条項の解釈を誤ったこと自体を法律判断の誤りであると位置付けているこ

11

第1章　契約の解釈とは

とが明らかです。

「契約の解釈」を事実認定上の判断（又は「契約の解釈」の中に事実認定上の判断も含まれることがある。）と性質付けるのであれば、それ自体では上告理由ないし破棄理由とすることができず、「経験則違反の違法を犯した結果、事実認定を誤った」と理由付けする必要があった[2]のですが、昭和51年最高裁判決はそのような論理によるものではありません。

また、原判決に法律行為の解釈を誤った違法ありとした昭和51年最高裁判決は、「契約の解釈」を「法律行為の解釈」という問題領域の1分野として位置付ける当時の学説の一般的な説明方法[3]に依拠したものです。

第2に、後記第2章・4において検討する最1小判昭和42・11・16民集21巻9号2430頁（以下「昭和42年最高裁判決」といいます。）は、その理由説示において、「ここで取り上げているのは契約の解釈についての法律上の問題であり、かりにその点についてまで当事者間の合致があるとしても、裁判所がこれと異なる法律判断をすることの妨げとなるものではないのである。」と判断し、契約の解釈が法律判断であるから、事実主張に係る弁論主義（主要事実についての自白の拘束力）が問題になることがない旨を明らかにしました。

ところで、学説は、昭和51年最高裁判決をいわゆる本来的解釈をした判例として位置付け、昭和42年最高裁判決をいわゆる規範的解釈をした判例として位置付けていますから、解釈の方法の類型如何にかかわらず、最高裁判例が「契約の解釈」という作業を、法律問題に係る法律判断の性質を有するものとしていると考えられます。

2　現に、前記1(2)イのとおり、Yは、原判決に経験則違反の違法があると構成して上告しました。

3　磯村保「法律行為の解釈方法」加藤一郎＝米倉明編『民法の争点I』30頁（有斐閣、1985年）を参照。

12

3 契約の解釈に係る方法論の分類学——本来的解釈・規範的解釈の 2 類型又は狭義の解釈・補充的解釈・修正的解釈の 3 類型

(1) 法社会学的観点からの分類学

しかし、判決における「法律行為の解釈」といわれる作業に大別して二つの類型があり、第 1 が、法律行為に使用されたシンボル（言語表現等）の意味を明らかにするという類型に属するもの（これを「意味の発見」と呼ぶ。）であり、第 2 が、法的価値判断をして法律行為に使用されたシンボルに望ましい効果を付与する操作をするという類型に属するもの（これを「意味の持込み」と呼ぶ。）である、とする学説が現れました[4]。

この学説は、必ずしも民法の解釈論として主張されたものではありませんが、その後の民法学説に影響を及ぼし、前記の 2 類型を理念型ととらえ、厳密な解釈論上の概念として採用することはできないとしつつ、「契約解釈の諸基準を分類するための大まかな尺度として用いる」とし、第 1 の類型を「本来的解釈」と呼び、第 2 の類型を「規範的解釈」と呼ぶ学説[5]が続きました。

また、第 1 の類型を「狭義の解釈」と呼び、第 2 の類型を更に「補充的解釈」と「修正的解釈」の二つに分類し、合計三つの類型があるとする学説もあります。この学説では、「狭義の解釈」とは、表示行為の意味を明らかにすることをいいます。そして、当事者の表示によって明らかにされない部分がある場合に、裁判官が契約の内容を補充する操作をすることをもって「補充的解釈」と呼び、当事者の表示のままに法的効果を認めると条理に反する場合に、裁判官が契約の内容を修正する操作をすることをもって「修正的解釈」と呼びます[6]。このような説明の内容自体に照らしてみても、狭義の解釈・補充的解釈・修正的解釈の 3 類型が相互に排他的な関係にあるわけでは

---

4 穂積忠夫「法律行為の『解釈』の構造と機能(2)」法協78巻 1 号30〜31頁（1962年）を参照。
5 平井・契約総論87〜91頁を参照。
6 四宮＝能見212頁を参照。

第1章　契約の解釈とは

なく、この分類学もまた理念型としてのものであることが明らかであるというべきでしょう。

(2)　最高裁判例の立場

昭和42年最高裁判決及び昭和51年最高裁判決のいずれも、前記のとおり、その理由説示において、契約の解釈という作業に類型を異にするものがあるとの理屈に言及することはありません。

我が国の最高裁判例を含む裁判実務は、契約中の条項の意味が争われる場合は、一般的に「当事者の合理的意思解釈」についての法律問題として処理しています。

前記(1)のとおり、本来的解釈・規範的解釈の2類型にせよ、狭義の解釈・補充的解釈・修正的解釈の3類型にせよ、理念型としての分類学であって、明快に類型間に境界を引くことができるわけではないのですから、これを訴訟という実践の場における解釈論として用いることに大きな意味はないと考えていると推察することができます。

この点については、第3章で再度検討することにします。

4　債権法改正における条文化をめぐる議論とその結末

(1)　はじめに

我が国の民法には契約の解釈についての規定が存在しないのですが、契約に基づく法律関係を解明する上で契約の解釈が果たしている役割の重要性に鑑み、契約の解釈という作業がどのような考え方に従ってされるべきであるかが民法の条文上明確であることが望ましいとの法学研究者の発想から、契約の解釈の考え方を条文化することが提案され、法制審議会民法（債権関係）部会において審議されたものの、条文化は見送られました。

そのため、契約の解釈という作業の合理化ないし精緻化は、まずは訴訟（仲裁）に携わる法律実務家の手腕に期待され、その結果としての裁判例等についての法学研究者による評釈等を通じての提案といった議論の過程に委ねられることになりました。

14

前記1(1)のとおり、本書は、法律実務家として、契約の解釈に係る問題を
どのように争点化し、どのように主張し、その争点との関係でどのような点
に焦点を絞って立証するのが効果的であるかの展望を得ることを目的とする
ものであって、法制審議会での審議の過程それ自身を検証することを目的と
するもの[7]ではありません。そこで、前記の目的に資する範囲で債権法改正
における条文化をめぐる議論を検討することにします。

(2) 「基本方針」における条文案

法学研究者有志による「民法（債権法）改正検討委員会」は、法制審議会
における叩き台とする目的で「債権法改正の基本方針」（以下「基本方針」と
いいます。）を公表しました。

基本方針は、裁判官が契約の解釈に当たってよるべき方法論（準則）とし
て、以下のとおり、本来的解釈・規範的解釈・補充的解釈の3類型に分けて
条文化することを提案しました。

［基本方針——契約の解釈の条文案］

［3.1.1.40］（本来的解釈）

　契約は、当事者の共通の意思に従って解釈されなければならない。

［3.1.1.41］（規範的解釈）

　契約は、当事者の意思が異なるときは、当事者が当該事情のもとにおいて合
理的に考えるならば理解したであろう意味に従って解釈されなければならない。

［3.1.1.42］（補充的解釈）

　［3.1.1.40］および［3.1.1.41］により、契約の内容を確定できない事項が
残る場合において、当事者がそのことを知っていれば合意したと考えられる内
容が確定できるときは、それに従って解釈されなければならない。

7　契約の解釈の条文化に係る法制審議会民法（債権関係）部会における審議の過程自体
を検討の対象にするものとして、北山修悟「契約の解釈と契約法理論(1)～(4)」成蹊法学
84号29頁・85号21頁・86号1頁・87号25頁（2016～2017年）、山代忠邦「契約の解釈に
関する原則—民法改正に対する議論を題材として—」信州大学経法論集2号1頁（2017
年）がある。

第1章　契約の解釈とは

　基本方針における条文案の特徴を客観的に整理すると、以下の諸点を挙げることができます。

　第1に、前記3(1)のとおり、裁判官のする契約の解釈という作業を、それまでの学説は、本来的解釈・規範的解釈の2類型に分けて説明するか、狭義の解釈・補充的解釈・修正的解釈の3類型に分けて説明するかのいずれかであったのですが、基本方針は、これらの学説を融合するかのように、本来的解釈・規範的解釈・補充的解釈の3類型に分けて条文化の提案をしたところに目立った特徴があります。その結果、各項目の下での条文案は、もともとそれまでの学説の契約の解釈の方法論について命名した各類型の内容と齟齬ないしズレを来している可能性のあるものでした。

　第2に、前記3(1)のとおり、それまでの学説は契約の解釈について裁判官のした作業を分析した結果を理念型として抽出し、その各類型に名を付したものであったのですが、基本方針は、これを裁判官に対する行為準則として規定しようと試みたところに特徴があります。すなわち、それまでの類型論は、裁判官のした「契約の解釈」という名の下での判断を回顧的に評価し分類する道具にすぎなかったのですが、この条文案は、裁判官が「契約の解釈」という名の下でする判断の方法ないし内容を拘束するための道具とすることを目的として提案されたものという性質を有していました。

　第3に、前記3(1)、(2)のとおり、それまでの学説における類型論は理念型としてのものであり、相互に排他的な関係に立っていなかったのですが、基本方針は、前記の条文案のとおり、規定の文言上相互に排他的な関係に立つように工夫されたものになっていたところに特徴があります。すなわち、条文の上では帳尻が合うようになっているのですが、この条文化はもともとの類型論が有していた裁判官のする作業の実態把握（各類型の間には明快な境界線を引くことのできない領域が存することが当然の前提になっていました。）と齟齬を来すという本末転倒を招来しているのではないかとの疑問を含むものになっていました。

(3) 「中間試案」における条文案

2010年11月30日の第19回法制審議会民法（債権関係）部会以降の議論を踏まえ、2013年2月26日の第71回部会において、「民法（債権関係）の改正に関する中間試案」（以下「中間試案」といいます。）が決定されました。

中間試案は、「第29 契約の解釈」とのタイトルの下、以下のとおり、3項に分けて条文化することを提案しました。

［中間試案──契約の解釈の条文案］

第29 契約の解釈

1 契約の内容について当事者が共通の理解をしていたときは、契約は、その理解に従って解釈しなければならないものとする。

2 契約の内容についての当事者の共通の理解が明らかでないときは、契約は、当事者が用いた文言その他の表現の通常の意味のほか、当該契約の当事者が合理的に考えれば理解したと認められる意味に従って解釈しなければならないものとする。

3 上記1及び2によって確定することができない事項が残る場合において、当事者がそのことを知っていれば合意したと認められる内容を確定することができるときは、契約は、その内容に従って解釈しなければならないものとする。

中間試案における条文案の特徴を、前記(2)の基本方針と対比しつつ、客観的に整理すると、以下の諸点を挙げることができます。

第1に、本来的解釈・規範的解釈・補充的解釈という基本方針の各項に掲示されていたタイトルを削除した上、各項の文言を微妙に変化させたため、基本方針の各項と中間試案の各項とがその内容において同一であるのか異なるのかが判然としないことになりました。

第2に、前記(2)のとおり、基本方針は、規定の文言上相互に排他的な関係に立つように工夫されていたのですが、中間試案は、規定の文言上相互に排他的な関係に立ってはおらず、前記2項と3項の守備範囲が重複している（読みようによっては、1項と2項との守備範囲も重複している）ため、提案さ

第1章　契約の解釈とは

れた条文のままでは、裁判官が契約の解釈という法律判断に当たって依るべき準則として機能させるのは難しい状況になりました。

　これを敷衍して説明しますと、基本方針は、(i)「当事者の共通の意思」があるとき、(ii)「当事者の意思が異なるとき」、(iii)(i)及び(ii)のいずれでもないとき（すなわち、当事者が合意を欠落させたとき）という構造になっていて、規定の文言上相互に排他的な関係に立っていました。これに対し、中間試案の2項は、「当事者の共通の理解が明らかでないとき」についての準則ですから、そこには、①基本方針の上記(ii)にいう「当事者の意思が異なるとき」のみならず、②当事者が合意を欠落させたときも含まれています。すなわち、中間試案の2項と3項との適用関係は、条文構造の外形上明らかでない状況になりました。

　学説の中には、契約の解釈の方法論として補充的解釈という類型が論じられるのは、表意者の「真意」を探求すべきであるという裁判規定を置くドイツ民法において、「真意」を「補充」するという正当化作業が要求されるからであるが、そのような規定を有しない我が国では補充的解釈という類型を掲げる必要はなく、本来的解釈と規範的解釈の2類型で足りるとするものがあります[8]。中間試案の2項と3項は、図らずもそのような学説の説明を裏付けることになったのかもしれません。

　第3に、1項の要件の表現が、中間試案においては、基本方針における「当事者の共通の意思」から「当事者が共通の理解をしていたとき」に変更されたため、少なくとも「共通の意思」又は「共通の理解」を問題とすべき時点が訴訟における判断時ではなく、契約締結時から紛争発生直前時までのいずれかの時点を想定していることが条文上示唆されることになりました。この中間試案は、基本方針から半歩前進したものですが、契約の解釈の基準時を条文上明らかにするには至りませんでした。契約の解釈の基準時の問題は、後述することにします。

8　平井・契約総論88頁を参照。

(4) 条文化の挫折とその原因

我が国の民法に契約の解釈に関する準則に係る直接の規定が存在しないため、その条文化が検討されたのですが、結局、法制審議会のコンセンサスを形成することが可能な成案を得る見込みが立たないとの理由により、契約の解釈に関する準則を条文化することは見送られました。

法制審議会における議論に直接参加した方々には、条文化の挫折につき、様々な考え方があり得るところですが、ここでは、考えられる条文化挫折の原因をできるだけ客観的に挙示しておくことにします。

第1に挙げるべきは、契約の解釈の方法に係る準則を条文化することが、そもそも今回の債権法改正の目的と整合していたのかという問題です。

すなわち、債権法改正に係る2009年10月28日の法務大臣の諮問は、「社会・経済の変化に対応し、国民一般にわかりやすいものとする」というものです。

この諮問には債権法改正の二つの目的が併記されており、第1のかつ最大の目的は、「国民一般にわかりやすいものとする」という点にありました[9]。より具体的には、民法施行後100年以上にわたる判例の到達点を条文に反映させることによって、国民が民法の条文から自らの行為規範及び紛争に至った場合の裁判規範を理解できるようにすることを意味していました。

そして、第2の目的が「社会・経済の変化に対応」するという点にありましたが、これは、1896年に成立した民法の条文の中に現代の取引実態にそぐわないものがあるので、そのような条文を現代化することを目指すという意味のものです。

ところで、契約の解釈の方法に係る準則の条文化は、裁判官に対する行為規範の創設という性質のものですから、今回の債権法改正の二つの目的のいずれにも直接関係しないことに気付かされます。

今回の債権法改正の目的との関係をこのように冷静に振り返ってみれば、

---

9 内田貴=門口正人「民法（債権法）改正の目指すもの（上）」NBL978号15頁（2012年）を参照。

第1章　契約の解釈とは

条文化挫折の原因は既にここに潜在していたといって間違いがありません。

第2に、条文化挫折の原因として、基本方針及び中間試案のいずれについてみても、半世紀以上にわたって蓄積されてきた最高裁判例の立場と適切に接続されたものであるかどうかに疑問があることを挙げることができます。

例えば、基本方針の本来的解釈における「共通の意思」又は中間試案の1項の「共通の理解」という要件が当事者双方の内心の事実を指すものとして用いられているかどうかが明らかではなく、その結果、「共通の意思」又は「共通の理解」と契約の解釈との関係も判然としません。

前記1⑵エ、オ及び同2⑶のとおり、昭和51年最高裁判決（本来的解釈をしたものとして分類される。）及び昭和42年最高裁判決（規範的解釈をしたものとして分類される。）は、裁判官のする法律行為の解釈又は契約の解釈という作業の性質を明確に法律問題についての判断（法律判断）と性質付けしているのですが、基本方針及び中間試案において提案された条文は、これらの最高裁判例との接続をどのように考えたものであるのか（接続又は断絶のいずれを意図したものであるのか）が明らかではありません。

第3に、条文化挫折の原因として、基本方針及び中間試案が法学研究者間における考え方の分布（学説分布）においてどのような位置を占めるものであるのか[10]、それが「伝統的通説」と呼ばれる考え方を克服したものであるかどうかが明らかでなく、また、基本方針及び中間試案における条文案が裁判官に対する行為規範として機能するかどうかに大きな疑問が残ることが挙げられます。

要するに、条文案の内容が正当かつ賢明なものであって、民事訴訟の実務において使い勝手のよいものであるかどうかについて懸念があるのです。

まず、前者の問題—伝統的通説と新通説との関係—についてですが、近時、契約の解釈に係る条文化の挫折につき、法制審議会における議論を検証する試みがなされており、そこでは、伝統的通説における法律行為又は契約

10　本文⑵、⑶を参照。

の解釈を「表示行為の客観的意味の探求」と定式化するのは単純化のしすぎであって、むしろ誤りではないかと指摘されているところです[11]。

次に、民事訴訟の実務における使い勝手のよさについてみますと、基本方針及び中間試案は、契約の解釈が争われた場合における判断の手順につき、まず一般的な原則を規定し、次に例外を規定するという条文構造になっておらず、基本方針では、例外を本来的解釈というタイトルの下に置き、原則を規範的解釈というタイトルの下に置くという形になっており[12]、また、中間試案では、例外を1項、原則を2項に置くという形になっており、条文としてはいかにもちぐはぐな感を否めません。

また、基本方針の補充的解釈及び中間試案の3項は、当事者間の合意に欠缺がある場合において、その具体的当事者が欠缺の存在に気付いたとすれば合意したと考えられる内容が確定できるときは、それに従って解釈するという趣旨のものです。これは、契約の解釈は、合意に欠缺がある部分の補充という性質のものであっても、どこまでも当該契約の具体的当事者がしたはずの内容（具体的当事者の仮定的意思）を確定しそれに従って解釈すべきであるとの発想によるものです。

11 　北山・前掲論文（注7）「契約の解釈と契約法理論(4)」成蹊法学87号26～39頁を参照。伝統的通説の代表とされる我妻・講義Ⅰ250頁が、「当該の法律行為によって当事者の達しようとした経済的または社会的目的を捉え、法律行為の全内容をこの目的に適合するように解釈することが、法律行為解釈の第一の標準である。前記の諸立法例では、法律行為に使用された文字に拘泥することなく、当事者の企図する趣旨を察知すべしといっている。……いずれも、結局、当事者の企図する目的を適当に達しさせることをもって根本の標準としているものといわねばならない」と記述していることなどを挙げて、伝統的通説と分類されている学説を再吟味すべきであると主張しています。

12 　法制審議会第85回会議において、能見委員は、「皆さんご意見もほぼ共通していると思いますけれども、契約書があれば原則としてその契約書の内容、その客観的な意味で理解されると、そういうルールが第一にあって、それの言わば例外として、客観的な意味ではなくて当事者が共通に主観的に理解していたものがあるならば、その意味で契約を理解しようというのが29の1［本来的解釈に関する準則］に出てくるということではないでしょうか。その関係を明確にしておけばいいのではないかと思います。」と発言しています。委員共通の理解であるとの前提で語られたこの何気ない発言は、基本方針の条文構造に対する鋭い批判を含むものと理解することができます。しかし、中間試案においても、「原則→例外」の構造の条文は提案されませんでした。

第1章　契約の解釈とは

　しかし、そもそも、具体的当事者間の合意に欠缺がある場合であるのに、裁判官に対し、その具体的当事者がしたはずの内容を前提にしてその合意の解釈をするというような仮定的判断を要求することが合理的であるかどうかには大きな疑問があります[13]。また、基本方針及び中間試案の条文案は、そこに記述されている要件のどこまでが事実認定上の問題であり、どこからが法律判断としての契約の解釈の問題であると考えているのかが判然としません。

　具体的当事者の仮定的意思を探求するというこのような立場に対し、当該契約が対象とする取引に係る業界の実務（business practice）を前提にし（ここまでは事実認定です。）、当該契約についての補充的解釈をする（これは法律判断です。）というのであれば、裁判官に仮定的判断を要求することにはなりません。

　さらに、学説からは、合意に欠缺がある場合におけるいわゆる補充的解釈につき、明文規定を置いている立法例はない（もちろん、具体的当事者の仮定的意思を探求することによって補充的解釈をせよとする立法例はない。）と指摘されています[14]。

(5)　結　論

　以上のように検討すると、基本方針及び中間試案を基礎にする条文化作業が挫折したのは、無理からぬ成り行きであったといって間違いなかろうと思われます。

　契約の解釈という法律問題に係る裁判官の判断準則を条文化するのが賢明であるとのコンセンサスが得られるとすれば、数多くの最高裁判例を分析することによって契約の解釈をする際に考慮されている要素を抽出し、その要

---

[13]　筆者は、法律実務家は十分に成熟して具体性のある問題についての判断をする能力を有しているということはできても、そうでない仮定的問題（hypothetical question）についての仮定的判断をするのは得意ではないから、避けるのが賢明であると述べたことがあります。田中・法律文書274頁を参照。具体的当事者の仮定的意思に基づく契約解釈という考え方には、共通の問題が伏在しています。

[14]　北山・前掲論文（注7）「契約の解釈と契約法理論(3)」成蹊法学86号11頁を参照。

素間の関係ないし重要性の原則的な序列を摘記するといった方式のもの[15]であろうと考えられます。前述したとおり、本来的解釈と規範的解釈といった類型論は、あくまでも契約の解釈をした判決理由を後に整理して分類するための理念型としてのものにすぎないのですから、具体的事件において契約の解釈をしようとしている裁判官がまず当該事件がその類型のいずれに当たるかの判断をし、それぞれの類型に押し込んで契約の解釈をする（法律判断をする。）というのでは、裁判官の判断順序として本末転倒であるということになります。

---

15 規範的要件である「正当の事由」についてではありますが、借地借家法6条（借地契約の更新拒絶の要件）は、「前条の異議は、借地権設定者及び借地権者……が土地の使用を必要とする事情のほか、借地に関する従前の経緯及び土地の利用状況並びに借地権設定者が土地の明渡しの条件として又は土地の明渡しと引換えに借地権者に対して財産上の給付をする旨の申出をした場合におけるその申出を考慮して、正当の事由があると認められる場合でなければ、述べることができない。」と規定し、正当の事由の有無に係る主要な考慮要素及びその序列のおおよそを摘記しています。

第2章　契約の解釈における基本問題

第2章　契約の解釈における基本問題

1　はじめに

第2章では、訴訟において契約の解釈が問題になる場合に、頻繁に問題となる基本的ポイントを検討しておくことにします。

以下、解釈の基準時（契約締結時か現時点か）に係る問題（2）、本来的解釈とその考慮要素に係る問題（3）、規範的解釈とその考慮要素に係る問題（4）の順に検討することにしましょう。

2　解釈の基準時——契約締結時か現時点（紛争発生時点）か

(1)　契約の解釈が法律問題であることの意味

前記第1章・1及び2で検討したとおり、最高裁判例は、契約の解釈を法律問題についての判断として性質付けています。それは、過去に締結された契約が当事者間の法律関係（権利義務関係）を現時点（紛争発生時点）においてどのように規律しているかという判断をする作業として性質付けていることを意味しています。すなわち、契約の解釈の基準時は、契約締結時ではなく、現時点（紛争発生時点）であるということになります。

制定法の解釈が、立法された時点における立法事実（当該制定法を立法する必要性を根拠付ける当時の事情）、立法者の意図等に拘束されて立法された時点における意味を考究する作業をいうのではなく、具体的紛争解決のために当該制定法が適用される現時点（紛争発生時点）における意味を考究する作業をいうことに思い至ることができれば[1]、これとパラレルな契約の解釈

の基準時に係る問題についても素直に了解することができるものと考えられます。

(2) 解釈の基準時と一時的契約及び継続的契約

前記(1)のように契約の解釈の基準時の問題を明確に押さえておく必要があるのは、紛争の対象となっている契約が一時的契約ではなくいわゆる継続的契約に分類される契約の場合です。1回の履行によって契約関係が終了するものを一時的契約と呼び、履行が一定の期間継続する又は一定の期間反復するものを継続的契約と呼びます。

継続的契約は、一定期間にわたって当事者の契約関係が継続するのですから、契約の解釈の基準時が契約締結時であるのか現時点（紛争発生時点）であるのかが前提問題として比較的に重要な位置に立つことが必然的に多くなります。継続的契約が数回にわたって更新された後に紛争が発生したという場合を想定しますと、同一の契約文言のまま当事者双方の債務の履行についての扱いが変容するといったことがしばしば起こりますから、解釈の基準時の問題が顕在化し重大化することになります。

契約の解釈の基準時の問題は、後記3、4で検討する契約の解釈の考慮要素に当たる具体的事実が原則として契約締結時までの事実に限られるのか、そうではなくて現時点（紛争発生時点）までの事実関係が広く含まれるのか、という問題に関係してくることになります。

契約の解釈の基準時が現時点（紛争発生時点）であるということになれば、契約の解釈の考慮要素に当たる具体的事実もまた現時点（紛争発生時点）までの事実関係が広く含まれることを無理なく理解することができ、訴訟にお

1　最大決平成25・9・4民集67巻6号1320頁は、非嫡出子の相続分を嫡出子の相続分の2分の1とする規定（民法900条4号ただし書の平成13年7月当時の規定）が憲法14条1項に違反するかどうかにつき、「遅くともAの相続が開始した平成13年7月当時においては、立法府の裁量権を考慮しても、嫡出子と嫡出でない子の法定相続分を区別する合理的な根拠は失われていたというべきである。したがって、本件規定は、遅くとも平成13年7月当時において、憲法14条1項に違反していたものというべきである。」と述べ、制定法の解釈の基準時が現時点（紛争発生時点）であることを分かりやすく説示しています。

第2章　契約の解釈における基本問題

ける主張・立証の対象とすべき事実を検討する上で、あれこれと迷うことが
なくなります。

　特に、後述する最2小判平成19・6・11集民224号521頁・判タ1250号76頁
（以下「平成19年最高裁判決」といいます。）が考慮要素として挙げる「当該契
約の締結に至る経緯等の事情」には、当該契約締結に向けての準備段階、交
渉の開始から締結までの経緯に限らず、当該契約締結後紛争発生までの当事
者双方の債務の履行等に係るやりとりが含まれることを明確に認識しておく
必要があります。

　これに対し、一時的契約の場合には、「契約締結後の事情のうちで、客観
的にみて、契約締結当時における合意を推認するのが合理的だと思われる期
間内における事情に限定すべきである」などと説明されることがあります[2]
が、これは、「契約締結当時における合意を推認する」という事実認定の合
理的手法の説明としてはそのとおりなのですが、契約の解釈という法律判断
をする場面における考慮要素が契約締結後相当期間内の事実に限られるとい
う趣旨をいうものであるとすれば、正確とはいえません。ただし、一時的契
約の解釈が問題になる場合には、通常、契約締結当時における合意を除き、
契約締結後相当期間経過後の事実が考慮要素として意味があることが少ない
ことはそのとおりです。

3　本来的解釈とその考慮要素

(1)　はじめに

　本来的解釈をした判例の代表として挙げられる昭和51年最高裁判決につい
ては、第1章・1(2)において詳細に検討しました。

　ここでは、本来的解釈をしたものとみられる平成19年最高裁判決を取り上
げ、最高裁判所の説示した考慮要素及びそれらを総合しての契約の解釈に係
る判断を検討することにしましょう。

2　平井・契約総論94〜96頁を参照。

26

(2) 平成19年最高裁判決にみる契約の解釈とその考慮要素

ア　事案の概要

平成19年最高裁判決は、フランチャイザーとフランチャイジーとの間でコンビニエンス・ストアの加盟店契約中のフランチャイジーが支払うこととされている対価の算定方法に係る条項の解釈が争われたものです。原審の確定した事案の概要は、以下のとおりです。

【検討事例2】

① Yは「セブン－イレブン・システム」と称するコンビニエンス・ストアのフランチャイズ・チェーンの運営等をする会社であり、Xはその加盟店である。

② Xは、Yとの間で、1995年3月1日、YがXに対して前記①のフランチャイズ・チェーンの加盟店を経営することを許諾し、経営指導・技術援助等をし、XがYに対して対価（チャージ）を支払うことを内容とする加盟店基本契約（本件契約）を締結し、本件契約に基づいて「セブン－イレブン・A店」の経営を開始した。

③ チャージの算定方法に係る本件契約書40条（本件条項）の定めは、「Yは、Xに対して、セブン－イレブン店経営に関する対価として、各会計期間ごとに、その末日に、売上総利益（売上高から売上商品原価を差し引いたもの）にたいし、付属明細書（ニ）の第3項に定める率を乗じた額（以下、セブン－イレブン・チャージという。）をオープンアカウントを通じ支払う。」というものである。以下、付属明細書（ニ）の第3項に定める率を「チャージ率」という。

④ Yは、Xが支払うべきチャージの金額を、毎月次のような計算方式（Y方式）により算定し、Xは、この方法に従ってYにより算定された金額を支払ってきた。

　（i） チャージは、YからXに対し毎月送付される損益計算書（本件損益計算書）に記載されている売上総利益（本件売上総利益）に対してチャージ率を乗じて算定される。

第2章　契約の解釈における基本問題

(ii)　本件損益計算書においては、本件売上総利益の金額は、「売上」の合計金額から「純売上原価」（本件純売上原価）を差し引いた金額とされている。そして、本件純売上原価は、月初商品棚卸高に当月商品仕入高を加算して月末商品棚卸高を控除することにより算出される「総売上原価」（本件総売上原価）から、「商品廃棄等」、「棚卸増減」及び「仕入値引高」の各金額を控除した金額とされている。

(iii)　チャージ金額は、本件売上総利益にチャージ率を乗じて算定されるものであるが、次の計算式のとおり、本件売上総利益には廃棄ロス原価及び棚卸ロス原価が含まれることになる。

「チャージ金額＝本件売上総利益×チャージ率＝（売上高－本件純売上原価）×チャージ率＝｛売上高－（本件総売上原価－廃棄ロス原価－棚卸ロス原価－仕入値引高）｝×チャージ率

⑤　本件契約書18条1項において引用されている付属明細書（ホ）2項には、Xが負担すべき費目たる営業費とされるものが列挙され、その中に「ヲ　不良・不適格品の原価相当額」、「ヘ　一定量の品べり（棚卸減）の原価相当額」との記載があり、廃棄ロス原価及び棚卸ロス原価が営業費となることが定められている。

⑥　Yが運営するフランチャイズ・チェーンに加盟して店舗の経営をすることを希望する者は、通常、経営委託説明会・面接・経営委託による約3か月にわたる店舗運営の体験等の過程を経て、Yと加盟店基本契約を締結していたが、Xも同様の過程を経て本件契約を締結した。前記の店舗運営の体験の際には、各店舗に店舗経営の詳細な手引書であるシステムマニュアルが備え付けられていて適宜参照できるようになっていたのであるが、その第10章中の損益計算書の項目には、「売上総利益」は売上高から「純売上原価」を差し引いたものであること、「純売上原価」は「総売上原価」から「仕入値引高」、「商品廃棄等」及び「棚卸増減」を差し引いて計算されることが記載されていた。

28

3 本来的解釈とその考慮要素

⑦　Yの担当者は、Xに対し、前記⑥の過程を通じて、(i)Yが運営する
フランチャイズ・チェーンのシステムにおいては、「荒利分配方式」
という方式が採用されており、これは、売上高から売上原価を差し引
いて算定した売上総利益（荒利益）をYと加盟店経営者が分け合うと
いうものであって、Yの取得分が売上総利益にチャージ率を乗じて得
られるチャージであり、加盟店経営者は売上総利益のその余の部分を
総収入として取得し、その中から人件費を含む営業費をまかなうこ
と、(ii)廃棄ロス原価及び棚卸ロスは、人件費と合わせて３大営業費
として加盟店経営者の全額負担となるが、経費を節減して加盟店経営
者の利益を確保するという観点から、これらをコントロールすること
が店舗経営において極めて重要であることの説明をした。

⑧　Xは、本件契約上、売上高から廃棄ロス原価及び棚卸ロス原価を控
除してチャージ金額算定の基礎とすべきであったのに、これらが控除
されていなかったため、Yは廃棄ロス原価及び棚卸ロス原価相当額を
基礎として算定されたチャージ相当額分を法律上の原因なく利得した
と主張し、Yに対し、不当利得金及びこれに対する遅延損害金の支払
を求めて訴訟を提起した。

[関係図]

X（フランチャイジー）

不当利得金等
の支払請求

1995.3.1　加盟店基本契約
　18条1項の引用する付属明細書（ホ）2項
　Xの負担する「営業費」（廃棄ロス原価+
　棚卸ロス原価を含む）
　40条：チャージの算定方法の定め（本件条項）

Y（フランチャイザー）

イ　原審のした本件条項の解釈とYの上告理由

第１審は、Xの請求を全部棄却しました。

29

第2章　契約の解釈における基本問題

　これに対し、控訴審である原審は、以下のように説示して、Ｘの請求を一部認容しました[3]。

---

①　企業会計原則では、売上総利益は売上高から売上原価を控除したものをいうところ、本件契約においても、売上総利益は売上高から売上商品原価を差し引いたものとされているから、本件条項所定の「売上商品原価」の文言は、企業会計原則にいう売上原価と同義のものと解するのが合理的である。

②　廃棄ロス原価及び棚卸ロス原価を売上原価に含めないというＹ方式による会計処理は、企業会計原則上認められている会計処理ではあっても、企業会計上一般に採用されている原価方式とは異なるものであるから、契約の条項においてＹ方式によることが明記されていない以上、「売上商品原価」は、一般に理解されているとおり、廃棄ロス原価及び棚卸ロス原価を含む「売上原価」を意味するものと解するのが相当である。そうすると、廃棄ロス原価及び棚卸ロス原価をチャージ算定の基礎に含める契約文言上の根拠はない。

③　契約締結の経緯等に照らし、ＸがＹ方式による会計処理及びこれに基づくチャージの算定方法を理解していたとは認められない。

④　ＹとＸとの間で、チャージの算定をＹ方式によるとの意思の合致があったものとは認められないから、ＹがＸから徴収したチャージのうち、廃棄ロス原価及び棚卸ロス原価に相当する金額をチャージ算定の基礎とした部分は、法律上の原因がなく、ＹはＸに対してこれを不当利得として返還すべきである。

　Ｙは、原判決の前記の判断には本件契約の解釈を誤った違法があると主張して上告受理の申立てをしました。

　　ウ　平成19年最高裁判決のした本件契約の解釈

3　東京高判平成17・2・24金判1250号33頁。

3　本来的解釈とその考慮要素

　最高裁は、以下(a)～(d)のとおり、Xの請求を一部認容した原判決には、
「本件契約の解釈を誤った違法」があるとして、原判決のY敗訴部分を破棄
し、Xの本件条項の錯誤無効の主張について審理を尽くさせるため、同部分
につき、本件を原審に差し戻しました（破棄差戻し）。

(a)　本件で問題になるのは、本件条項が チャージ算定の基礎として規定
　　する「売上総利益（売上高から売上商品原価を差し引いたもの。）」という
　　文言のうち、売上商品原価の中に廃棄ロス原価及び棚卸ロス原価が含
　　まれるか否かという点である。Y方式によれば、売上商品原価とは、
　　Xが実際に売り上げた商品の原価のことであるから、廃棄ロス原価及
　　び棚卸ロス原価が売上商品原価の中に含まれることはなく、その結果、
　　廃棄ロス原価及び棚卸ロス原価に相当する額がチャージ率を乗じる基
　　礎となる売上総利益の中に含まれることになる。

(b)

　(i)　まず、契約書の文言についてみると、「売上商品原価」という本件
　　　条項の文言は、実際に売り上げた商品の原価を意味するものと解さ
　　　れる余地が十分にあり、企業会計上一般に言われている売上原価を
　　　意味するものと即断することはできない。

　(ii)　次に、前記確定事実によれば、本件契約書18条1項において引用
　　　されている付属明細書（ホ）2項には廃棄ロス原価及び棚卸ロス原
　　　価が営業費となることが定められている上、Yの担当者は、本件契
　　　約が締結される前に、Xに対し、廃棄ロス原価及び棚卸ロス原価を
　　　営業費として会計処理すべきこと、それらは加盟店経営者の負担で
　　　あることを説明していたというのであり、上記定めや上記説明は、
　　　本件契約に基づくチャージの算定方式がY方式によるものであると
　　　いうことと整合する。

　(iii)　また、前記確定事実によれば、Xが本件契約締結前に店舗の経営委
　　　託を受けていた期間中、当該店舗に備え付けられていたシステムマニュ

第2章　契約の解釈における基本問題

アルの損益計算書についての項目には、「売上総利益」は売上高から「純売上原価」を差し引いたものであること、「純売上原価」は「総売上原価」から「仕入値引高」、「商品廃棄等」及び「棚卸増減」を差し引いて計算されることなどが記載されていたことも明らかである。

(c)　契約書の特定の条項の意味内容を解釈する場合、その条項中の文言の文理、他の条項との整合性、当該契約の締結に至る経緯等の事情を総合的に考慮して判断すべきところ、前記(b)の諸事情によれば、本件条項所定の「売上商品原価」は、実際に売り上げた商品の原価を意味し、廃棄ロス原価及び棚卸ロス原価を含まないものと解するのが相当である。そうすると、本件条項はY方式によってチャージを算定することを定めたものとみられる。

(d)　以上と異なる原審の前記判断には本件契約の解釈を誤った違法があり、この違法が判決に影響を及ぼすことは明らかである。これと同旨をいう論旨は理由があり、原判決のうちY敗訴部分は破棄を免れない。そして、Xは本件条項について錯誤無効の主張をしているので、この点について更に審理を尽くさせるため、上記部分につき、本件を原審に差し戻すこととする。

　　エ　平成19年最高裁判決にみる契約の解釈についての確定判例の立場

　平成19年最高裁判決は、コンビニエンス・ストアのフランチャイザーとフランチャイジーとの間の加盟店基本契約のうちのフランチャイザーのする経営指導・技術援助等についてフランチャイジーが支払うべき対価（本件契約では「チャージ」という名称ですが、「ロイヤルティ」という名称の契約もあります。）に係る条項の解釈を明らかにした事例判例[4]にすぎません。しかし、本判決は、それまでの判例の積み重ねを凝縮させたものであり、契約の解釈についての確定判例の立場を確認することができます。

　まず、本判決によって確認することのできる確定判例の立場を整理してお

4　法理判例、場合判例、事例判例の意義につき、田中・法律文書61～62頁を参照。

3　本来的解釈とその考慮要素

くことにしましょう。

　　(ア)　契約の解釈は法律問題であること

　平成19年最高裁判決は、前記ウ(d)のとおり、「契約の解釈を誤った違法」
を原判決破棄の理由として挙げており、原判決が本件契約の条項の解釈を
誤ったこと自体を法律判断の誤りとして位置付けていることが明らかです。
これは、前記第1章・2(3)のとおり、昭和51年最高裁判決が法律行為の解釈
を誤ったこと自体を法律判断の誤りとして位置付けているのと異なるところ
はありません。そして、昭和51年最高裁判決における「法律行為の解釈を
誤った違法」とは、そこで問題になった協定の条項の解釈を誤った違法、す
なわち契約の解釈を誤った違法であったのです。

　このように、昭和51年最高裁判決とそれから30年以上後の平成19年最高裁
判決とに当たってみるだけでも、契約の解釈は法律問題であるというのが最
高裁の確定判例の立場であることを確認することができます。

　　(イ)　契約の成立及び契約の解釈を前提にして錯誤の問題になるという法的
　　　　構造

　平成19年最高裁判決は、本件紛争の争点を以下のような論理構造で把握し
ています。

[平成19年最高裁判決が前提とする争点構造図]

> ［1］　契約の成立（当事者間に争いなし）
> 　本件条項は、「売上総利益は、売上高から売上商品原価を差し引いたものを
> いう」という表示の合致によって成立した。
>
> ↓
>
> ［2］　本件条項のうち「売上商品原価」の意味（当事者間に争いあり←法律
> 上の争点）
> 　売上商品原価に廃棄ロス原価及び棚卸ロス原価が含まれる（Xの解釈）か含
> まれない（Yの解釈）か？
>
> ↓
>
> ［3］　Xの意思表示の錯誤（当事者間に争いあり←誤解の有無・誤解と承諾
> の意思表示の事実的因果関係は事実上の争点）

33

第2章　契約の解釈における基本問題

> 　売上商品原価に廃棄ロス原価及び棚卸ロス原価が含まれない（Yの解釈）と
> すると、本件条項についてのXの承諾の意思表示は錯誤に基づくものか？

　平成19年最高裁判決は、前記ア②、③のとおり、チャージの算定方法に係
る本件条項を含む本件契約全体が成立していること（前記［1］）を原審が適
法に確定した事実としています。

　その上で、本件条項を含む本件契約全体が成立したものとして本件条項に
ついての契約の解釈の争点（前記［2］）の判断をしています。

　さらに、平成19年最高裁判決は、最高裁がした本件条項についての契約の
解釈を前提にして、本件条項についてのXの承諾の意思表示が錯誤に基づく
ものであるかどうかについて更に審理を尽くさせるため、本件を原審に差し
戻しました。

　契約が成立したかどうかという争点との関係で契約の解釈が問題になるこ
ともないではないのですが、ビジネスの実際上起きる紛争の多くは、平成19
年最高裁判決が扱った紛争のように、契約の成立を前提にしてその履行段階
において契約当事者の債権債務の内容について当事者間に意見の相違が顕在
化するというものです。

　そして、現在の裁判実務及び通説は、契約中のある条項の解釈に争いがあ
るからといって、当該条項につき当事者間の意思表示に合致があったとはい
えないと考えるのではなく、外形的に表示されたところに従った合致があっ
たとした上で、当該条項の意味に争いがある場合には、それを契約の解釈に
係る法律問題として明らかにするという順番で考えています。

　その上で、裁判所は、契約の解釈についての自らの主張が容れられなかっ
た当事者において錯誤の主張[5]をする場合には、錯誤の要件に当たる事実の
存否及び錯誤であるときにどのような法的効果が発生するのかを判断するこ

5　平成19年最高裁判決は、前記ウ(d)のとおり、改正前民法95条の規定により「錯誤無効
　の主張」と説示していますが、現行民法95条1項の規定では「錯誤取消しの主張」とい
　うことになります。

34

とになります。

平成19年最高裁判決は、以上のとおり、契約の履行段階において紛争が生ずる場合における争点の構造（契約の成立→契約の解釈→錯誤という構造）を再確認させるものでもあります。

オ　本来的解釈のための考慮要素

平成19年最高裁判決の事案における契約の解釈は、本件条項中の「売上商品原価」という用語に当事者が付与した意味を発見しようとするものです。したがって、平成19年最高裁判決は、前記第1章・3の分類学上の用語によれば、本来的解釈をした事例判例ということになります。

前記ウ(c)のとおり、平成19年最高裁判決は、契約書が作成されている場合における契約の解釈が争われたときの考慮要素を列挙した上で、そこで挙げた考慮要素を一つずつ検討して、本件条項中の「売上商品原価」という用語の意味についての判断をしています。裁判所に持ち込まれる紛争のほとんど全ては、契約書が作成されている契約についてのものですから、ここで列挙された考慮要素は汎用性の高いものです。

平成19年最高裁判決は、具体的には、①「その条項中の文言の文理」、②「他の条項との整合性」、③「当該契約の締結に至る経緯等」の3つの考慮要素を列挙した上、④これら「の事情を総合的に考慮して判断すべき」であるとの契約の解釈の判断方法を説示しました。

ここで、前記第1章・1(2)の昭和51年最高裁判決を再確認しておきましょう。昭和51年最高裁判決は、契約の解釈の考慮要素として、①「当事者の目的」、②「当該法律行為をするに至った事情」、③「慣習及び取引の通念など」3つを列挙した上、④これら「を斟酌しながら合理的にその意味を明らかにすべきものである」との契約の解釈の判断方法を説示しました。

昭和51年最高裁判決と平成19年最高裁判決の説示は、契約の解釈という問題に向かう法律実務家が身に付けておくべき基礎的事項を教えています。両判決を比較対照して、押さえておくべきポイントを整理すると、以下のとおりです。

35

第2章　契約の解釈における基本問題

　第1に、いずれの判決も具体的考慮要素の最後を「など（等）」と結んでいますから、考慮要素の列挙は限定的なものではなく例示的なものです。

　第2に、一見して、昭和51年最高裁判決の考慮要素②「当該法律行為をするに至った事情」と平成19年最高裁判決の考慮要素③「当該契約の締結に至る経緯」とが同一のものであると了解することができますが、それ以外の考慮要素が共通していないように見受けられることをどのように理解すべきであるかを検討しておく必要があります。

　共通しない考慮要素として、昭和51年最高裁判決には①「当事者の目的」及び③「慣習及び取引の通念」が挙げられ、平成19年最高裁判決には①「その条項中の文言の文理」及び②「他の条項との整合性」が挙げられているのは、いずれも事例判例であるところに原因があります。すなわち、いずれの判決においても争点が契約の解釈にあったことに間違いはないのですが、各事件において争われた条項の内容と性質の違いを反映して、各事件の結論を導く上で考慮すべき要素及びその重要性の程度には相違があったのです。

　更に具体的に説明しますと、昭和51年最高裁判決においては、オートバイの輸出契約に係る更新条件が一定台数の輸出成績をあげることのみにあったかどうかが争われたのに対し、平成19年最高裁判決においては、フランチャイズ契約の一方当事者であるフランチャイジーの支払うべき対価の計算方法を定める条項中の「売上商品原価」という用語の意味が争われたのです。このような争点となった条項の内容と性質の違いの結果、前者においては「当事者の目的」及び「慣習及び取引の通念」の各要素が重要な地位を占め、後者においては「その条項中の文言の文理」及び「他の条項との整合性」の各要素が重要な地位を占めることになりました。

　第3に、契約の解釈の判断方法につき、昭和51年最高裁判決は複数の考慮要素を斟酌しながら合理的にその意味を明らかにすべきであるとし、平成19年最高裁判決は複数の考慮要素を総合的に考慮して判断すべきであるとしています。これらの説示によって、契約の解釈という作業の法的性質が（事実）認定ではなく、各事案に応じた規範的作業であって法律判断にほかなら

ないことを無理なく理解することができます。

以上を確認した上で、昭和51年最高裁判決及び平成19年最高裁判決に準拠し、契約の本来的解釈をする場合における考慮要素を整理して一覧表の形にしておきましょう。

［本来的解釈の考慮要素］

1　争われている契約における条項の文言の文理（language）
2　当該条項と他の条項との整合性（consistency）
3　当事者が当該契約の締結によって実現しようとした目的（purpose）
4　当該契約の準備段階・交渉開始から締結に至る経緯（history up to the execution of the contract）
5　当該契約の締結後紛争発生に至る経緯（history after the execution of the contract）
6　当該契約と同種の取引についての慣行及び通念（business customs and practices）

前記の一覧表の番号は、契約の解釈の結論的判断に及ぼす一般的な重要性の程度を示すものです。

前記1、2は、当該契約条項の文言及び他の条項との整合性という要素の重要性をいうものですが、契約書を取り交わす理由が契約当事者間における行為規範の明確化と紛争発生時における裁判規範の明確化という二つの点にあること[6]に照らして、当然のことと考えられます。

次に重要な考慮要素となるのは、前記3の当該契約条項によって当事者が実現しようとした目的です。この点については、学説にも異論がありません[7]。

前記4、5は、当該契約締結前後の交渉経緯であり、当該条項自体の文言（表現）に不明瞭な点が残っていても、当該契約締結前の交渉過程において当該論点又は関連する論点について当事者間において議論がされたことがあ

6　田中・法律文書316頁を参照。
7　我妻・講義Ⅰ250頁、四宮＝能見213頁を参照。

37

第2章　契約の解釈における基本問題

れば、そこでの議論の内容等が参考になるのはみやすいところです。また、当該契約締結後の事実であっても、一方当事者の主張する解釈に基づく履行が継続していたということがあれば、そのような事実が考慮されることは合理的であると思われます。平成19年最高裁判決は、本件契約締結後のチャージの実務に大きな重要性を与えたわけではありませんが、前記ア④のとおり、それを確定事実として摘示しています。前記1のとおり、契約の解釈の基準時が現時点であることからして、論理的には当然のことと考えられます。

　最後に、前記6ですが、当該契約は特定の時代と場所とを背景にして締結されたのですから、当該契約と同種の取引についての慣行及び通念（要するに、当該取引業界における経験則）が存在するのであれば、それらが契約の解釈の考慮要素に組み込まれるのは自然なことです。しかし、具体的な当事者間における当該契約についての解釈をするのですから、考慮要素としての重要性の順番が下位になるのは当然のことというべきでしょう。

　ところで、本書が「解釈の考慮要素」という用語で説明するのに対し、民法の教科書は「解釈の基準」という用語を使うのが一般的です[8]。筆者は、「基準」という用語が「判断の基礎とすべき標準（高低のレベル）」を想起させるものであるので、「判断の際に考慮すべき要素（ファクター）」という趣旨を直截に想起させる「考慮要素」という用語が適切ではないかと考えています。いずれにしても、本書は、民法の教科書の一般的な用語法に従っていませんから、ご留意ください。

　　カ　平成19年最高裁判決から汲み取るべきレッスン

　平成19年最高裁判決は、契約の解釈につき、東京高裁のした判断を誤りとして原判決を破棄したものですから、法律実務家としては、これを重く受け止め、結論を異にした理由をきちんと総括しておく必要があります。

　第1に、前記イ①〜③のように、原判決は、結局のところ、企業会計原則

8　例えば、平井・契約総論92頁、102頁、四宮＝能見212頁を参照。

における「売上原価」という用語と本件契約における「売上商品原価」という用語とが同義であるとしたのです。

しかし、本件契約は企業会計原則における用語とは異なる表現をしていることに争いがないのですから、原判決としては、(i)異なる表現を採用したことに何らかの合理的な理由がないのかどうか、(ii)本件契約及びそれと一体を成す付属明細書の関連する条項の定めの形式と内容がどのようなものであるのか、(iii)フランチャイジーとなったXが本件契約締結前に経験した3か月にもわたる説明会や店舗運営の体験時に目にしていたシステムマニュアルの記載内容がどのようなものであるのか、(iv)本件契約締結後Y方式によって繰り返されたチャージの実務につき、Xがどのような対応をしていたのか、といった本件契約自体に即した具体的な考慮要素を検討すべきであったのですが、原判決は、これらの諸点についての関心が低く、検討が形式的であるのが最大の問題です。

特に、フランチャイジーがフランチャイザーに対して支払うべきチャージ（ロイヤルティ）の算定方式としては、定額方式、総売上利益方式（Y方式）、売上歩合方式、純粋粗利益方式（Xの主張する方式）等がある上、コンビニエンス・ストアのフランチャイズ契約においてはそのうちの総売上利益方式（Y方式）を採る例が多いことが知られています[9]から、原判決としては、前記オの1から5までの諸要素を丹念に検討する必要があったのです。

平成19年最高裁判決は、原判決につき、前記オの1から5までの諸要素よりも低い重要性しかない前記オの6の要素に当たる企業会計原則の用語に引き付けてやや機械的・形式的に契約の解釈に係る判断をしたものと評価したものと考えることができます。

原判決としては、Yにおいて企業会計原則の用語と異なる意味を持たせたいのであれば、本件契約書本体にその旨を二義を許さないように明示することは容易であるし、現にそうしているフランチャイザーも存在することでも

9　西口元ほか編『フランチャイズ契約の法律相談』135頁［木村久也］（青林書院、2004年）を参照。

39

第2章　契約の解釈における基本問題

あるから、そうしなかったＹに不利な解釈がされても甘受すべきであると考えたのかもしれません。

　しかし、平成19年最高裁判決は、原判決の判断がそのような考え方に基づくものと仮定しても、本件においては、前記オの１から５までの諸要素を総合してみると同６の要素をはるかに凌駕しているという立場に立っているとみて間違いありません。

　第２に、フランチャイジーになる者の多くが個人商店であってＹに比較すると会計に関する知識や経験に乏しいとの補足意見の指摘が一般的には妥当するとしても、前記ア⑤及び⑥のとおり、ＹはＸに対し、本件契約を締結するのに先立って、経営委託説明会・面接・経営委託による約３か月にわたる店舗運営の体験等の機会を提供しているのであって、特に、店舗運営の体験の際にＸが参照可能なシステムマニュアル（店舗経営の詳細な手引書）には、「売上商品原価」に廃棄ロス原価及び棚卸ロス原価が含まれないとの趣旨の記載がある上、本件契約後は一貫してＹ方式によるチャージがされていたというのですから、そのようなかなり手厚い過程を経てフランチャイジーになった商人であるＸがＹ方式を理解しないまま本件契約を締結し（すなわち、前記イ③の事実認定）、その後も漫然とＹ方式によって計算されたチャージを支払い続けていたというのは、事実認定として経験則に反するのではないかという疑問を禁じ得ません。

　これを規範的な観点から説明すると、フランチャイズ契約を締結してフランチャイジーになろうとする者は、商人として自らの営業に係る会計に関する知識を補充し、フランチャイザーから提供された説明資料等に判然としない部分がある場合には、説明を求めるなどして理解しておく努力が求められるということになります。フランチャイジーもまた、フランチャイズ契約の一方当事者として、他方当事者であるフランチャイザーの指導や説明に依存していればよいというわけではないということです。

　　キ　補足意見にみる契約書作成上の留意点

　補足意見は、以下のとおり、本件契約書の定めの仕方について苦言を呈し

ています。

> (a) 本件契約である加盟店基本契約は、Yが一方的に定めたものであって、加盟店となるには、これを承諾するしかなく、これを承諾することによって、加盟店契約が締結されるものであるところ、チャージがいかにして算出されるかについては、加盟店の関心の最も強いところであるから、契約書上それが加盟店となる者に明確に認識できるような規定であることが望ましいことはいうまでもなく、また、そのような規定を設けることが困難であるという事情もうかがうことができない。
>
> (b) Yの一方的な作成になる本件契約書におけるチャージの算定方法に関する記載には、問題があり、契約書上明確にその意味が読み取れるような規定ぶりに改善することが望まれるところである。

　ここで言及されているのは、フランチャイズ・チェーンを形成するのに必要不可欠な加盟店基本契約についてです。組織形成契約という性質上、フランチャイザー側が統一契約書フォームを用意し、フランチャイジー候補者はそれを検討し、用意された加盟店基本契約の条項全体を承諾することができる場合には、それに調印することによってフランチャイジーになるという手順を踏むのが通常です。基本的に、フランチャイジー候補者において個別の条項の削除や修正を求めるといった交渉を経て契約が成立するのではなく、そのような交渉を経て契約が成立する対等当事者間の契約とはだいぶ様相が異なります。

　補足意見は、そのような加盟店基本契約の特質に着目した上で、フランチャイジーの支払うべき対価という当該契約の中核となる義務条項については、通常長頁にわたる付属明細書やマニュアルを参照することなく、契約書本体中に二義なく理解できるような定めを置くべきであるという提言です。

　本件紛争に即してみると、この補足意見は、加盟店基本契約の本体中に、チャージ金額の算定につき、①「チャージ金額＝売上総利益×チャージ率」、

第2章　契約の解釈における基本問題

②「売上総利益＝売上高－売上商品原価」、③「売上商品原価＝売上原価－（廃棄ロス原価＋棚卸ロス原価＋仕入値引高）」であることが明示されていることが望ましいというものです。

　補足意見の述べるように、加盟店基本契約の条項をそのように改訂することに困難はないと思われます。前記オのとおり、契約書を取り交わす理由は、契約当事者間における行為規範の明確化と紛争発生時における裁判規範の明確化という二つの点にあるのですから、そのような改訂は、正に契約書作成目的に適うものというべきです。

4　規範的解釈とその考慮要素

(1)　はじめに

　前記第1章・2(3)において、学説は、一般に、規範的解釈をした判例として昭和42年最高裁判決を挙げていると説明しました。

　そこで、昭和42年最高裁判決を取り上げてその理由説示を分析することによって、最高裁判所はどのような理由から規範的解釈をすることにしたのか、その際の考慮要素としてどのような項目に着目したのか等の点を検討することにしましょう。

(2)　昭和42年最高裁判決にみる契約の解釈とその考慮要素

ア　事案の概要

　昭和42年最高裁判決は、以下の事案の概要にみるとおり、かなり複雑な経緯をたどって紛争化した事件におけるものですが、停止条件付代物弁済契約につき、債務弁済手段としての本来の代物弁済契約であるのか、債権の優先弁済を受けることを可能にするための担保権設定契約の実質を有するものであるのか、という契約の性質が争われたものです。

　原審の確定した事案の概要は、以下のとおりです。

───【検討事例3】───────────────────
　①　Aは、B相互銀行との間の取引契約に基づき、昭和30年2月、本件
　　土地・建物の各2分の1の持分権（以下、これらの持分権を「本件物

件」という。）に根抵当権（債権極度額10万円、期間の定めなし）を設定
し、同時に、同根抵当権の債務の弁済を遅滞したときは本件物件の所
有権をBに移転する旨の停止条件付代物弁済契約を締結し、根抵当権
設定登記及び所有権移転請求権保全の仮登記を経由した。

② Xは、Bから、Aの承諾を受け、昭和36年6月、BのAに対する債権
と根抵当権及び代物弁済契約上の権利を譲り受け、各移転の附記登記
を経由した。その後、Xは、Aとの間で、取引契約を解除し、債権額
を8万7590円と確定し、弁済期を同年8月20日、利息日歩5銭、遅延
損害金日歩10銭と合意し、根抵当権を同確定債権を被担保債権とする
抵当権と変更した上、その旨の変更登記を経由した。

③ Aが債務の弁済を遅滞したため、Xは、停止条件付代物弁済契約の
条件成就により本件物件の所有権を取得したと主張し、Aに対し、仮
登記の本登記手続を求める訴えを提起した。Aは、昭和38年11月、X
の請求を認諾した。

④ 一方、Y信用組合は、Aに対する執行力ある判決正本に基づいて本
件物件の強制競売を申し立て、昭和38年9月、競売開始決定を得て差
押え登記がされた。

⑤ Xは、Yに対し、登記上利害関係を有する者に当たるとして仮登記
の本登記手続についての承諾を求めるとともに、同本登記がされたと
きはYの強制執行は許されない旨の判決を求める第三者異議の訴えを
提起した。

⑥ Yは、昭和38年11月当時の本件物件の最低競売価格は48万4500円、
実際の時価は150万円を下らないのに、Aが真意で8万円余の債務の
弁済に供するはずはなく、仮に代物弁済合意がされたとしても、A
の窮迫浅慮に乗じた暴利行為として無効であるなどと主張して争っ
た。

第2章　契約の解釈における基本問題

[関係図]

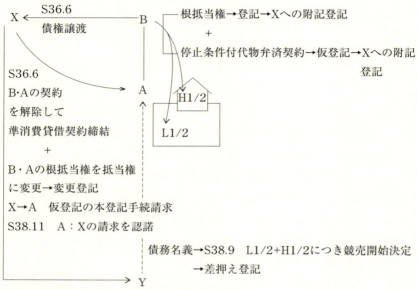

① 仮登記の本登記手続についての承諾請求
② 第三者異議の訴え（本登記がされたときは強制執行は許されない）

　イ　原審のした本件条項の解釈とＹの上告理由

　第１審[10]、控訴審[11]である原審とも、Ｙの主張を排斥して、Ｘの請求をいずれも認容しました。

　原審は、本件物件の時価が150万円を下らないとのＹの主張を認めるに足りないとした上、最低競売価格を基礎に判断しても、換価が一般に困難な共有持分権が対象である等の事情を考慮すると、いまだＸの本件物件の取得をもってＡの窮迫浅慮に乗じた無効のものとすることはできないと判断しました。

　Ｙは、Ａ・Ｘ間の停止条件付代物弁済契約（以下「本件代物弁済契約」とい

10　大津地彦根支判昭和39・6・25民集21巻9号2439頁。
11　大阪高判昭和40・9・30判時435号42頁。

います。）の内容及び効力に関する原審の認定判断に審理不尽ないし理由不備の違法があると主張して上告しました。

　前記アのとおりの当事者の主張及び原審までの訴訟経緯をみますと、両当事者及び事実審裁判所のいずれもが、本件の核心的争点が契約の解釈—すなわち、本件代物弁済契約の性質ないし内容を確定させること—にあるという認識がほとんどなかったことに気付きます。

　ウ　昭和42年最高裁判決のした本件代物弁済契約の解釈

　代物弁済という文言にとらわれて、本来の意味における代物弁済の停止条件付契約が成立しているものと判断した原判決につき、最高裁は、以下のとおり、「契約内容の確定につき審理不尽の違法がある」として、原判決を破棄した上、債権額と目的物件の価額との合理的均衡の有無について審理を尽くさせるため、本件を原審に差し戻しました。

> (a)　思うに、代物弁済契約とは、本来の給付に代えて他の給付をすることにより既存債務を消滅せしめるものであるが、たとえ契約書に特定物件をもって代物弁済をする旨の記載がなされている場合であっても、その実質が本来の代物弁済契約ではなく、単にその形式を借りて目的物件から優先弁済を受けようとしているに過ぎない場合がありうる[12]。
>
> (b)　ことに、貸金債権担保のため不動産に抵当権を設定し、これに併せて該不動産につき停止条件付代物弁済契約または代物弁済の予約を締結した形式が採られている場合で、契約時における当該不動産の価額と弁済期までの元利金額とが合理的均衡を失するような場合には、特別な事情のないかぎり、債務者が弁済期に弁済しないときは債権者において目的物件を換価処分し、これによって得た金員から債権の優先弁済を受け、もし換価金額が元利金を超えれば、その超過分はこれを

12　ここで、昭和42年最高裁判決は、最1小判昭和41・9・29民集20巻7号1408頁を参照しています。

第2章　契約の解釈における基本問題

債務者に返還する趣旨であると解するのが相当である。そしてこのような場合には、代物弁済の形式がとられていても、その実質は担保権と同視すべきものである[13]。

(c)　すなわち、この場合は、特定物件の所有権を移転することによって既存債務を消滅せしめる本来の代物弁済とは全く性質を異にするものであり、停止条件成就ないし予約完結後であっても、換価処分前には、債務者は債務を弁済して目的物件を取り戻しうるのである。

(d)　いま叙上の見地に立って本件を見るに、XがBから承継したAとの間の契約には停止条件付代物弁済契約なる文言が使用されていたにせよ、原審としては、代物弁済なる文字に拘泥することなく、すべからく、この観点に立って、その性質を明らかにすべきであったのである（Yは、原審において、本件物件につき停止条件付代物弁済契約が結ばれたことを認めているが、ここで取り上げているのは契約の解釈についての法律上の問題であり、かりにその点についてまで当事者間で見解の合致があるとしても、裁判所がこれと異なる法律判断をすることの妨げとなるものではないのである。）。

(e)　そして本件の目的物件に対し抵当権が設定されていたことは前記認定のとおりであり、かつ、右物件の価額が債権額に比し遥に大であり、その間に不均衡のあることがYより主張され、原審もその不均衡を必ずしも否定せざる以上、裁判所はすべからく釈明権を行使すべきであり、その結果、右の事情の下において、もしXのいうところの停止条件付代物弁済契約が、債権の優先弁済を受けることを目的とし、権利者に清算義務を負わせることを内容とする一種の担保契約に過ぎないことが明らかになるにおいては、Xの権利主張は、その債権についての優先弁済権を主張しその満足をはかる範囲に限られるべく、これを超えて、その地位をYに対抗せしめ、その執行を全面的に排除するが

13　ここで、昭和42年最高裁判決は、最1小判昭和41・4・28民集20巻4号900頁を参照しています。

4　規範的解釈とその考慮要素

ごときは、必要以上にＸを保護し、第三者に損害を及ぼすものとして、許されないところといわなければならない。すなわち、このような場合には、Ｘの第三者異議の訴、ないしその前提をなす本登記手続承諾請求の訴は、許すべからざるものとなるわけである。

(f)　しからば、かかる点に深く思いを致すことなく、代物弁済という文言にとらわれて、本来の意味における代物弁済の停止条件付契約が成立しているものと速断した原判決には、契約内容の確定につき審理不尽の違法があるものというべく、この点においてＹの所論は理由がある。

(g)　よって、その余の点に関する判断を省略して原判決を破棄し、さらに右の点について審理を尽くさせるため、本件を原審に差し戻すべきものとし、民訴法407条に則り、裁判官全員の一致で、主文のとおり判決する。

　　エ　昭和42年最高裁判決の判例としての性質—場合判例であること

　平成19年最高裁判決は、その理由説示中に契約の解釈をする際の考慮要素に言及した部分があり、契約の解釈に係る判例という観点からすると、参照する価値の高い判決ではありますが、前記3⑵エのとおり、その判例としての性質は事例判例であって、その射程は長いものではありません。

　これに対し、昭和42年最高裁判決は、前記ウ(b)のとおり、不動産を目的（対象）とする停止条件付代物弁済契約又は代物弁済の予約という形態の契約につき、(i)当該不動産に抵当権を設定するいわゆる併用型の場合であって、(ii)当該契約締結時における当該不動産の価額と弁済期までの元利金額とが合理的均衡を失するときは、(iii)特段の事情のない限り、当該契約は、債務者が弁済期に債務の弁済をしないとき、債権者において、当該不動産を換価処分してこれによって得た金員から債権の優先弁済を受け、残額はこれを債務者に返還する趣旨であると解するのが相当であるとしたものであって、いわゆる場合判例として分類されるものです。

47

第2章　契約の解釈における基本問題

　昭和42年最高裁判決は、停止条件付代物弁済契約又は代物弁済の予約という形態の契約の中から、前記(ⅰ)及び(ⅱ)の前提を満たす場合を切り出して、そのような契約は同(ⅲ)の効果をもたらす趣旨の契約（要するに、債権担保契約の実質を有する契約）であるとの解釈を示したのです。したがって、判例としての射程は、そこで取り上げられた一つの契約に限定されるわけではなく、他の契約であっても、前記(ⅰ)及び(ⅱ)の前提を満たす場合に及ぶという広がりを有するのです。

　　オ　昭和42年最高裁判決の契約の解釈という観点からの重要性

　昭和42年最高裁判決は、前記エのとおり、場合判例としてそれなりの広がりを有するものとして重要なものですが、ここでは、契約の解釈という観点からの重要性を検討しておきましょう。

　　　(ア)　契約の解釈は法律問題であること

　これまで、昭和51年最高裁判決及び平成19年最高裁判決の各判決理由を検討することによって、契約の解釈は法律問題であると性質付けるのが我が国の最高裁判例の立場であることを確認してきたのですが、昭和42年最高裁判決は、昭和51年最高裁判決に9年以上先立ってそのような立場を宣明していたのです。

　事実審において本件不動産につき停止条件付代物弁済契約が結ばれたことに争いがなかったため、昭和42年最高裁判決は、前記ウ(d)において、「ここで取り上げているのは契約の解釈についての法律上の問題であり、かりにその点についてまで当事者間で見解の合致があるとしても、裁判所がこれと異なる法律判断をすることの妨げとなるものではない」と明示の判断をしました。

　最高裁は、ここで、主要事実についての自白には当事者間のみならず裁判所に対する拘束力があって、裁判所の事実認定権が剥奪されるというのが確定判例の立場であるが、契約の解釈は事実問題ではなく法律問題であるから、ここに自白の拘束力の問題は生じないのであって、当事者間に見解の合致があるときですら、裁判所が異なる契約の解釈をすることは妨げられるこ

4　規範的解釈とその考慮要素

とはない、との趣旨を説示しているのです[14]。

ところで、前記第1章・3のとおり、最高裁は、契約の解釈という作業に類型の異なるものがあるといった立場（本来的解釈・規範的解釈の2類型論、狭義の解釈・修正的解釈・補充的解釈の3類型論）を採っていませんから、前記の説示は契約の解釈という作業自身の性質をいうものと理解するのが素直な理解の仕方です。学説による類型論を前提として規範的解釈のみについていうものであって本来的解釈についていうものではない、と理解することはできません。

このように昭和42年最高裁判決の理由説示を正しく読むことができれば、契約の解釈は法律問題であるとの最高裁の立場が揺るぐことなく今日に承継されていることを理解することができます。

　(イ)　契約の解釈の第三者に対する影響

前記アのとおり、本件は、XとY（Aに対する債務名義によって本件物件を差し押さえたAの債権者）との間において、X・A間の本件物件についての停止条件付代物弁済契約の解釈が争われた事件であり、停止条件付代物弁済契約の当事者であるXとAとの間で同契約の解釈が争われた事件ではありません。

そればかりでなく、前記ア③のとおり、Aは、停止条件付代物弁済契約の条件成就により本件物件の所有権を取得したとして、本件物件についての所有権移転請求権保全の仮登記の本登記手続を求めるXの請求を認諾したのですから、XとAとの間には同契約の解釈をめぐる争いはなかったのです。

すなわち、契約の当事者であるXとAのいずれもが、本件物件についての停止条件付代物弁済契約につき、他の給付をすることによって既存債務を消滅させることを内容とする「民法上の本来の代物弁済契約」であるとの見解に立っていたのです。

前記第1章・4(3)の債権法改正に係る中間試案「第29　契約の解釈」第1

14　宇野栄一郎「上告審の実務処理上の諸問題」鈴木忠一＝三ヶ月章監修『実務民事訴訟講座(2)』317頁（日本評論社、1969年）を参照。

第2章　契約の解釈における基本問題

項の「契約の内容について当事者が共通の理解をしていたときは、契約は、
その理解に従って解釈しなければならないものとする。」との条文案がその
まま改正民法に取り入れられたと仮定すると、昭和42年最高裁判決の前記ウ
(d)の説示部分を、そのままに維持することは困難であると考えるのが素直な
ものの見方であろうと思われます。そうすると、中間試案第29の第1項の条
文案は、客観的には、昭和42年最高裁判決の立場とは相容れず、これを変更
するものであったということになります。

　学説には、当事者の共通の理解に従った契約の解釈が第三者との関係で妥
当な結果にならない場合には、他の法技術によって妥当な結果を導くべきで
あって、契約の解釈によって妥当な結果を得るのは「当事者の意思に対する
不当な干渉」であるとして、前記の中間試案第29の第1項の条文案を支持す
る見解[15]もありますが、昭和42年最高裁判決はそのような見解を採用しては
いないものと考えられます。

　もちろん、契約の解釈以外の方法で第三者との関係で妥当な結果を導くこ
とができるのであれば、それに何らの問題もありません。しかし、昭和42年
最高裁判決がその好事例の一つであるように、契約の解釈という方法を用い
て第三者との関係で妥当な結果を導くことが常に必ず「当事者の意思に対す
る不当な干渉」であるとするのは、やや一面的なものの見方であるというべ
きでしょう。

　「当事者の共通の理解」といったところで、契約という法制度はある一定
の時代の一定の価値観ないし正義感の中で存在しているのですから、契約の
解釈において常に必ず「当事者の共通の理解」が最優先されなければならな
いという理屈が成立するわけではありませんし、「当事者の共通の理解」な
るものが成立した背景ないし事情にも多様なものが存在し得ること（昭和42
年最高裁判決の事例についても容易に想起することができます。）に思いを致せ
ば、なおさらです。

15　山代忠邦「契約の解釈に関する原則─民法改正に対する議論を題材として─」信州大
　学経法論集2号37〜38頁（2017年）を参照。

そこで、昭和42年最高裁判決の事例に立ち戻ってみますと、Ｘ・Ａ間の本件物件についての停止条件付代物弁済契約の性質が「民法上の本来の代物弁済契約」でなく、「債権担保の目的で借用された契約形式」であるというのであれば、債務者であるＡとの関係では、Ｘの清算義務とＡの取戻権を根拠付けることになり、第三者であるＹ（Ａの差押債権者）との関係では、仮登記の本登記手続についての承諾を求め、Ｙの強制執行を全面的に排除することが許容されるわけではないという帰結が導かれることになります。

昭和42年最高裁判決は、契約の当事者の関係のみならず、第三者との法律関係整序のために「契約の解釈」という方法論を駆使したのですが、この方法論が本件における停止条件付代物弁済契約を成立させた「当事者（ＸとＡ）の意思に対する不当な干渉」であると非難する学説は見当たりません。

これは、「当事者の共通の理解」、「当事者の意思に対する不当な干渉」といった抽象的な観念の正否を抽象的に議論することに大きな意味はなく、現実に生起する紛争の中で具体的に議論することが大切であることを示しています。

カ　規範的解釈のための考慮要素

昭和42年最高裁判決は、前記エに説明したように、停止条件付代物弁済契約又は代物弁済の予約の契約につき、目的不動産に抵当権を設定するいわゆる併用型の場合であって、当該契約締結時における当該不動産の価額と弁済期までの元利金額とが合理的均衡を失するときは、民法上の本来の代物弁済契約ではなく、債権者が清算義務という契約上の義務を負う債権担保契約の性質の契約であるとの結論を導いたものであって、契約の規範的解釈をした好例であるとする見方[16]が一般的です。

昭和42年最高裁判決は、昭和51年最高裁判決と異なり、契約の解釈の考慮要素（ファクター）を示した上で、これを当該事案に当てはめるという判断順序をとってはいません。しかし、前記ウの理由説示によれば、最高裁が、

16　平井・契約総論102頁を参照。

第2章　契約の解釈における基本問題

本件の契約の解釈に当たっては、(i)当該契約によって当事者が実現しようとした目的、及び(ii)契約当事者間の経済的利益の合理的均衡ないし契約当事者が相互にする給付の対価性という二つの考慮要素（ファクター）を重要なものとしていることが明らかです。

ところで、前記オ(ア)にも説明したとおり、最高裁は、契約の解釈に異なる類型があるという立場に立っているわけではなく、契約の条項の意味が争われるときは、それを「当事者の合理的意思解釈」の問題として処理しています。

したがって、昭和51年最高裁判決及び平成19年最高裁判決が挙げた考慮要素は、契約の解釈に一般的に妥当するものです。前記3(2)オの［本来的解釈の考慮要素］として整理したものを検討してもなお、契約当事者間の経済的利益の合理的バランスが取れない又は当該契約の周辺に位置する第三者に対して不合理な影響を及ぼすといった特段の事情が存する場合には、昭和42年最高裁判決の説示した「契約当事者間の経済的利益の合理的均衡（契約当事者が相互にする給付の対価性)」の考慮要素を加えて、合理的な契約の解釈の結論を導くために規範的解釈をする、という構造になっていると考えるのが相当です。

これを図示すると、以下のとおりです。

［本来的解釈の考慮要素］

1　争われている契約における条項の文言の文理（language）
2　当該条項と他の条項との整合性（consistency）
3　当事者が当該契約の締結によって実現しようとした目的（purpose）
4　当該契約の準備段階・交渉開始から締結に至る経緯（history up to the execution of the contract）
5　当該契約の締結後紛争発生に至る経緯（history after the execution of the contract）
6　当該契約と同種の取引についての慣行及び通念（business customs and practices）

52

4　規範的解釈とその考慮要素

↓

［規範的解釈の考慮要素］

前記1〜6に加えて

7　当事者間の経済的利益の合理的均衡・交換的正義（reasonable balance of economic benefits / justice on fair exchange）

本来的解釈と規範的解釈との識別、契約の解釈と法規の適用との識別

1 はじめに

　第1章・3(2)において、最高裁は、本来的解釈・規範的解釈の2類型にせよ、狭義の解釈・補充的解釈・修正的解釈の3類型にせよ、理念型としての分類にすぎず、これを訴訟という実践の場における解釈論として用いることに大きな意味はないと考えているのではないかとの観測を述べました。
　そこで、近時の二つの最高裁判例を取り上げて、後記2において、事件の結論を導くために本来的解釈又は規範的解釈のいずれをしたのか、本来的解釈と規範的解釈とを識別することに意味があるのかどうかを検討し、後記3において、契約の解釈によって事件の結論を導いたのか、それとも法規の適用によって事件の結論を導いたのか（契約の解釈は結論を導く過程における中間項にすぎないのか）を検討してみることにします。

2 本来的解釈か規範的解釈か──最1小判平成22・10・14における契約の解釈

(1) 事案の概要

　最1小判平成22・10・14判時2097号34頁（以下「平成22年最高裁判決」といいます。）は、数社を介在させて順次発注された工事の最終受注者と最終発注者との間の請負契約中の代金の支払に係る「入金リンクとする」という条項につき、直接的には条件を定めたものと解釈すべきであるか期限を定めたものと解釈すべきであるかが争われたものです。
　原審の確定した事実関係は、以下のとおりです。

2 本来的解釈か規範的解釈か——最1小判平成22・10・14における契約の解釈

【検討事例4】

① Aは、一部事務組合である東部地域広域水道企業団から、指名競争入札により、平成16年7月、浄水場内の監視設備工事を請け負った。

② 前記工事のうち監視設備機器（本件機器）の製造等につき、AはBに対し、BはCに対し、CはDに対し、DはYに対し、YはXに対し、順次これを発注し、それぞれ請負契約が締結された。

③ YとXとの間で本件機器の製造等につき請負契約が締結されるに至った経緯は、次のとおりである。

(i) Aは、Xからの働き掛けに応じ、本件機器の製造等をXに請け負わせることにした。もっとも、XもAとともに前記①の入札に参加した関係にあったことから、Aが直接Xに対して発注するのではなく、その子会社又は関係会社を介在させて発注することとなり、Cが、Aから介在させる会社の選択等を任された。

(ii) Cは、Yに対し、平成16年9月以降、受注先からの入金がなければ発注先に請負代金の支払はしない旨の入金リンクという特約を付するからYにリスクはないとの説明をして、本件機器の製造等を受注して他社に発注することを打診した。Yは、帳簿上の売上高を伸ばし、山梨県の行う経営事項審査の点数を増加させて、公共団体等から大規模な工事を受注する可能性を増大させることなどを目的として、本件機器の製造等を受注することにした。

(iii) Aは、Xに対し、同年11月、Xに対する発注者をYとすることを打診した。Xは、Yの与信調査を行った上で、同年12月、Aに対し、これを応諾する旨回答し、平成17年3月、XとYとの間で、本件請負契約が締結されるに至った。なお、本件代金額とDとYとの間で締結された請負契約における請負代金額は、同額であった。

④ XとYとは、本件請負契約の締結に際し、「支払条件」欄中の「支払基準」欄に「毎月20日締切翌月15日支払」との記載に続けて、「入金リンクとする」との記載（本件入金リンク条項）がある注文書と請

55

書とを取り交わして、Yが本件機器の製造等に係る請負代金の支払を受けた後にXに対して本件代金を支払うことを合意した。

⑤　Xは、本件機器を完成させ、平成17年4月、本件請負契約において合意されていたところに従い、本件機器をAに引き渡した。Aは同年5月にBに請負代金を支払い、Bは同年12月までにCに請負代金を支払った。

⑥　Cは、平成18年4月、破産手続開始の決定を受け、平成19年1月、破産手続廃止の決定を受けた。

⑦　Yは、本件機器の製造等に係る請負代金の支払を受けていない。

⑧　Xは、Yに対し、本件請負契約に基づき、本件代金3億1500万円等の支払を求めて訴えを提起した[1]。

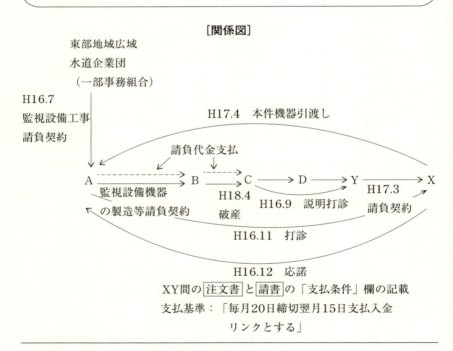

[関係図]

1　Xは、Aに対しても、Yの債務を保証したと主張して同額の支払を求めたほか、予備的請求として、Y及びAに対し、不法行為に基づく損害賠償を求めました。Aに対する請求に関する部分については不受理決定がされ、Yに対する不法行為に基づく損害賠償請

(2) 原審のした本件条項の解釈とXの上告受理申立て理由

第1審はXの主位的請求を棄却し[2]、控訴審（原審）はXのした控訴を棄却しました[3]。

原審の判断の道筋は、以下①、②、③のとおりです。

---

① Yは、Cからの説明により、本件入金リンク条項につき、本件機器の製造等に係る請負代金の支払を受けなければ、Xに対して本件代金の支払をしなくてもよいという趣旨のものととらえていた。

② また、Xは、Yを相手方として本件請負契約を締結してはいるものの、本件機器の製造等に係る打合せ、引渡しの状況等に照らせば、実質的には、Yに対してAから支払われる本件機器の製造等に係る請負代金を通過させる役割を期待していたにすぎなかったというべきである。

③ したがって、本件入金リンク条項は、本件代金の支払につき、Yが本件機器の製造等に係る請負代金の支払を受けることを停止条件とする旨を定めたものと解するのが相当であって、上記条件は成就していないから、Xの主位的請求は理由がない。

Xは、原審の判断には本件入金リンク条項の解釈を誤った違法があると主張して上告受理の申立てをしました。

(3) 平成22年最高裁判決のした本件入金リンク条項の解釈

最高裁は、以下(a)〜(e)のとおり、Xの請求を棄却すべきものとした原判決には、「法令の違反がある」として、原判決のY勝訴部分を破棄し、期限の到来等について審理を尽くさせるため、同部分につき、本件を原審に差し戻しました。

求に関する部分については上告受理決定において排除されました。そこで、本書で取り上げるのは、Yに対する主位的請求である請負契約に基づく請負代金請求に関する部分です。

2 東京地判平成20・7・30金判1357号20頁。
3 東京高判平成21・2・25金判1357号17頁。

第3章　本来的解釈と規範的解釈との識別、契約の解釈と法規の適用との識別

(a)　前記事実関係[4]によれば、<u>本件請負契約が有償双務契約であること</u>は明かであるところ、一般に、下請負人が、自らは現実に仕事を完成させ、引渡しを完了したにもかかわらず、自らに対する注文者である請負人が注文者から請負代金の支払を受けられない場合には、自らも請負代金の支払を受けられないなどという合意をすることは、通常は想定し難いものというほかはない。

(b)　特に、本件請負契約は、代金額が3億1500万円と高額であるところ、一部事務組合である東部地域広域水道企業団を発注者とする公共事業に係るものであって、浄水場内の監視設備工事の発注者である同企業団からの請負代金の支払は確実であったことからすれば、XとYとの間においては、同工事の請負人であるAから同工事の一部をなす本件機器の製造等を順次請け負った各下請負人に対する請負代金の支払も順次確実に行われることを予定して、本件請負契約が締結されたものとみるのが相当であって、Xが、自らの契約上の債務を履行したにもかかわらず、Yにおいて上記請負代金の支払を受けられない場合には、自らもまた本件代金を受領できなくなることを承諾していたとは到底解し難い。

(c)　したがって、XとYとが、本件請負契約の締結に際して、本件入金リンク条項のある注文書と請書とを取り交わし、Yが本件機器の製造等に係る請負代金の支払を受けた後にXに対して本件代金を支払う旨を合意したとしても、<u>有償双務契約である本件請負契約の性質</u>に即して、当事者の意思を合理的に解釈すれば、本件代金の支払につき、Yが上記支払を受けることを停止条件とする旨を定めたものとはいえず、本件請負契約においては、Yが上記請負代金の支払を受けたときは、その時点で本件代金の支払期限が到来すること、また、Yが上記支払を受ける見込みがなくなったときは、その時点で本件代金の支払期限が到来す

4　本文(1)の①～⑤の各事実を指しているものと思われます。

ることが合意されたものと解するのが相当である。

(d) Yが、本件入金リンク条項につき、本件機器の製造等に係る請負代金の支払を受けなければ、Xに対して本件代金の支払をしなくてもよいという趣旨のものととらえていたことは、上記判断を左右するものではない。

(e) 以上と異なる原審の判断には、判決に影響を及ぼすことが明らかな法令の違反がある。論旨は理由があり、原判決中Yに関する部分は破棄を免れない。そして、上記期限の到来等につき更に審理を尽くさせるため、上記の部分につき本件を原審に差し戻すこととする。

(4) 平成22年最高裁判決と契約の解釈の確定判例との関係

平成22年最高裁判決は、数社を介在させて順次発注された工事の最終受注者とその発注者との間の請負契約中の代金支払時期に係る「入金リンクとする」との表現による合意の解釈を明らかにしたものであって、事例判例に分類されるものです。しかし、平成19年最高裁判決と同様、本判決もまた、契約の解釈についての確定判例の立場を反映させたものです。簡潔にその点を確認した上で、本判決の契約の解釈の方法論について検討することにしましょう。

ア 契約の解釈が法律問題であることの再々確認

平成22年最高裁判決は、請負契約中の「入金リンクとする」との代金支払時期に係る条項の解釈を扱ったものであり、同条項の解釈を誤ったとして原判決を破棄したのですが、前記(3)(e)のとおり、その理由を「法令の違反」に求めており、平成19年最高裁判決よりも更に直截に契約の解釈の誤りを法律判断の誤りとして位置付けています。

本判決によって、契約の解釈が法律問題であるというのが一貫した最高裁判例の立場であることを再確認することができます。

イ 停止条件であるとYが考えていたことは契約の解釈についての判断を左右するものではないとの判断の意義

第2章・3(2)エにおいて、平成19年最高裁判決が「契約の成立→契約の解

釈→意思表示の瑕疵（錯誤）」という構造で争点を把握していることを説明しましたが、平成22年最高裁判決も全く同じです。

　平成22年最高裁判決は、前記(1)①～④のとおり、「入金リンクとする」との代金支払時期に係る条項を含む本件請負契約全体が成立していることを原審が適法に確定した事実とした上で、前記(3)(a)～(c)のとおり、本件入金リンク条項についての契約の解釈に係る争点の判断をしました。

　さらに、本判決は、前記(3)(d)において、本件請負契約の一方当事者であるYが本件入金リンク条項の趣旨を停止条件であると考えていたこと（原審のした前記(2)①の事実認定）は、本件入金リンク条項に係る契約の解釈についての判断（すなわち、前記(3)(c)のとおり期限の性質の条項であるとの判断）を左右するものではないと、念には念を入れて説示しています。

　この説示部分は、平成19年最高裁判決が、フランチャイジーのフランチャイザーに支払うべき対価（チャージ）の算定方法に係る条項についての契約の解釈を前提にして、その先に、同条項についての一方当事者の意思表示が錯誤に基づくものであるかどうかの問題があるとしたのと全く同じ考え方によるものです。

　すなわち、現在の裁判実務及び通説は、契約中のある条項の解釈に争いがあるからといって、当該条項につき当事者間の意思表示に合致があったとはいえないと考えるのではなく、外形的に表示されたところに従った合致があった（平成22年最高裁判決の事案に即していうと、当事者双方は代金支払時期に係る「入金リンクとする」との条項の意思表示に合致があった）とした上で、当該条項の意味に争いがある場合には、それを契約の解釈に係る法律問題として明らかにするという順番で考えています。

　したがって、前記(3)(a)～(c)の道筋で、本件入金リンク条項が停止条件ではなく期限を意味するものであるとしてその法的意味を確定することができる以上、本件請負契約の一方当事者であるYがその内心で本件入金リンク条項の趣旨を停止条件であると考えていたという事実は、契約の解釈についての法律判断を左右することがないのです。

60

契約の解釈が訴訟上の争点になる場合には、少なくとも現時点（事実審の口頭弁論終結時）において契約の当事者間に当該契約中のある条項の意味するところについて見解の相違があるわけですから、契約締結時において見解の相違があることが明らかになったときは、契約の解釈の問題ではなく、意思表示の合致如何の問題になるというのでは、契約の解釈は当事者の内心についての事実認定の問題に帰着するということになり、契約の解釈を法律問題とする最高裁の立場とは全く整合しないのです。

　それでは、Yがその内心で本件入金リンク条項の趣旨を停止条件であると考えていたという事実は、訴訟においてどのように位置付けられるのでしょうか。Yは、第1審以来、Xとの間の本件請負契約自体につき、通謀虚偽表示に当たり無効であるとか、民法93条ただし書により無効であるなどと主張して争いましたが、本件入金リンク条項については、停止条件であるとの契約の解釈についての主張をしましたが、同条項の意思表示については前記のような主張をしなかったようです。そのような主張をしたものと仮定してみても、どのような法的効果を導くことができるのかは、しかく明瞭ではありません。

(5)　平成22年最高裁判決と契約の解釈における考慮要素

　前記(4)のとおり、平成22年最高裁判決は事例判例であり、原審が確定し判示した本件の様々な事実関係を前提にして結論を導いたものです。

　そこで、最高裁が本件入金リンク条項の解釈に当たって重視した考慮要素を検討してみましょう。

ア　有償双務契約という契約の性質

　前記(3)(a)、(c)のとおり、平成22年最高裁判決は、請負契約が有償双務契約の性質を有することに2回にわたって言及するばかりか、結論を導くに当たって「有償双務契約である本件請負契約の性質に即して、当事者の意思を合理的に解釈すれば」と説示することによって、本件入金リンク条項の解釈に当たって最も重視した考慮要素が請負契約の有償双務契約としての性質にあることを明示しています。

第3章　本来的解釈と規範的解釈との識別、契約の解釈と法規の適用との識別

　請負契約が有償双務契約の性質を有することは民法632条の規定するところですから、平成22年最高裁判決が最も重視したのは民法632条という任意規定の内容であるということになります。

　そして、学説は、任意規定、信義則、条理を「規範的解釈の基準」として挙げるのが一般です[5]から、このような考え方を機械的に当てはめると、平成22年最高裁判決は契約の規範的解釈をしたものと位置付けるべきもののようにみえます。

　しかし、ここで注意すべきは、平成22年最高裁判決は、本件請負契約の一方当事者であるYのみが本件入金リンク条項の趣旨を停止条件であると考えていたとの原判決が確定した事実を前提にしている（前記(1)③(ii)）のであって、原判決が他方当事者であるXもまた停止条件であると考えていたとの事実を確定したわけではないので、最高裁はこれを前提にしているわけではないこと（前記(1)③(iii)）です。

　すなわち、平成22年最高裁判決は、本件請負契約の当事者であるX及びYの双方の見解が合致しているにもかかわらず、当事者間の経済的利益の合理的均衡といった配分的正義の観点から、当事者間の一致した見解とは異なる法律判断を裁判所がしたというのではありません。この点において、契約の規範的解釈（修正的解釈）をした最高裁判例の典型とされる第2章・4で検討した昭和42年最高裁判決とは異なっています。

　　イ　当事者の通常の意思

　平成22年最高裁判決は、前記アの請負契約が有償双務契約の性質を有することを大前提にして、請負契約が連鎖する場合に、前記(3)(a)のとおり、「下請負人が、自らは現実に仕事を完成させ、引渡しを完了したにもかかわらず、自らに対する注文者である請負人が注文者から請負代金の支払を受けられない場合には、自らも請負代金の支払を受けられないなどという合意をすることは、通常は想定し難い」と説示し、下請負人となる者の通常の意思を

5　平井・契約総論103頁、四宮＝能見215頁を参照。

62

考慮要素として挙げています。

最高裁は、本件入金リンク条項について停止条件を付するものと解するのは、「有償双務契約」であるはずの請負契約が「無償片務契約」に変質させることにつながるので、当事者の（少なくとも下請負人の）通常の意思に反すると考えているのです。

ところで、一般に、契約中の付款が条件を定めるものと解釈すべきであるか期限を定めるものと解釈すべきであるかを識別する指標として、条件と解することによって有償の世界に無償の原理を強制する結果になる場合は、当該付款を不確定期限と解釈することが、他方、不確定期限と解することによって無償の世界に有償の原理を強制する結果になる場合は、当該付款を条件と解釈することが、それぞれ契約当事者の通常の意思に合致すると提唱する学説[6]があります。極めて明快な考え方であり、平成22年最高裁判決に少なからぬ影響を及ぼしたものとみられます。

大判大正4・3・24民録21輯439頁は、金銭消費貸借契約における出世払いの合意を不確定期限と解釈しています。その理由は、当事者の通常の意思にあるとされ、「客観的にみてその債務を支払うことができるようになるか、逆にその見込みがなくなったときに、弁済期日が到来する」という趣旨に解釈すべきであるというのです。出世払いの合意については、説明の仕方はともかく、学説にもほぼ異論がありません[7]。これを停止条件と解すると、貸金返還債務というもともと有償の世界に無償の原理を強制する結果になる（返還しなくてよい場合を肯認する結果になる）から、合理的な解釈ではないと考えると分かりやすいでしょう。

最2小判昭和43・9・20判タ227号146頁は、土地の売買契約における残代金の支払を第三者である土地占有者の明渡しの完了と同時にするとの約定がされたが、当事者間で同明渡しが確実視され、明渡しがされない場合

6　川村泰啓「条件と期限」柚木馨ほか編『判例演習（民法総則）〔増補版〕』（有斐閣、1973年）231頁を参照。
7　四宮＝能見400頁を参照。

の法律関係については何らの約定もされなかったという事案につき、前記
約定は残代金の支払時期についての不確定期限を定めたものと解釈しまし
た。

　本判決の直前に言い渡された最3小判平成22・7・20集民234号323頁は、
ユーザーであるAから熱源供給システムの製造を受注したBが、Cに対して
その下請負人になることを打診したところ、Cが請負代金の支払を確実にす
るために信用のある他の会社を介在させることを求めたため、BとCとの間
にDが入ることとなり、DとCとの間で請負契約が締結され、Cが同システム
を製造してAに対して同システムを引き渡したのに、A→B→Dと代金の支
払がされなかったためにDからCに対する代金の支払がされず、CがDに対し
て代金の支払を求めたという事案において、D・C間の請負契約中の「ユー
ザーがリース会社と契約完了し入金後払い」という条項の解釈が争われたも
のです。最高裁は、同条項はリース契約の締結を停止条件とするものとはい
えず、リース契約が締結されないことになった時点で請負代金の支払期限が
到来するものと説示しました。

　これら二つの最高裁判決についても、出世払いの合意におけるのと同じよ
うに説明することができます。

ウ　代金額の多寡、代金支払の確実性

　平成22年最高裁判決は、前記(3)(b)のとおり、①本件請負契約の代金額が
3億1500万円と高額であること、及び②本件請負契約が公共事業の一環とし
てのものであって、元請負人であるAに対する請負代金の支払が確実であっ
たことから、本件請負契約の当事者であるXとYの双方がそのような認識を
前提として契約関係に入ったことを挙げています。

　これらの事実関係が本判決の結論にどのような影響を及ぼしているのか
は、必ずしも明らかではありません。

　前記①の事実は、本件請負契約の当事者であるXとYの双方にとって各会
社の浮沈に影響を及ぼす重大な事実であり、いずれの当事者にとっても、代
金額分の回収不能のリスクを負うわけにはいかないという意味を有する事実

です。

　前記②の事実は、XとYの双方にとって自らに対する請負代金が支払われないという事態を現実問題としては想定することがなかったという意味を有するものと理解すると、本件入金リンク条項を停止条件ではなく不確定期限と解する方向に働く事実として位置付けることができそうです。

　しかし、発注者である一部事業組合からYまでの間に「A→B→C→D」の4社が介在していますから、これら中間介在者の倒産リスクを否定することはできず、現にCが倒産したことによって「C→D→Y→X」の代金支払が滞ったのですから、C及びDの倒産リスクをYとXのいずれが負担するのが合理的であるか[8]という問題を検討する必要が出てきます。

　平成22年最高裁判決は、この点を取り上げてその判断を示していませんので、最高裁の考え方を確かに語ることはできませんが、筆者としては、本件の事実関係に即して以下のように考えています。

　まず、前記(1)③(i)のとおり、中間介在者B・C・D・YはAの子会社又は関連会社であるのですから、Aとそのような関係に立たないXがCの倒産リスクを負担するというのではなく、Yが負担するというのが合理的であると考えられます。同(ii)のとおり、Yが中間介在者になることになったのがCの打診を受けてであることを考慮すると、XよりもYの方がCの倒産リスクを評価するのに有利な地位にいたと一応いうことができます。また、Yは、帳簿上の売上高を伸ばし山梨県の行う経営事項審査の点数を増加させることによって、公共団体等から大規模な工事を受注する可能性を増大させることに中間介在者になる利益（メリット）を見出していたというのですから、Cが倒産した場合における本件請負代金のXに対する支払義務という発注者の基本的義務（リスク）を負担しないで、そのようなメリットのみを享受するというのも、Yに「いいとこどり」の結果を肯定することになり、合理的であ

8　これに対し、Yの倒産リスクについては、直接の契約関係に入ったXが負担すべきであるのは当然というべきでしょう。前記(1)③(iii)のとおり、現に、Xは、Yの与信調査をした上で本件請負契約を締結しています。

るとはいえない要因になります。

　そして、Xに対して本件請負代金債務の履行をしたYは、当然のことながら、自らの直接の発注者であるDに対し、請負代金の支払を求めることができます。Dは倒産したCから事実上請負代金の支払を受けることができないのかもしれませんが、それは、結局のところ、Aグループにおいて処理すべき事柄であって、実際に本件機器を製造しAに対して納入した第三者であるXに負担を押し付ける結果に比較すれば、はるかに合理的なものと評価することができます。

エ　本件入金リンク条項の文言等の文理

　第2章・3(2)オにおいて、契約条項の文言等の文理が本来的解釈における最重要の考慮要素であると説明しましたが、本件入金リンク条項の解釈においてこの点はどのように作用しているのでしょうか。

　前記(1)④のとおり、本件入金リンク条項は、本件請負契約に係る注文書と請書の「支払基準」欄に、「毎月20日締切翌月15日支払」という支払時期の記載に続けて「入金リンクとする」と簡略に記載されたものです。

　平成22年最高裁判決が強調するように、請負契約は有償双務契約の性質を有するものであることを前提にすると、発注者の基本的義務である代金支払債務を履行しなくてよい場合を通常は想定しないことになります。そうすると、前記のように支払時期の記載に続けて「入金リンクとする」との簡略な記載がされた場合に、この記載を代金支払債務の停止条件を定めたものと読むのは難しいのです。

　すなわち、<u>請負代金の支払債務の履行が一定の停止条件に係るという極めて例外的な合意をするのであれば、二義を許さない程度に明確な文言による条項が必要である</u>のです。【検討事例4】に即してみると、例えば、「ただし、Yは、Xに対し、Yに対する発注者であるDから本件機器の請負代金の支払を受けることを停止条件として、本件請負代金の支払債務を履行する。」といった明確な文言によって定めることを要するということになります。

　【検討事例4】においては、そのような条項による定めを置かなかったの

ですから、原則どおり、不確定期限の定めと読むのが合理的であるということになります。

オ　X及びYが本件請負契約の締結によって実現しようとした目的

第2章・3(2)オにおいて、当事者が契約の締結によって実現しようとした目的が本来的解釈における考慮要素として重要な役割を果たすと説明しましたが、本件入金リンク条項の解釈との関係でこの点の意味を検討することにしましょう。

Xが本件入金リンク条項付きの本件請負契約の締結によって実現しようとした目的は、入札談合の疑いを招く危険を回避しつつ、Aの落札した工事のうち本件機器の製造等の工事部分を受注することによって、本件請負代金の支払を受けるところにあります。

他方、Yが本件入金リンク条項付きの本件請負契約の締結によって実現しようとした目的は、前記ウのとおり、自らの財務上の負担を回避しつつ、帳簿上の売上高を伸ばし山梨県の行う経営事項審査の点数を増加させることによって、公共団体等から大規模な工事を受注する可能性を増大させるところにあり、自らの受注金額とXに対する発注金額との間の利ざやを獲得するところにはありません。

Xにとっては、導管の立場にあるとはいうもののYから本件請負代金の支払を受けない限り、本件請負契約の締結の目的が実現されることはありません。他方、Yにとってみると、本件請負代金の支払をせざるを得ないことになっても、帳簿上の売上高を伸ばし山梨県の行う経営事項審査の点数を増加させることによって、公共団体等から大規模な工事を受注する可能性を増大させるという目的は実現することができます。また、請負契約上、YはDに対する請負代金債権を取得します。もちろん、YがDとの間で本件において主張するような停止条件の特約をしていれば、支払を受けることはできないかもしれませんが、それは、自らのした合意による効果です。

このように整理してみると、Yから本件請負代金の支払を受けることはXが本件請負契約を締結した目的の実現にとって必須の事柄ですが、Dから請

負代金の支払を受けることはYが本件請負契約を締結した目的の実現にとって必須の事柄であるとはいえないということになります。また、YがDから請負代金の支払を受けるべくどのような性質と内容の努力をしたのかは、明らかではありません。

結局、本件請負契約の締結によって実現しようとした目的という観点から検討してみても、本件入金リンク条項をもって停止条件を合意したものと解釈する合理性があるとはいえないということになります。

カ　本件請負契約の締結に至る経緯

本件請負契約の締結に至る経緯については、前記イからオまでに検討したところに尽きます。

キ　同種取引についての業界慣行

同種取引についての業界慣行があれば、契約の解釈をする上で参照すべき考慮要素になることは、第2章・3(2)オのとおりです。

ところで、ここで業界慣行というのは民法92条の規定するいわゆる「事実たる慣習」に当たるものであり、当事者において主張・立証すべきところ、本件入金リンク条項につき、停止条件又は不確定期限のいずれにせよ、事実たる慣習が成立しているとの主張・立証はされていません。

したがって、平成22年最高裁判決は、この点に言及していません。

ク　結論——本来的解釈をしたのか規範的解釈をしたのか

平成22年最高裁判決は、訴訟当事者の設定した「本件入金リンク条項を停止条件と解釈すべきであるか不確定期限と解釈すべきであるか」という争点に答えたものであり、必ずしも判断の筋道を網羅的に説示しているとはいえません。

しかし、契約の解釈に当たっての考慮要素として最高裁判例がこれまでに示した点を以上のように一つずつ検討してみると、平成22年最高裁判決は、合理的な結論に至っているといってよいと思われます。

そして、前記アからキまでに考察したとおり、基本的に本来的解釈と分類される解釈における考慮要素を検討することによって、本判決の導いた結論

に到達することができると説明して間違いがありません。ただし、その過程において、請負契約の有償双務契約性という民法の任意規定に大きく依拠した説示をするところに着目すると、規範的解釈と分類される論理によっていると説明することもあながち的外れなものともいえません。

以上のように平成22年最高裁判決を検討することによって明らかになったのは、本来的解釈といい規範的解釈といったところで、実際に契約の解釈が争われる場面でいずれの方法論によるかをあらかじめ決することができるわけではないということです。また、契約の解釈をした結果をみても、本来的解釈と規範的解釈との間に明瞭な境界線が存するわけではなく、結果による分類学も頭の整理のための理念型にすぎないことを確認することができたものと思われます。

3　契約の解釈か法規の適用か──最2小判平成20・7・4における契約の解釈の位置付け

(1)　事案の概要

最2小判平成20・7・4判時2028号32頁（以下「平成20年最高裁判決」といいます。）は、コンビニエンス・ストアのフランチャイズ・チェーン運営会社と加盟店との間の加盟店基本契約の解釈として、運営会社が加盟店に代わって支払った商品仕入代金につき、その具体的内容（支払先、支払日、支払金額、商品名とその単価・個数、値引の有無等）を加盟店に報告する義務を負わないものと解すべきであるかどうかが争われたものです。

平成20年最高裁判決は、本件における争点を前記のように構成したこともあり、その判断も単純な構造になっておらず、判断の筋道を正確に理解するのはそう簡単ではありません。

この点を念頭に置いて、検討を始めることにしましょう。原審の確定した事実関係は、以下のとおりです。

第3章　本来的解釈と規範的解釈との識別、契約の解釈と法規の適用との識別

【検討事例5】

① 　Ｘは、コンビニエンス・ストアのフランチャイズ・チェーン運営会社Ｙとの間で加盟店基本契約（本件基本契約）を締結した加盟店経営者である。

② 　本件基本契約における加盟店の商品仕入れ及び代金の支払についての定めは、以下のとおりである。

　(i) 　Ｙは、加盟店に対して商品の仕入先等の推薦をし、加盟店の発注の簡易化等を図るための発注システム（本件発注システム）を提供するが、加盟店は本件発注システムによって推薦仕入先から商品を仕入れる必要はない。

　(ii) 　加盟店が本件発注システムによって推薦仕入先から商品を仕入れた場合は、Ｙが加盟店に代わって商品の仕入代金を支払い、加盟店のＹに対する決済はオープンアカウントによって行う。

　(iii) 　オープンアカウントとは、加盟店の開業日から本件基本契約に基づく一切の債権債務の清算に至るまでの間の貸借の内容・経過及び加盟店の義務に属する負担を逐次記帳して明らかにし、一括して借方、貸方の各科目を差引計算する継続的計算関係をいい、商品の仕入代金はオープンアカウントの借方に計上される。

③ 　本件基本契約には、Ｙは加盟店の計数管理情報を保持するために作成・保管している経営記録・会計帳簿等に反映される範囲で加盟店の経営に係る税の申告のため加盟店に資料を提供する旨の定めや、Ｙは加盟店の損益計算書、貸借対照表及び商品報告書を作成して加盟店に提供する旨の定め（本件資料等提供条項）があるが、<u>本件発注システムによる仕入代金の支払に関するＹから加盟店への報告については何らの定めもない。</u>

④ 　Ｘは、Ｙに対し、本件基本契約に基づき、Ｙが推薦仕入先に対して支払った具体的な支払内容（支払先、支払日、支払金額、商品名とその単価・個数、値引きの有無等）についての報告（本件報告）を求めて、

3 契約の解釈か法規の適用か──最2小判平成20・7・4における契約の解釈の位置付け

本件訴訟を提起した。

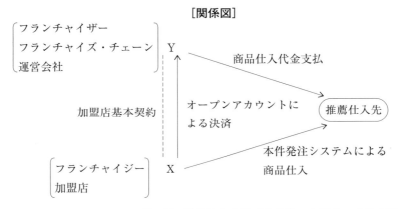

[関係図]

X→Y：商品仕入内容（支払先、支払日、支払金額、商品名とその単価・個数、値引の有無等）の報告請求

(2) 原審のした**本件基本契約の解釈とXの上告受理申立て理由**

第1審はXの請求を棄却し[9]、控訴審（原審）はXの控訴を棄却しました[10]。原審の判断の道筋は、以下①から④のとおりです。

① 本件基本契約には会計・簿記サービスの提供義務に係る詳細な定めがあるが、この定めは税の申告のための資料の提供義務について定めるものであって、Yが上記資料以外の資料の提供義務を負うとするものではない。

② 本件基本契約は、加盟店経営者とYとの間の権利義務関係を包括的に定めるもので、その一部を取り出して、受任者の報告義務を定める民法645条の規定を適用することは相当でない。

③ 本件基本契約には、上記①のとおりの詳細な定めがあるにもかかわ

---

9 東京地判平成19・1・12（平成17年（ワ）第19021号、第19727号）判例集未登載。
10 東京高判平成19・5・31（平成19年（ネ）第877号）判例集未登載。

71

第3章　本来的解釈と規範的解釈との識別、契約の解釈と法規の適用との識別

らず、Yと推薦仕入先との取引内容について報告をする義務に係る明文の定めはない。

④　したがって、YはXに対し本件報告をする義務を負わないものと解される。

　Xは、原審の判断には本件基本契約の解釈を誤った違法があると主張して上告受理の申立てをしました。

(3)　本件基本契約に基づく報告義務に係る平成20年最高裁判決の判断

　最高裁は、以下(a)〜(f)のとおり、Xの請求を棄却すべきものとした原審の判断には、判決に影響を及ぼすことが明らかな「法令違反がある」として、原判決を破棄しました。その上で、最高裁は、YがXに対して本件基本契約に基づき報告義務を負うべき本件報告の具体的内容について更に審理を尽くさせるため、本件を原審に差し戻しました。

(a)　前記事実関係[11]によれば、加盟店経営者が本件発注システムによって商品を仕入れる場合、仕入商品の売買契約は加盟店経営者と推薦仕入先との間に成立し、その代金の支払に関する事務を加盟店経営者がYに委託する（以下、これを「本件委託」という。）という法律関係にあるものと解される。したがって、本件委託は、準委任（民法656条）の性質を有するものというべきである。

(b)　もっとも、本件委託は本件基本契約の一部を成すものであるところ、……本件基本契約においてはYの支払った仕入代金がオープンアカウントにより決済されることから、Yは、仕入代金相当額の費用の前払（民法649条参照）を受けることなく委託を受けた事務を処理することになり、しかも、支出した費用について支出の日以降オープンアカウントにより決済の時までの利息の償還（同法650条参照）を請求し得ず、

11　本文(1)の①〜③の各事実を指しているものと思われます。

72

本件委託に基づく仕入代金の支払について報酬請求権（商法512条参照）
も有しないなど、本件委託に通常の準委任とは異なる点（以下、これを
「本件特性」という。）が存することは明らかである。

(c)　そこで、以上の本件委託の性質を踏まえて、本件基本契約上、Yが
加盟店経営者であるXに対して仕入代金の具体的な支払内容について
報告義務を負うか否かを検討する。

(d)　本件基本契約には、本件発注システムによる仕入代金の支払に関す
るYから加盟店経営者への報告については何らの定めがないことは前
記確定事実のとおりである。

　(i)　しかし、コンビニエンス・ストアは、商品を仕入れてこれを販売
することによって成り立っているのであり、商品の仕入れは、加盟
店の経営の根幹を成すものということができるところ、加盟店経営
者は、Yとは独立の事業者であって、自らが支払義務を負う仕入先
に対する代金の支払をYに委託しているのであるから、仕入代金の
支払についてその具体的内容を知りたいと考えるのは当然のことと
いうべきである。

　(ii)　また、……Yは、加盟店経営者から商品の発注データ及び検品デー
タの送信を受け、推薦仕入先から検品データに基づく請求データの
送信を受けているというのであるから、Yに集約された情報の範囲
内で、本件資料等提供条項によって提供される資料等からは明らか
にならない具体的な支払内容を加盟店経営者に報告すること（以下、
この報告を「本件報告」という。）に大きな困難があるとも考えられな
い。

　(iii)　そうすると、本件発注システムによる仕入代金の支払に関するY
から加盟店経営者への報告について何らの定めがないからといって、
委託者である加盟店経営者から請求があった場合に、準委任の性質
を有する本件委託について、民法の規定する受任者の報告義務（民
法656条、645条）が認められない理由はなく、<u>本件基本契約の合理的</u>

第3章　本来的解釈と規範的解釈との識別、契約の解釈と法規の適用との識別

解釈としては、本件特性があるためにYは本件報告をする義務を負わないものと解されない限り、Yは本件報告をする義務を免れないものと解するのが相当である。

(iv)　そして、本件特性については、これのみに注目すると、通常の準委任と比較してYにとって不利益であり、Yの加盟店経営者に対する一方的な援助のようにも見えるが、①このことは、仕入代金が……Yにおいて加盟店の売上金の管理等をするオープンアカウントにより決済されることに伴う結果であるし、……②Yには、オープンアカウントにより決済の方法を提供することにより、仕入代金の支払に必要な資金を準備できないような者との間でも本件基本契約を締結して加盟店を増やすことができるという利益があり、また、③加盟店経営者がオープンアカウントによる決済の方法を利用して仕入商品を増やせば、売上げも増えることが見込まれ、売上利益に応じた加盟店経営に関する対価を取得するYの利益につながるのであるから、本件特性があるためにYは本件報告をする義務を負わないものと解することはできない。

(e)　したがって、Yは、本件基本契約に基づき、Xの求めに応じて本件報告をする義務を負うものというべきである。

(f)　以上と異なる見解に立ち、……原審の判断には、判決に影響を及ぼすことが明らかな法令違反がある。論旨は、上記の趣旨をいうものとして理由があり、原判決は破棄を免れない。そして、Yが、本件基本契約に基づきXに対して報告義務を負うべき本件報告の具体的内容について、更に審理を尽くさせるために、……本件を原審に差し戻すこととする。

(4)　平成20年最高裁判決の判断の構造

　平成20年最高裁判決は、コンビニエンス・ストアのフランチャイズ・チェーン運営会社Yと加盟店経営者Xとの間の加盟店基本契約（本件基本契

約）につき、YがXに対し、YがXに代わって支払った商品仕入代金の支払内容を報告すべき義務を負うかどうかという問題を扱ったものです。

前記(1)に指摘したように、本判決の判断の構造は単純とはいえないので、前記(3)の理由説示に即して本判決の判断の構造を検討しておくことにしましょう。

ア　合意の欠缺を前提とする判断

第1に、前記(1)③及び前記(3)(d)のとおり、本判決は、本件基本契約中に本件報告義務（本件発注システムを利用した仕入れに係る代金の支払に関する報告義務）の存否及びその具体的内容についての定めがないこと（合意が欠缺していること）を判断の起点にしています。

そして、本判決は、本件基本契約中の具体的条項を取り上げてその解釈をすることによって本件報告義務の存否又はその具体的内容を判断するといった作業をしなかったばかりか、合意が欠缺していることを前提として、欠缺している部分を裁判所が補充するといった作業もしていません。

イ　平成20年最高裁判決といわゆる「補充的解釈」

「合意の欠缺」という用語によって想起されるのは、第1章・4で取り上げた債権法改正時の法学研究者有志による「債権法改正の基本方針」及びその後の「民法（債権関係）の改正に関する中間試案」におけるいわゆる「補充的解釈」の問題です。

中間試案におけるいわゆる「補充的解釈」の条文案は、「上記1及び2によって確定することができない事項が残る場合において、当事者がそのことを知っていれば合意したと認められる内容を確定することができるときは、契約は、その内容に従って解釈しなければならないものとする。」というものでした。

前記(3)(c)〜(e)に明らかなように、平成20年最高裁判決は、裁判所が本件基本契約の当事者であるXとYの立場に立って、XとYが本件報告義務の存否及びその具体的内容についての定めがないことを知っていたとすれば、XとYが合意したと考えられる本件報告義務に係る条項（Yに本件報告義務を負

第3章　本来的解釈と規範的解釈との識別、契約の解釈と法規の適用との識別

わせることにするかどうか、負わせるとした場合における報告義務の具体的内容）
を確定することができるかどうかを検討するといった作業をしてはいません。

　このように本判決の判断の構造を検討してみると、法務省において債権法
改正が議論されていた時期に、最高裁は、実際の事件の判断をするに当た
り、そこで提案されていたいわゆる「補充的解釈」という作業をしていな
かったことが分かります。

　最高裁としては、実際の事件において、前記の条文案のような仮定的な判
断をしてみても、当事者に対する説得力を有する判断になるとは考えなかっ
たといって間違いがないと思われます。

　　ウ　加盟店経営者がフランチャイズ・チェーン運営会社に対して仕入商
　　　品代金の支払事務を委託する関係の性質決定に基づく本件報告義務の
　　　有無の判断

　最高裁は、以下のとおりのステップを踏んで、本件報告義務をYがXに対
して負うかどうかを判断しました。

①　本件基本契約の一コマを成す本件発注システムを利用しての加盟店経
　　営者Xのする商品仕入れと同仕入代金の支払をXがフランチャイズ・
　　チェーン運営会社Yに委託するという法律関係につき、民法656条の規
　　定する準委任の性質を有するものとの法的性質決定（前記(3)(a)）

②　オープンアカウントによって仕入代金が決済されることに伴う本件特
　　性の存在の確定（前記(3)(b)）

③　本件報告義務に関する合意の欠缺の確認（前記(3)(d)柱書部分）

④　本件基本契約の合理的解釈として、本件特性の存在が受任者の報告義
　　務を免除しているものと解すべき特段の事情に当たらない限り、Yは本
　　件報告義務を免れないとの判断枠組みの提示（前記(3)(d)(i)〜(iii)）

⑤　本件特性の存在が前記④の特段の事情に当たらないとの判断（前記(3)
　　(d)(iv)）

⑥　Yは民法656条、645条に規定する受任者の報告義務を免れないとの結

論の導出（前記(3)(e)）

　以上①～⑥のように本判決の構造を整理してみますと、最高裁が本件基本契約の解釈という作業をしているのは、「本件基本契約に受任者の報告義務を免除しているものと解すべき特段の事情が存するかどうか」という結論を導くための１過程においてであって、本件報告義務をYが負うとの結論を本件基本契約の解釈によって導いているのではなく、それは民法656条、645条の規定の解釈適用の結果であることを理解することができます。

　本判決は、前記(3)(e)において、「Yは、本件基本契約に基づき、Xの求めに応じて本件報告をする義務を負う」と説示していて、やや紛らわしいのですが、ここで「本件基本契約に基づき」と述べているのは、民法の前記各規定の適用の根拠になる準委任契約を特定する趣旨に出るものと理解するのが判決文の正確な読み方というべきでしょう。

　　エ　差戻し後控訴審における報告義務の具体的内容についての判断

　差戻し後の控訴審判決である東京高判平成21・8・25LLI/DB判例秘書L06420449は、Yの負う報告義務の具体的内容につき、「YがXに代わって月単位で支払った支払内容（……個々の商品名を特定し、その個々の商品名ごとに支払先・支払日・支払金額・単価・個数を明示すること）及びYが……仕入報奨金（リベート）を仕入業者から受領している場合にはその受領内容（……個々の商品名を特定し、その個々の商品名ごとに支払者・受領日・受領金額・１個当たりの受領金額を明示すること）」と判断し、書面でXの費用負担において報告することを命じました。

　上記の項目のうち仕入報奨金（リベート）の開示義務についての対立が顕著であったのですが、東京高判平成21・8・25は、この点につき、「本来商品の仕入先を自由に選択できる独立の事業主であるXの立場からすれば、本件発注システムを利用しYを通じて推薦仕入先から商品を仕入れた場合とXが独自に他の仕入先から商品を仕入れた場合との各仕入価格を比較し、より安価な値段を提供する仕入業者から商品を仕入れたいとするのは当然のことであり、そのためには、各推薦仕入先ごとにかつ個々の商品ごとに仕入報奨

金（リベート）の額を知る必要があるから（仕入価格から仕入報奨金の額を控除した額が実質的な仕入価格となる。）、Xが推薦仕入先からYに対して支払われた個々の商品の仕入報奨金（リベート）の額を知ることについては当然の権利があるものというべきである。」と明快に判断しました。

　ところで、ユニドロワ（私法統一国際協会）の「フランチャイズ開示義務モデル法」は、契約締結時にリベートの扱いにつき開示すべきこと、フランチャイズ契約の履行段階におけるリベート金額を開示すべきこと等を規定しています[12]。東京高判平成21・8・25の前記の判断は、このような国際的な動きをも念頭に置いた上でのものとみて間違いないと思われます。

　なお、同判決の報告義務の具体的内容についての前記の判断もまた、本件基本契約の解釈によって導かれたのではなく、民法656条、645条の規定の解釈適用によって導かれたことを再確認しておくことにしましょう。

(5)　平成20年最高裁判決の判例理論における位置付け

ア　はじめに

　前記(4)に整理したように、平成20年最高裁判決は、フランチャイズ契約といういわゆる混合契約[13]（数種の典型契約を構成分子とする非典型契約）における当事者間の権利義務のあり方を検討するに当たって、本件基本契約中に包含される準委任契約という構成分子になっている典型契約を抽出し、本件基本契約中に合意が欠缺している場合には、原則として、当該典型契約をキーストーンとして当事者間の権利義務を決するというものです。

　混合契約を分析する手法につき、学説においては、第1に、構成分子になっている民商法に規定される典型契約類型を重視する考え方、第2に、典型契約類型よりも取引関係から定型化される現実の取引類型を重視する考え方、第3に、これらの類型的分析手法に大きな意義を見出すことをせず、民商法の規定の前提とする事実が存するかどうかを問い、前提事実がない場合

12　金井高志「コンビニ・フランチャイズ契約における本部の報告義務—最二判平成20・7・4をめぐって—」NBL891号10〜11頁（2008年）を参照。

13　金井高志『フランチャイズ契約裁判例の理論分析』（判例タイムズ社、2005年）4〜5頁を参照。

には、当事者間の合意（特約）、慣習等を考慮した上での裁判官の法創造作用に委ねるという考え方があると整理されています[14]。

本判決が前記の学説の分類に従うとすれば、第1の考え方によっていることは明らかですが、この考え方は、以下のとおり、本判決のみの孤立したものではなく、判例理論[15]といってもよい最高裁判例の潮流になっています。

　イ　最3小判昭和31・5・15民集10巻5号496頁

最3小判昭和31・5・15は、一般論として、「いわゆる典型契約の混合する契約（混合契約）にいかなる法規を適用すべきかに関しては必ずしも議論がないわけではないけれども、その契約に或る典型契約の包含するを認め、これにその典型契約に関する規定を適用するに当っては、他に特段の事情の認むべきものがない限り右契約に関する規定全部の適用を肯定すべきであって、その規定の一部の適用を認め他の一部の適用を否定しようとするためには、これを首肯せしめるに足る合理的根拠を明らかにすることを必要とするものといわなければならない。」と判示しました。

このように解すべき理由は、混合契約の構成分子として典型契約の性質を有する部分が存する場合に、典型契約に関する規定の適用が恣意に陥るのを防ぎ、適用の客観性を担保するところに求められます[16]。

平成20年最高裁判決が前記(4)ウ④において説示した判断枠組みの提示部分には、混合契約における任意法規の適用に係る最3小判昭和31・5・15の上記の説示部分の影響を看取することができます[17]。

すなわち、本判決は、本件発注システムを利用しての商品仕入れと同仕入

14　沖野眞已「コンビニエンス・ストアのフランチャイズ契約においてフランチャイズ・チェーン運営者が加盟店経営者に対して負う報告義務」判タ1298号48頁（2009年）を参照。

15　判例理論という用語法につき、田中・法律文書52～53頁を参照。

16　長谷部茂吉・最判解民〔昭和31年度〕70頁を参照。

17　沖野・前掲論文（注14）49頁は、本文に紹介した学説を背景にして、「本判決は、典型契約の意義を積極的にとらえる近時の見解のもとで、特に、分析基準機能を体現するものということができる。また、内容調整機能の発現をみてとることもできよう。」と解説しています。

第3章　本来的解釈と規範的解釈との識別、契約の解釈と法規の適用との識別

代金の支払に係る法律関係が典型契約である準委任契約の性質を有すること
を前提にすると、Yが民法656条、645条に規定する受任者の報告義務を負わ
ないとするためには、「これを首肯せしめるに足る合理的根拠を明らかにす
ることを必要とする」と考えているのです。

　そして、平成20年最高裁判決は、原判決が本件報告義務を負わないとした
前記(2)①〜③の事情（要するに、本件基本契約中に税務関係の詳細な報告義務に
係る定めが存するにもかかわらず、本件報告義務に係る定めがないこと）及び本
件特性の存在では、受任者の報告義務を負わないことを首肯せしめるに足り
る合理的根拠とはいえない（換言すると、特段の事情ありとはいえない）と判
断したのです。

　　ウ　最1小判平成21・1・22民集63巻1号228頁

　最1小判平成21・1・22は、基本的には消費寄託の性質を有する預金契約
につき、金融機関が預金者に対して預金口座の取引経過を開示すべき義務を
負うかどうかが争われた事件において、金融機関の預金者に対する開示義務
を肯定した判決です。

　平成20年最高裁判決の事案におけるのと同様、預金契約中には預金口座の
取引経過の開示義務の存否に係る合意が欠缺していました。

　最1小判平成21・1・22は、以下のとおりの構造の論理によって開示義務
肯定の結論を導きました。

　第1に、消費寄託の性質を有する預金契約に基づいて金融機関の処理すべ
き事務の中に、「振込入金の受入れ、各種料金の自動支払、利息の入金、定
期預金の自動継続処理等、委任事務ないし準委任事務（以下「委任事務等」
という。）の性質を有するものも多く含まれている」として、預金契約の構
成分子として典型契約である委任契約ないし準委任契約の性質を有する部分
が存することを確認しました。

　第2に、典型契約である委任契約又は準委任契約において、受任者に委任
事務等の処理の状況を報告すべき義務を負わせる（民法645条、656条）こと
としている目的につき、「委任者にとって、委任事務等の処理状況を正確に

80

把握するとともに、受任者の事務処理の適切さについて判断するためには、受任者から適宜上記報告を受けることが必要不可欠であるためと解される」と判示しました。

第3に、民法が委任事務処理状況の報告義務を受任者に負わせる目的との関係において、預金契約における金融機関の事務処理との特性等から別異に解すべき特段の事情が存するかどうかを検討し、「預金口座の取引経過は、預金契約に基づく金融機関の事務処理を反映したものであるから、預金者にとって、その開示を受けることが、預金の増減とその原因等について正確に把握するとともに、金融機関の事務処理の適切さについて判断するために必要不可欠であるということができる」と説示し、前記第2の民法が規定する受任者の報告義務を否定すべき理由がないというにとどまらず、受任者に報告義務を負わせる民法の規定の趣旨が同様に妥当すると判断しました。

第4に、「したがって、金融機関は、預金契約に基づき、預金者の求めに応じて預金口座の取引経過を開示すべき義務を負うと解するのが相当である」と結論を導きました。

最1小判平成21・1・22の理由説示の構造をこのように整理してみると、いわゆる混合契約における当事者間の権利義務が争われ、それについての合意が欠缺している場合において、そこで争われた契約構成部分が一つの典型契約に当たるときは、特段の事情がない限り、当該典型契約に係る任意法規を適用して当事者間の権利義務を決する、という判断枠組みによるものであると理解することができます。

結局、いわゆる混合契約におけるその構成分子を成している典型契約に係る任意法規の適用につき、「最3小判昭和31・5・15→平成20年最高裁判決→最1小判平成21・1・22」という判例理論の潮流を確認することができます。

(6) 契約の解釈と民商法の規定（任意規定）の適用との相対性

現代の契約実務においては非典型契約の占める割合が大きいのですが、当事者間の権利義務の全てを網羅した契約条項を用意するのが困難であることもあり、合意の欠缺というべき事態が生ずる可能性を完全に封ずることはで

第3章　本来的解釈と規範的解釈との識別、契約の解釈と法規の適用との識別

きません。

　そのような場合における当事者間の権利義務の確定手法としては、当該契約について解釈をするという方法、及びそこで争われている法律関係が民商法の典型契約の性質を有する場合には、典型契約に係る民商法の規定（多くの場合は任意規定）を適用するという方法があります。

　前者の契約の解釈をするという方法ですが、前記(4)イで検討したように、我が国の裁判所は、債権法改正時に議論の対象となった基本方針及び中間試案における条文案が「補充的解釈」とのタイトルの下に提唱した作業─すなわち、「当該契約の当事者であったら、どのような合意をしたであろうか」を問い、その問いに裁判所が答えるという作業─をすることを想定していません。

　そうすると、契約の解釈という方法による場合には、当該契約の全体構造の中に問題となっている法律関係を位置付けた上で、法的に意味のある観点を抽出し、そのように抽出した複数の観点から、当事者の権利義務の有無とその内容とを分析するということが考えられます。

　平成20年最高裁判決の事案に即してみると、フランチャイズ・チェーン運営会社の用意したオープンアカウントを経由して加盟店経営者の債務の全てが決済されるという仕組みになっているところ、このようなシステム利用の対価の透明性確保が独立・対等の事業者間の契約の健全性の観点から必須であること、加盟店経営者には商品の仕入先の選択権があり、その選択権を保障するためには、推薦仕入先から仕入れる場合の実質的対価の開示が必須であることといった複数の観点から本件基本契約をみることによって、本件基本契約の合理的解釈として本件報告義務の有無及びその内容を決するという方法です[18]。

　合意の欠缺を前提とする場合、この作業を「契約の本来的解釈」に分類するのは無理があると思われますので、「契約の規範的解釈」の一部を成す

─────────────

18　沖野・前掲論文（注14）50〜51頁を参照。

3 契約の解釈か法規の適用か──最２小判平成20・7・4における契約の解釈の位置付け

「契約の補充的解釈」に分類することになるのでしょうが、ここでしている「補充的解釈」という作業は、債権法改正時に一部の法学研究者が基本方針及び中間試案における条文案として提唱したのとは大きく異なり、より規範的色彩の強いものです。

前記(5)において検討したように、当該契約の構成分子として典型契約を抽出することができる場合には、典型契約に係る民商法の規定を適用するという後者の方法が我が国の最高裁判例の立場（判例理論）です。

最高裁が後者の方法によることとしているのは、数百年の歴史の中で形成されてきた典型契約の発生要件とその効果に係る規定を規準とし、原則として規定どおりの効果を肯定することとし、その効果を排斥すべき特段の事情（例外とすべき事由）の存否を検討するという方法論を採るのが裁判官のする判断の客観性を担保するゆえんであるからです。

そして、後者の方法は、前者の方法によるよりも、契約関係に入ろうとする当事者の権利義務内容についての予測可能性を高めることになります。もちろん、予測可能性は契約中に明示の定め（合意）を置くのが最も高い[19]のですが、合意の空白部分は民商法の規定によって規律されるというのであれば、当事者としては典型契約によるのが困難な部分の合意に注力することができます。

さらに、よくよく考えてみますと、前者の方法が後者の方法とどれだけ方法論として異なるのかについても疑問があります。

なぜなら、前者の方法は、当該契約の全体構造の中に問題となっている法律関係を位置付けた上で、法的に意味のある観点を抽出し、そのように抽出した複数の観点から、当事者の権利義務の有無とその内容とを分析するとい

---

[19] ただし、当事者が契約中に典型契約に係る民商法の規定の適用を排除する定めを置いた場合に、裁判所がそのような定めの効力を無効であると判断することもあり得ないではありません。当該規定が一般論としては任意規定ではあっても、訴訟において問題となっている具体的契約においては、当該規定の重要性ないし必要不可欠性等からして、その排除合意を無効と判断することも論理的には可能です。このように考えますと、強行規定か任意規定かという規定の性質論も相対的なものであるということになります。

第3章　本来的解釈と規範的解釈との識別、契約の解釈と法規の適用との識別

うものなのですが、そのような分析もまた現代という歴史的制約の下でする
ものであって、数百年の歴史の中で形成されてきた典型契約の発生要件とそ
の効果に係る規定を手掛かりにするしかなく、時空を超えた分析があり得る
はずもないからです。

　そうすると、理屈の世界では、契約の解釈をして導いた結論であるか、典
型契約に係る民商法の規定（任意規定）の適用をして導いた結論であるかの
相違はあるものの、いずれの方法によっても、そこで分析総合している実質
に大きな差異があるわけではなく、説明の仕方の差異にすぎないのではない
かとも思われます。

第4章 本来的解釈をめぐる主要な問題

1 はじめに

　序章から第3章までの検討によって、契約の解釈と呼ばれる作業の基本的性質と重要性を理解し、また、一口に契約の解釈と呼ばれる作業の中に、本来的解釈と規範的解釈との2類型に分類するか、狭義の解釈・補充的解釈・修正的解釈の3類型に分類するかはともかく、性質を異にするものが含まれていること、その類型は理念型としてのものであって、必ずしも明快な境界線を引くことができるわけではないことを理解し、更に、契約当事者の権利義務を確定するのに、契約の解釈という方法によることも法規の適用という方法によることも可能であるところ、実際の紛争解決の場面でいずれによるべきであるかを決するのもそう簡単ではないことなどを理解することができたのではないか、と期待しています。

　本章では、本来的解釈をしたとみられる幾つかの最高裁判例を取り上げ、本来的解釈をする場面で検討を迫られる主要な問題を検討することにしましょう。

2 「契約条項の文言に忠実に」の第1原則──最1小判昭和47・3・2における契約の解釈

(1) 事案の概要

　最1小判昭和47・3・2集民105号225頁（訟月18巻10号1507頁）は、私人と国との間の不動産売買契約に目的物の使用方法についての特約があると解釈すべきであるかどうかが争われたものです。

第4章　本来的解釈をめぐる主要な問題

原審の確定した事実関係は、以下のとおりです。

【検討事例6】
① Xは、Y（国）に対し、昭和26年3月22日付け売買契約書をもって2筆の土地を、同年4月19日付け売買契約書をもって1筆の土地と地上建物とを売り渡した（以下、3筆の土地をまとめて「本件土地」と、2つの売買契約をまとめて「本件契約」と、2通の売買契約書をまとめて「本件契約書」という。）。
② Xは、Yに対し、本件契約に基づき、目的不動産の明渡し及び所有権移転登記手続をした。
③ その後、Xは、本件契約にはYが本件土地を台東簡易裁判所の敷地として使用するとの利用方法に係る特約があったのに、Yがその債務を履行しないとの趣旨を主張し、本件契約を解除したとして、Yを被告として、本件土地と地上建物の所有権移転登記の抹消登記手続と損害賠償とを求めて訴えを提起した。

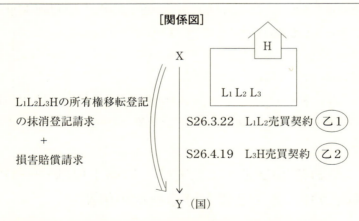

(2) 特約の成否についての原審の判断とYの上告理由

第1審はXの各請求を認容し[1]、控訴審（原審）はYのした控訴を棄却しま

1　東京地判昭和40・11・22訟月11巻12号64頁。

した[2]。

原審の判断の筋道は、以下①から④のとおりです。

---

① Xは、本件土地が台東簡易裁判所の敷地として利用されると信じたからこそ、時価の半額に満たない金額で売り渡すことを承諾したものであって、そのような利用に供されないとしたら、このような金額で売り渡さなかったことが明白である。

② Yも、A弁護士を通じ、台東簡易裁判所の敷地として利用することを理由にしてXに売却方を頼み込んだ。

③ 上記①②の事実を考慮すれば、本件土地が台東簡易裁判所の敷地として利用されるものであるとの事実がYとXとの間で単に表示されていたというにとどまらず、本件売買契約において、暗黙のうちにYはXに対して本件土地を台東簡易裁判所の敷地として使用すべき法律上の債務を負ったものと推定するのが相当である。

④ したがって、Yには上記③の債務についてその責めに帰すべき不履行があったものというべきであるから、Xのした本件契約の解除は有効である。

Yは、本件土地の利用方法についての特約が本件契約書に記載されていないにもかかわらず、そのような特約の成立を肯定した原審の判断には法律行為の解釈を誤った違法があるなどと主張して上告しました[3]。

(3) 最1小判昭和47・3・2のした特約の成立に関する判断

最高裁は、以下(a)～(f)のとおり、Xの請求を認容すべきものとした原判決を破棄し、原審の判断を経ていないXの主張等について審理を尽くさせるため、本件を原審に差し戻しました。

---

2 東京高判昭和43・8・30訟月14巻10号20頁。

3 昭和43年当時の民訴法394条は、法律判断の誤りが判決の結論に影響を及ぼしているときは、不服のある当事者において権利として上告を提起することができました。

第4章　本来的解釈をめぐる主要な問題

(a)　本件契約書には、それぞれ売買の目的物、代金額、代金の支払いおよび所有権移転登記義務の履行に関する定めその他詳細な特約条項が六か条にわたって定められているにかかわらず、原審認定のような特約に関する定めが存在しないことは、本件記録中の右契約書の記載に照らして明らかである。

(b)　しかして、原審の認定したような売買の目的たる土地の利用方法についての特約は、契約の当事者にとっては極めて重要な事項であるから、前記法令の規定に基づき当事者間に契約書が作成された以上、かかる特約の趣旨はその契約書中に記載されるのが通常の事態であって、これに記載されていなければ、特段の事情のないかぎり、そのような特約は存在しなかったものと認めるのが経験則であるといわなければならない（なお、Yは、上告理由（一）において、国と私人間の契約においては、契約書に記載されなかった事項は契約の内容とはなりえず、法律上の効力を生ずる余地がないというが、かかる見解は当裁判所の採用しないところである。）。

(c)　この点について、原判決は、……を挙げているが、Xが本件土地の売渡を承諾するまでの経緯として右のごとき事情があったとしても、直ちにそれによってYが前示のような法律上の債務を負担するに至るとはいえないばかりでなく、その余の原審の確定にかかる事実関係をもってしても、本件契約によりYが法律上右の債務を負担するに至ったと解することは困難である。

(d)　また、原判決は、本件契約の実体は売買と贈与の混合契約であると解することができるとし、YがXに対して暗黙のうちに負った本件土地を台東簡易裁判所の敷地として使用すべき債務は、負担付贈与における負担とみることもできると付加説示しているが、本件契約の実体を売買と贈与との混合契約と解することが問題であるのみならず、かりにそのように解しうるとしても、そのことから当然にYにおいて前

示のような法律上の債務を負担することとなるものではなく、また、
贈与の趣旨を含むとしても、本件土地を前示のような目的に使用する
ことをもってYの負担とする合意が成立したと認めるに十分でないこ
とは、さきに、売買契約に付帯する特約の成否に関し説示したところ
と同様である。

(e) してみれば、本件土地および建物の売買契約に際し、YがXに対し、
本件土地の使用につき法律上の債務を負担したものとする原審の認定
判断には、契約の成否および解釈に関する経験則の適用に誤りがあり、
ひいては審理不尽、理由不備の違法があるものというべきであって論
旨は結局理由があり、原判決は、その余の論旨につき判断を加えるま
でもなく、破棄を免れない。

(f) よって、前示の点および原審の判断を経ていないその余のYの主張
についてさらに審理を尽させるため、民訴法407条に従い、本件を原審
に差し戻すこととし、裁判官全員の一致で、主文のとおり判決する。

(4) 最１小判昭和47・３・２における契約の解釈という問題の位置付け

最１小判昭和47・３・２は、①本件契約の一方当事者である買主はその目
的物である本件土地の使用方法を限定する債務を負担したかどうか、②他方
当事者である売主は買主の前記①の債務の不履行を理由にして本件契約を解
除することができるかどうかという二つの争点のある事件において、前記①
の点についての判断をしたものです。

最１小判昭和47・３・２の理由説示は、第２章で検討した平成19年最高裁
判決や第３章で検討した平成22年最高裁判決に遡ること35年以上であること
もあり、やや分かりづらい点もありますので、まず、その論理構造を整理し
ておくことにしましょう。

ア 本件土地の使用方法に係る定めの有無は事実問題

契約の解釈という問題の性質に係る議論を検討した際に説明したとおり、

第4章　本来的解釈をめぐる主要な問題

本件契約書中に買主の本件土地の使用方法に係る定めが置かれているかどうかという問題は、証拠によってその存否を認定すべき事実問題です[4]。

最高裁は、前記(3)(a)において「特約に関する定めが存在しないことは、本件記録中の右契約書の記載に照らして明らかである」と説示していますが、この点を確認するものです。

本件においては、本件契約書に使用方法に係る特約条項の定めが置かれていないことがその記載に照らして明らかであり、当事者間に争いがなかったため、この点は自白によって確定されたのです。

　　イ　買主が使用方法に係る債務を負担するかどうかは契約の解釈という
　　　法律問題

本件契約書に使用方法に係る特約条項の定めが置かれているかどうかの問題とそこで問題とされている特約の中身である「買主Yが売主Xに対して本件土地を台東簡易裁判所の敷地として使用すべき債務を負担するかどうか」という問題とは性質の異なる問題であって、後者は法律問題である契約の解釈の問題であるのです。

最高裁は、前記(3)(b)において「国と私人間の契約においては、契約書に記載されなかった事項は契約の内容とはなりえず、法律上の効力を生ずる余地がないというが、かかる見解は当裁判所の採用しないところである」と判示しているところ、明快な判示ではありませんが、「国と私人間の契約であるというだけで、特約に関する定めのないことが、当然にその内容である債権債務が発生することはないという法律効果に直結するわけではない」との趣旨をいうものと理解することができます。すなわち、理論的には、本件契約書中の他の条項全体を合理的整合的に解釈して、契約当事者間に当該債権債務が発生すると解釈する余地がないわけではないと説示していると理解することができます。

このように、前記(3)の(a)と(b)とをきちんと読むことによって、最1小判昭

4　第1章・1(2)エ及びオを参照されたい。

和47・3・2もまた、定めの有無という事実問題と契約の解釈という法律問題とを区別して考えていることを確認することができます。

(5) 「契約条項の文理」の考慮要素がその余の考慮要素に比して圧倒的に重要度が高いこと

最1小判昭和47・3・2の理由説示と原判決のそれとを比較して明らかであるのは、契約書に調印することによって契約が成立するという現代では極めて一般的な場合を前提にすると、最高裁は、契約の解釈の考慮要素として挙げられる「契約締結に至る交渉経緯」という要素よりも、「契約条項の文理」という要素の方が圧倒的に重要であると考えているということです。

第2章・3(2)オに、昭和51年最高裁判決及び平成19年最高裁判決に準拠し、「本来的解釈の考慮要素」を整理した一覧表を掲記しておきました。そこに、契約の解釈の結論的判断に及ぼす一般的な重要性は、「①契約条項の文理→②条項間の整合性→③契約締結の目的→④契約の交渉経緯→⑤契約締結後の経緯→⑥取引慣行・通念」の順序であるとの分析を示しておきました。

原判決は、本件契約書中の契約条項の文理に全く反映されていないにもかかわらず、第4順位の「契約の交渉経緯」の要素をもって、第1順位の「契約条項の文理」の要素に優先させる判断をしたのですから、合理的な契約解釈といえないとされたのは当然というべきでしょう。

最高裁は、前記(3)(c)において「Xが本件土地の売渡を承諾するまでの経緯として右のごとき事情があったとしても、直ちにそれによってYが前示のような法律上の債務を負担するに至るとはいえないばかりでなく、その余の原審の確定にかかる事実関係をもってしても、本件契約によりYが法律上右の債務を負担するに至ったと解することは困難である」と説示しているのは、前記の趣旨をいうものです。

契約書作成の目的は、第1に、契約当事者間における行為規範の明確化にあり、第2に、紛争発生時における裁判規範の明確化にあるのです[5]。したがって、本件契約上、買主Yが売主Xに対して本件土地の利用方法について

第4章　本来的解釈をめぐる主要な問題

の特段の債務を負担するというのであれば、しかもその不履行が本件契約の解除理由になるというのであれば、そのような債権債務に係る定めがないというのでは、契約書を取り交わした目的が全く実現できないということになります。

このように契約書作成の目的という原点に立ち戻ってみれば、契約の解釈において、「契約条項の文理」の考慮要素がその余の考慮要素に比して圧倒的に重要度が高いのは必然ということになります。

(6)　契約書の作成についてのメッセージ

最1小判昭和47・3・2は、私人と国との間の不動産売買契約についての解釈を扱ったものであるところ、その判決理由中でも会計法50条の委任に基づく予算決算及び会計令が適用され、本件契約当時の同令68条に「各省庁の長又はその委任を受けた官吏が契約をしようとするときは、契約の目的、履行期限、保証金額、契約違反の場合における保証金の処分、危険の負担その他必要な事項を詳細に記載した契約書を作製しなければならない。」との規定があり、契約をしようとする国の職員に対して契約書の作成が義務づけられていることに言及されているのですが、このような事情が前記(5)の最高裁の判断に何らかの影響を及ぼしたのかどうかは検討しておく必要があります。

換言しますと、最1小判昭和47・3・2の前記(3)(c)の判断が私人間における契約書による契約にも妥当するかどうか（判例の射程）に帰着する問題です。

上告理由は、私人と国との間の契約であることに着目した論旨が展開されていますが、前記のとおり、最高裁は、私人と国との間の契約であることに言及するものの、前記(3)(b)の括弧書き中の理由説示部分にみられるように、私人と国との間の契約であることの特殊性に限定した論理を用いることをしていません。

したがって、最1小判昭和47・3・2の契約の解釈に係る判断は、私人間

5　田中・法律文書316頁を参照。

における契約書による契約にも等しく妥当するとみるのが相当であると考えられます。

　そうすると、最高裁は、契約書の作成を日常的な業務とする法律実務家に対し、前記(3)(b)の理由説示のとおり、「契約書を作成する以上、契約の当事者の権利義務に係る合意（特約）は、具体的な条項の形で明示に記載しておかなければならない」とのメッセージを発していると理解することができます。

3　「条項間の統一的・整合的解釈」の第2原則——最2小判平成7・11・10における約款の解釈

(1)　事案の概要

　最2小判平成7・11・10民集49巻9号2918頁（以下「平成7年最高裁判決」といいます。）は、自家用自動車保険普通保険約款（本件約款）の免責条項（本件免責条項）における「配偶者」に内縁の配偶者が含まれると解釈すべきであるかどうかが争われたものです。本件免責条項は、「当会社は、対人事故により次の者の生命または身体が害された場合には、それによって被保険者が被る損害をてん補しません。(1)記名被保険者、(2)被保険自動車を運転中の者またはその父母、配偶者もしくは子、(3)被保険者の父母、配偶者または子」というものです。

　原審の確定した事実関係は、以下のとおりです。

─【検討事例7】─

① 　飲食店経営者Bは、損害保険会社Yとの間で、保有の普通乗用自動車につき、被保険者B、対人賠償責任保険の支払限度額を1人1億円、保険期間を昭和63年12月5日から平成元年12月5日までとし、被保険者の負担する損害賠償責任が発生したときは損害賠償請求権者はYに対して損害賠償額の支払を直接請求することができることなどの約定の下に、本件約款が適用される自家用自動車保険契約（本件保険契約）を締結していた。

第4章 本来的解釈をめぐる主要な問題

② Bは、平成元年6月9日、先行車両を避けようとして前記①の自動車を中央分離帯に衝突させ、同自動車の助手席に同乗していた女性Aを死亡させる事故（本件事故）を発生させた。
③ 本件事故発生当時、BとAとは内縁関係にあった。
④ Aの相続人Xら（Aの両親とAの子の三名）は、Bに対し、自動車損害賠償保障法3条に基づき合計3000万円の損害賠償の支払を求めるとともに、Yに対し、本件保険契約中の直接請求の約定に基づき合計3000万円の保険金の支払を求めて訴えを提起した。
⑤ Bは、第1審においてはXらの請求を争ったものの、控訴審においては、第1回口頭弁論期日においてXらの請求を認諾した。その結果、XらとBとの間の訴訟は終了した。
⑥ Yは、本件免責条項にいう「配偶者」に内縁の配偶者が含まれると解釈すべきであるから、Xらの請求は棄却されるべきであると主張しXらの請求を争った。

[関係図]

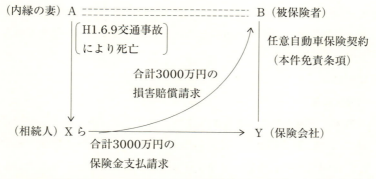

(2) **本件免責条項の解釈についての原審の判断とXらの上告理由**

第1審は、本件事故時にAはBの内縁の妻であったところ、内縁の配偶者も本件免責条項にいう「配偶者」に含まれると解釈すべきであるとし、Xら

3 「条項間の統一的・整合的解釈」の第2原則——最2小判平成7・11・10における約款の解釈

の請求を棄却しました[6]。控訴審（原審）は、Ｘらのした控訴を棄却しました[7]。

原審の判断の筋道は、以下①から⑤のとおりです。

①　被保険者の範囲に係る本件約款の第1章賠償責任条項3条には、記名被保険者の「配偶者」を被保険者とする旨の定めがあり、この定めにいう「配偶者」には内縁の配偶者を含むものと解されるところ、同一約款中の同一の用語は、約款全体を通じて統一的に解釈するのが合理的であるから、本件免責条項にいう「配偶者」にも内縁の配偶者が含まれると解釈するのが相当である。

②　本件免責条項の趣旨は、夫婦という密接な関係にある生活共同体の中では、加害者、被害者という観念をいれることは倫理的にも好ましくないなどの理由から、夫婦間の交通事故については免責として取り扱うことにしたのであり、この点では法律上の配偶者と内縁の配偶者とを区別して取り扱う理由はない。

③　民法においては、法律上の夫婦の財産的効果に関する規定が内縁の夫婦にも準用[8]されているところ、本件免責条項は財産的効果に関する規定であるから、内縁の夫婦にも準用すべきである。

④　内縁の配偶者が本件約款の第1章賠償責任条項3条にいう「配偶者」に当たるが、同8条の本件免責条項にいう「配偶者」には当たらないと解釈すると、法律上の配偶者は免責の対象となり保護されないにもかかわらず、内縁の配偶者は免責の対象から除外されて保護されることになり、内縁の配偶者が法律上の配偶者よりも有利に取り扱われるという不合理な結果を招来する。

⑤　そうすると、被保険者ＢがＡの相続人であるＸらに対して損害賠償責

6　神戸地判平成3・3・26判時1397号100頁。
7　大阪高判平成3・11・29判タ777号201頁。
8　原判決は2度にわたって「準用」という用語を使っていますが、いずれも「類推適用」の趣旨をいうものと思われます。

第4章　本来的解釈をめぐる主要な問題

> 任を負担する場合であっても、保険者Yは、本件免責条項により、X
> らに対する保険金の支払義務を免れるというべきである。

　Xらは、(i)本件約款の第1章賠償責任条項3条は保険者Yの責任を拡張す
る定めであるのに対し、本件免責条項はYの責任を縮小する定めであるか
ら、前者の「配偶者」に内縁の配偶者が含まれるが、後者の「配偶者」には
内縁の配偶者が含まれないとする解釈が不合理とはいえない、(ii)約款解釈
における「作成者不利の原則」、「免責条項の類推（拡張）解釈禁止の原則」
に照らし、「配偶者」に内縁の配偶者が含まれることを明確にしていないこ
とに基づく不利益は、約款作成者である保険者Yが負担すべきであるとの2
点を指摘し、原判決には約款の解釈を誤った違法があると主張して上告しま
した。

(3)　平成7年最高裁判決のした本件免責条項にいう「配偶者」の解釈

　最高裁は、以下(a)～(e)のとおり、本件免責条項にいう「配偶者」の解釈に
ついての原判決の判断を正当として是認し、本件上告を棄却しました。

> (a)　本件免責条項にいう「配偶者」には、法律上の配偶者のみならず、
> 　内縁の配偶者も含まれるものと解するのが相当である。その理由は、
> 　以下のとおりである。
>
> (b)　本件免責条項が設けられた趣旨は、被保険者である夫婦の一方の過
> 　失に基づく交通事故により他の配偶者が損害を被った場合にも原則と
> 　して被保険者の損害賠償責任は発生するが、一般に家庭生活を営んで
> 　いる夫婦間においては損害賠償請求権が行使されないのが通例である
> 　と考えられることなどに照らし、被保険者がその配偶者に対して右の
> 　損害賠償責任を負担したことに基づく保険金の支払については、保険
> 　会社が一律にその支払義務を免れるものとする取扱いをすることにあ
> 　り、右の趣旨は、法律上の配偶者のみならず、内縁の配偶者にも等し

く妥当するものである。

(c)　本件約款の第1章賠償責任条項3条は、被保険自動車の使用等に起因する交通事故を発生させたことに基づき損害賠償責任を負担することによって被る損害について、保険によりてん補される責任主体としての被保険者の範囲を明らかにした最も基本的な定めである。そして、同条の1項2号イには、被保険自動車を使用又は管理中の記名被保険者の配偶者が被保険者に含まれる旨が定められている。ところで、右の定めが設けられた趣旨は、一般に右の配偶者も被保険自動車を使用する頻度が高いと考えられるため、同人を当然に被保険者に含めることとして、前記の損害を保険によりてん補される被保険者の範囲を拡張しようとするところにある。この点では、法律上の配偶者と内縁の配偶者とを区別して別異に取り扱う必要性は認められないから、右3条1項2号イにいう「配偶者」には、法律上の配偶者のみならず、内縁の配偶者を含むとすることにつき何らの支障も認められない。

(d)　そして、同一の約款の同一の章において使用される同一の文言は、特段の事情のない限り、右の章を通じて統一的に整合性をもって解釈するのが合理的であるというべきところ、右3条1項2号(イ)と本件免責条項とは同一の約款における同一の章に設けられた定めであって、右各条項にいう「配偶者」の文言を異なる意義に解すべき特段の事情も認められない。

(e)　……そうすると、被保険者であるBが右事故に基づき亡Aの共同相続人であるXらに対して損害賠償責任を負担する場合であっても、保険会社であるYは、本件免責条項により、Xらに対する保険金の支払義務を免れるものというべきである。したがって、これと同旨の原審の判断は、正当として是認することができ、原判決に所論の違法はない。論旨は採用することができない。

第4章 本来的解釈をめぐる主要な問題

(4) 平成7年最高裁判決と契約の解釈との関係

前記(1)のとおり、平成7年最高裁判決は、直接的には本件約款中の本件免責条項の解釈を扱ったものです。そこで、まず、同判決の示した約款についての解釈態度が契約の解釈についてのそれとどのような関係に立つのかを検討する必要があります。

約款の本質及び約款の解釈については第8章において詳細に検討する予定ですから、ここでは平成7年最高裁判決が前提とするところを確認しておくことにしましょう。

まず、約款の本質につき、大別して、学説には法規説と契約説とがありますが、現在では、約款は制定法による特別の授権がない限り、それを契約に採用する旨の合意によってはじめて当事者を拘束するに至るという契約説が主流になっています[9]。

約款による契約をどのように把握するかという本質論は、その解釈態度にも影響を及ぼすことになります。現在の主流学説である契約説によると、その解釈態度の基本は契約の解釈におけるのと同一であるということになりますが、約款の特質（個別に合意されるのではなく、企業が不特定多数の取引に妥当すべく予定して準備し、不特定多数の顧客に同一に解釈されてはじめて目的を達するといった特質）を考慮して、解釈するといったところに落ち着くことになります。

Xらは、上告理由において、前記(2)(ⅱ)のとおり、約款解釈における「作成者不利（contra proferentem）の原則」と「免責規定の類推解釈及び拡張解釈禁止の原則」を持ち出して主張を組み立てていますが、これらは約款の特質を考慮した解釈態度の一環であるということができます。

平成7年最高裁判決は、判決理由中に、約款の本質論や約款の解釈態度といったことに明示に言及していませんが、前記(3)の理由説示全体からして、契約説に立った上で、上告理由の指摘する約款の特質について検討を加え、

---

9 山本豊「約款」内田貴＝大村敦編『新・法律学の争点シリーズ1民法の争点』219頁（有斐閣、2007年）を参照。

98

結論を導いていると理解して間違いありません。

　同判決の担当調査官は、「私的な任意自動車保険にあっては、その保険契約の内容は、約款を前提とする当事者の合意内容として定まるものであるから、約款の解釈は、契約当事者の合理的意思に基づいてなすべきものと考えられるところ、……本件免責条項にいう『配偶者』には内縁の配偶者も含まれると解釈するのが契約当事者の合理的意思に合致するものと考えられる。そして、右のように解釈しても、不当に免責約款を類推解釈、拡大解釈したものということはできないものと思われる。」と、簡潔に解説しています[10]。

(5)　考慮要素における「条項の統一性・整合性」の要素と「条項の実現しようとする目的」の要素との重要性の序列

　平成7年最高裁判決の判決理由は、前記(3)(a)において本件免責条項の解釈の結論を示し、同(b)においてそのような結論を採る理由の一つである本件免責条項が「実現しようとする目的」の要素について検討し、同(c)及び(d)においてもう一つの理由である「条項の統一性・整合性」の要素について検討するという構造になっています。

　このような理由説示の順番からすると、平成7年最高裁判決は、本件における考慮要素の重要性の序列につき、「条項の実現しようとする目的」の要素の方が「条項の統一性・整合性」の要素よりも上位にあるとの立場に立っているようにも考えられます。

　しかし、本件免責条項が「実現しようとする目的」について前記(3)(b)のようにいうことができるとしても、約款解釈において一般にいわれる「作成者不利の原則」や「免責規定の類推解釈及び拡張解釈禁止の原則」を考慮すると、本件免責条項が二義を許さない文言になっているのでない場合は、条項の目的（趣旨）を決め手にすることは困難です[11]。

　そこで、平成7年最高裁判決は、前記(3)(c)及び(d)において、「一つの条項

10　井上繁規・最判解民〔平成7年度〕962頁を参照。
11　藤田友敬「自家用自動車普通保険約款の免責条項にいう『配偶者』」重判解〔平成7年度〕（ジュリ1091号）97頁を参照。

第4章　本来的解釈をめぐる主要な問題

は他の条項と整合的に解釈せよ」という契約解釈の第2原則[12]に依拠することになったのです。そして、本件免責条項と同じ本件約款第1章中の最も基本的な定めともいうべき被保険者の範囲に係る3条1項2号(イ)にいう「配偶者」の意義を探求し、そこでは「配偶者」に内縁の配偶者を含むとすることにつき何らの支障も認められないと判断したのです。

　このように検討してくると、平成7年最高裁判決は、本件免責条項における「配偶者」に内縁の配偶者を含むと解釈するに当たり、「条項の統一性・整合性」の要素を決め手にしているものと理解することができます。図式的には、本件においても、「条項の統一性・整合性」の要素＞「条項の実現しようとする目的」の要素ということになります。

　実務上、契約（約款を含む。）の解釈を検討するに際し、念頭に置いておくと便利な指標ではあります。

(6)　平成7年最高裁判決と「作成者不利の原則」、「免責条項の類推（拡張）解釈禁止の原則」との関係

　「作成者不利の原則」とは、約款の条項が不明瞭である場合には、約款の作成者である企業に不利に解釈されるという原則をいいます。次に、「免責条項の類推（拡張）解釈禁止の原則」とは、顧客側に責任を転嫁する又は企業側の責任を減免する約款の条項については、類推解釈又は拡張解釈してはならないという原則をいいます[13]。

　平成7年最高裁判決は、「作成者不利の原則」に明示に言及することはしていません。しかし、これは約款全体を通じて顧客側が不利になることがないように解釈するとの原則をいうものと理解されていますから、本件免責条項にいう「配偶者」に内縁の配偶者を含むものと解釈をしても、被保険者の範囲に係る3条にいう「配偶者」に内縁の配偶者を含むものと解釈する以上、約款全体を通じて顧客側が不利になることはないとの立場に立つものと

12　第2章・3(2)オの［本来的解釈の考慮要素］の表を参照。
13　大塚龍児「約款の解釈方法」加藤一郎＝米倉明編『民法の争点Ⅱ債権総論・各論』92 ～93頁（有斐閣、1985年）を参照。

3 「条項間の統一的・整合的解釈」の第2原則──最2小判平成7・11・10における約款の解釈

考えることができます。

次に、「免責条項の類推（拡張）解釈禁止の原則」についてですが、平成7年最高裁判決は、前記(3)(c)及び(d)に説示するとおり、同一の約款における同一の章に設けられた被保険者の範囲に係る定めと本件免責条項とを統一的に整合性を保って解釈しているのであるから、禁止されるべき類推解釈にも拡張解釈にも当たらないとの立場に立つものと考えることができます。

また、一般に、約款は個々の顧客の理解可能性を標準とするのではなく、顧客圏の合理的平均人の理解可能性を標準として解釈するものと解されています[14]。この点からすると、現代の合理的平均人としての顧客は「配偶者」に内縁の配偶者を含むものと理解しているから、本件免責条項にいう「配偶者」に内縁の配偶者を含むとする解釈をもって類推解釈又は拡張解釈に当たるとはいえない、と説明することも可能です[15]。

(7) 平成7年最高裁判決の射程及び判決後の約款改正

平成7年最高裁判決の判例としての射程は、前記(3)(d)において、「同一の約款の同一の章において使用される同一の文言は、特段の事情のない限り、右の章を通じて統一的に整合性をもって解釈するのが合理的であるというべきところ、右3条1項2号(イ)と本件免責条項とは同一の約款における同一の章に設けられた定めであって、右各条項にいう『配偶者』の文言を異なる意義に解すべき特段の事情も認められない。」と明確に説示していますから、本件約款の第1章中の「配偶者」の文言を使用する条項に及ぶと解するのが適切です。

しかし、これは判例の射程の問題であって、本件約款の他の章で使用されている「配偶者」に内縁の配偶者を含むと解釈することの妨げになるものではありません[16]。

14　大塚・前掲論文（注13）91頁を参照。
15　加瀬幸喜「親族間事故免責条項における配偶者の意義」鴻常夫ほか編『損害保険判例百選〔第2版〕』127頁（有斐閣、1996年）を参照。
16　判例の射程外であるということが、当該判例と別の結論を採るべきことを意味するわけではないことにつき、田中・法律文書64〜66頁を参照。

101

第4章　本来的解釈をめぐる主要な問題

　ところで、平成7年最高裁判決の言渡し後、任意自動車保険のうちの普通保険約款の第1章賠償責任条項の3条1項2号(イ)は、「記名被保険者の配偶者（内縁を含みます。以下同様とします。）」と改正され、一応、約款の文言上この点についての疑義は解消されました。判例が保険実務のレッスンになった一例ということができます。

4　「契約条項によって実現しようとした目的」の第3原則——最2小判昭和43・2・23における特約の解釈

(1)　事案の概要

　最2小判昭和43・2・23民集22巻2号281頁（以下「昭和43年最高裁判決」といいます。）は、土地の売買契約における買主のいわゆる付随的債務の不履行を理由として同売買契約を解除することができるかどうかが争われた事件におけるものです。

　実際の事案にはやや複雑なところがありますが、ここでは、売買契約の解除理由との関係での契約の解釈の問題に焦点を当てるために、事案を簡略化して紹介することにします。

　原審の確定した事実関係は、以下のとおりです。

【検討事例8】
---

①　Xは、昭和37年6月2日、その所有する山林約43坪（本件土地）をYに対して売る旨の売買契約（本件売買契約）を締結した。売買代金の約定は、坪当たり6000円、契約と同時に内金8万円、残金を同月以降毎月11日に5000円ないし3000円に分割して支払う、というものであった。本件売買契約には、「所有権移転登記は代金完済と同時にすること、および、代金完済まではYは本件土地上に建物その他の工作物を築造してはならない。」との特約（本件特約）が付加された。

　　Yは本件売買契約締結と同時に前記内金を支払い、Xは同月6日に本件土地につき分筆登記を完了した。ところで、Yは、昭和36年3月

102

4 「契約条項によって実現しようとした目的」の第3原則——最2小判昭和43・2・23における特約の解釈

頃、本件土地の一部を賃借した母A所有の建物にAと入れ替わりに入居し、同土地を占有するようになった者であった。

② Yは、Xに対し、①のとおり代金の完済に長期間を要するので、本件土地について売買による所有権移転の仮登記をしてほしい旨懇請した。Xは、この懇請を容れ、仮登記手続に必要なXの印鑑証明の下付申請手続をすることをYに委ね、Xの実印をYに預けた。

③ ところが、Yは、Xから預かった実印、印鑑証明及び権利証等を使ってXの委任状等を作成し、昭和37年6月12日、本件土地につき所有権移転本登記を経由した。さらに、Yは、建物の新築を計画し、同年7月20日頃から、本件土地上にセメント製ブロック基礎（本件工作物）の工事を開始した。

④ Xは、前記③の本登記及び工事開始の事実を知り、Yに対し、本登記の抹消と工事の中止を申し入れたが、YはXの申入れを拒絶した。そこで、Xは、Yに対し、昭和37年8月3日到達の内容証明郵便をもって、本件売買契約を解除する旨の意思表示をした。

⑤ Xは、Yに対し、本件土地につき、所有権に基づき所有権移転本登記の抹消登記手続を、本件売買契約の解除による原状回復請求権に基づき本件工作物を収去しての本件土地の明渡しをそれぞれ求め、訴えを提起した[17]。

---

17 実際の訴訟では、本件売買契約締結前から本件土地上に存する建物を収去しての本件土地の明渡しも請求されていますが、本文記載のとおり、この点を省略して事案を簡略化しました。

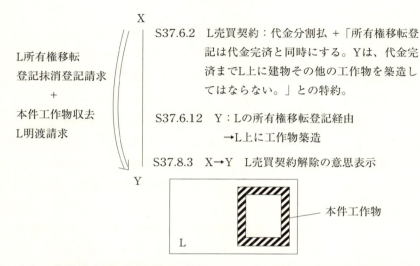

(2) 本件売買契約解除の成否についての第1審及び原審の判断とYの上告理由

第1審は、本登記はXの意思に基づかないものであるから無効であり、本件工作物の工事は本件特約に違反したものであると判断し、本登記の抹消登記請求及び本件工作物の収去請求を認容しました。しかし、本件売買契約の解除の成否につき、本件特約違反について解除権を留保するものとはいえないし、Yの行為が信義則に違反するものともいえないので、Xのした解除は無効であると判断しました[18]。

控訴審（原審）は、X及びY双方の控訴を棄却しましたが、その理由の構成は第1審と顕著に異なっています。すなわち、本件売買契約の解除の成否につき、Yの行為は「単に売買契約の約定に反するだけでなく土地の買主であるYの著しい背信行為であり、Xはこれにより契約の解除権を取得したものと認めるのが相当であるから（若しこの解除が、許されないとするならば、

18　福岡地判昭和40・4・12民集22巻2号289頁に収録、金判98号13頁。

Xは、Yの前示重大な契約違反の事実を、そのまま忍受しなければならぬという極めて不合理な結果となるから）本件売買契約は右意思表示により解除されたものというべく」と説示して、Xのした本件売買契約の解除を有効と判断し、この点を判決理由としました[19]。

これに対し、Yは、Yのみが信義誠実の原則に違反したとして本件売買契約の解除を認めた原判決には信義則の解釈適用を誤った違法があると主張して、上告しました。

(3) 解除理由にすることができる債務不履行と昭和43年最高裁判決

最高裁は、以下(a)〜(d)のとおり、本件売買契約は有効に解除されたと判断し、原判決に違法はないとして是認し、本件上告を棄却しました。

(a) ところで、右特別の約款（本件特約を指す。筆者注）が外見上は売買契約の付随的な約款とされていることは右確定事実から明らかであり、したがって、売買契約締結の目的には必要不可欠のものではないが、売主（X）にとっては代金の完全な支払の確保のために重要な意義をもつものであり、買主（Y）もこの趣旨のもとにこの点につき合意したものであることは原判決（その引用する第1審判決を含む。）の判文からうかがわれる。

(b) そうとすれば、右特別の約款の不履行は契約締結の目的の達成に重大な影響を与えるものであるから、このような約款の債務は売買契約の要素たる債務にはいり、これが不履行を理由として売主は売買契約を解除することができると解するのが相当である。

(c) ところで、Yは右特別の約款に反して、本件土地について……所有権移転の本登記手続をし、かつ、本件工作物をつくったこと、そして、これらのYの行為はXに対する背信行為であること、XがYに対し昭和37年8月3日右を理由に売買契約を解除したことは、原審の認定判断

---

19 福岡高判昭和40・9・20民集22巻2号294頁に収録、金判98号12頁。

第4章　本来的解釈をめぐる主要な問題

　　したところであるが、この認定判断は、原判決挙示の証拠関係に照ら
　　して首肯できる。……
　(d)　そうとすれば、本件売買契約は同日有効に解除されたものというべ
　　きである。原判決には所論の違法はない。論旨は採用できない。

　昭和43年最高裁判決の理由説示は、上掲のとおりですが、その判決文自身
が、本件特約につき付随的条項であって売買契約締結の目的に必要不可欠の
ものではない（(a)）としながら、その不履行が契約締結の目的の達成に重大
な影響を与えるものであるから、本件特約上の債務が売買契約の要素たる債
務に入る（(b)）といった論理展開が必ずしも明快ではないこと、また、本件
特約上の債務の不履行を理由として本件売買契約を解除することができると
判断した（(b)）にもかかわらず、更に、本件特約違反のYの行為がXに対す
る背信行為であるとの原判決の判断を是認すると判示する（(c)）のは、不要
とも思われます。
　そこで、まず、その不履行を解除理由とすることのできる債務についての
判例理論を明確にした上で、その判例理論と昭和43年最高裁判決との関係を
検討してみることにしましょう。

(4)　判例理論と昭和43年最高裁判決との関係

　最3小判昭和36・11・21民集15巻10号2507頁は、「法律が債務の不履行に
よる契約の解除を認める趣意は、契約の要素をなす債務の履行がないため
に、該契約をなした主たる目的を達することができない場合を救済するため
であり、当事者が契約をなした主たる目的の達成に必須的でない付随的義務
の履行を怠ったに過ぎないような場合には、特段の事情の存しない限り、相
手方は当該契約を解除することができないものと解するのが相当である」と
判示しました。
　最3小判昭和36・11・21を図式化すると、①契約の法定解除理由になるの
は、「要素たる債務」の不履行である、②ただし、特段の事情の存する場合
には、「付随的債務」の不履行であっても法定解除理由になる、③ある債務

106

4 「契約条項によって実現しようとした目的」の第3原則——最2小判昭和43・2・23における特約の解釈

が要素たる債務であるか付随的債務であるかは、当該債務の履行が当該契約の主たる目的の達成に必須であるかどうかによって決する、ということになります。これは、大審院判例を踏襲したものであり、学説上も異論のないものと考えられています[20]。

この判例理論を更に敷衍して説明すると、以下のとおりです。

(i) ある債務が要素たる債務と付随的債務のいずれに分類されるかは、契約の主たる目的の達成に必須であるかどうかによって決せられるから、類型的・客観的に画定される。例えば、不動産の売買契約についてみると、売主の負う債務のうち要素たる債務に分類されるものは所有権移転債務の一部を成す目的物の引渡債務及び所有権移転登記債務であり、買主の負う債務のうち要素たる債務に分類されるものは代金支払債務である。

(ii) 契約の拘束から解放するという契約解除制度の趣旨からして、類型的・客観的に画定される契約の主たる目的の達成に必須である要素たる債務の不履行を法定解除理由にするのは原則として合理的であるが、具体的契約にはそれを締結するに至る様々な理由、経緯等が存するところ、そのような具体的事情を考慮すると、いわゆる要素たる債務でなくても、ある債務が当該契約にとって重要なものとして合意された場合（裏から説明すると、当該債務を負う旨が合意されなかったとすれば、当該契約自体の締結に至らなかった場合）には、当該債務の不履行を法定解除理由として許容すべきである。

(iii) いわゆる要素たる債務でなくても（すなわち、付随的債務であっても）、当該債務の不履行が解除原因になるとの特約を合意した場合に、当該債務の不履行を理由にして約定解除することができるのは、契約自由の原則の一適用として当然であり、契約実務においても積極的に活用されている。

---

20 枡田文郎・最判解民〔昭和36年度〕402頁を参照。

107

第4章　本来的解釈をめぐる主要な問題

(iv)　前記(iii)のように当該債務の不履行が解除原因になるとの特約条項が
ない場合において、<u>具体的契約中の条項がいわゆる要素たる債務でない
のに法定解除理由とすることができるような「重要な債務」であること
を合意した条項であるかどうかは、当該条項についての契約の解釈の問
題である</u>。結局、前記(ii)の問題の法的性質は、契約の解釈に帰着する
問題である。

　このように判例理論を整理した上で、昭和43年最高裁判決を読み直してみ
ると、同判決が判例理論を前提として本件売買契約中の本件特約についての
契約の解釈をした事例判例であることをはっきりと理解することができま
す。項を改めてこの点を詳細に検討することにしましょう。

(5)　契約の解釈の観点からの昭和43年最高裁判決の分析

　前記(3)に指摘したとおり、昭和43年最高裁判決は、その判決理由の説示が
十分に練られておらず、特に、結論として、本件特約におけるYの負う債務
を要素たる債務に当たると判断したのか、付随的債務に当たると判断したの
かが明快でないため、同判決をどのように読むべきかに混乱が生じているよ
うです[21]。

　筆者は、次のように読むのが最も合理的であり、判例理論と整合し、現行
民法541条ただし書との接合にも無理がないと考えています。

ア　本件特約の定めるYの義務は要素たる債務か付随的債務か

　前記(1)①のとおり、本件特約は、所有権移転登記手続をすべきXの義務と
代金を完済すべきYの義務とが同時履行の関係に立つこと、及び代金を完済
するまでは本件土地上に建物その他の工作物を築造してはならないとするY
の義務とを定めるものです。前者は要素たる債務の履行の仕方（態様）を定
めるものであり、後者は買主が目的物の引渡し（占有移転）を受けた後の利
用上の制限を定めるものですから、前記(4)(i)のとおり、本件特約上Yの負
う債務はいずれも付随的債務であって要素たる債務でないことが明らかで

21　福本忍「債務不履行の軽微性と解除」窪田充見＝森田宏樹編『民法判例百選Ⅱ債権
〔第9版〕』79頁（有斐閣、2023年）は、4つの読み方を紹介する。

108

4 「契約条項によって実現しようとした目的」の第3原則──最2小判昭和43・2・23における特約の解釈

す。

昭和43年最高裁判決は、前記(3)(a)において、本件特約について「売買契約締結の目的には必要不可欠のものではない」と判示していますが、この判示部分は、この点をいうものと理解することができます。

すなわち、昭和43年最高裁判決は、本件特約の定めるYの債務は付随的債務であると判断しているのです。

　イ　本件特約のX及びYにとっての重要性の程度

前記(1)①及び②によれば、Y（買主）の要素たる債務である代金支払債務は、完済までに少なくとも3年という長期間を要するものである上、Yの懇請を受けて仮登記手続をすることを約したX（売主）としては、Yに遅滞なく代金支払債務を履行させるために意味のある方策をとっておくことが極めて重要でありました。前記アのとおりの本件特約の内容と性質に鑑みると、本件特約は、正にYに遅滞なく代金支払債務を履行させることを目的とするものであることが客観的に明らかです。Xとしては、本件特約なしに代金の完済に3年超の長期間を要する本件売買契約の締結に応ずることは困難ですし、本件土地上に既に自宅建物を有していたYとしては、そのような本件特約を受け入れるしかなかったというべきです。

昭和43年最高裁判決は、前記(3)(a)の下線部において、前記のとおりの本件特約の果たすべき役割を説示し、Yとしても、本件特約の果たすべき役割を十分に理解した上で、本件売買契約を締結するためにこれを承諾したという本件売買契約における本件特約の位置付け及び本件特約の成立に至る経緯を摘示しています。

すなわち、昭和43年最高裁判決は、前記アのとおり、本件特約の定めるYの債務を付随的債務として性質付けしたのですが、売買契約において類型的・客観的に付随的債務と性質付けされるものであっても、本件売買契約が成立するためにはそのような付随的債務を内容とする本件特約が合意に至ることが必要であったという、具体的契約に即しての本件特約の位置付け（重要性の程度）を判断しているのです。

第4章　本来的解釈をめぐる主要な問題

ウ　付随的債務のYの不履行が本件売買契約の解除理由となる場合

　前記(4)のとおり、判例理論は、付随的債務の不履行が契約解除の理由になるのは特段の事情の存する場合であるというものです。昭和43年最高裁判決は、本件特約の定めるYの債務を付随的債務として性質付けしたのですから、そのようなYの債務の不履行をもって解除理由にするためには、本件に特段の事情が存するとの判断をする必要に迫られたのです。

　昭和43年最高裁判決は、前記(3)(b)において、本件特約の定めるYの債務の不履行につき、「契約締結の目的の達成に重大な影響を与えるものであるから、このような約款の債務は売買契約の要素たる債務にはいり、これが不履行を理由として売主は売買契約を解除することができると解するのが相当である。」とややねじれた表現で法律判断を示しました。

　この判示部分は、目的の達成に必須である要素たる債務に当たらない債務の不履行であっても、<u>当該債務に係る特約（合意）がなければ当該売買契約の締結に至らなかったというような重大な影響が考えられる場合には、判例理論のいう特段の事情が存するときに当たり、当該債務の不履行をもって法定解除理由とすることができる</u>との趣旨をいうものです。

　「要素たる債務にはいり」という表現に論理的混乱がみられるのですが、これは「要素たる債務の不履行に準じて解除理由となる」＝「付随的債務の不履行に特段の事情が存するとして解除理由となる」との比喩的な説明をするものと理解するのが合理的であると考えられます。

エ　判決理由における契約の解釈の位置付け

　昭和43年最高裁判決の判決理由を前記のように分析してきますと、同判決は、契約締結の目的達成に必要不可欠とはいえない債務（付随的債務）の不履行であっても、契約締結の目的達成に重大な影響を及ぼす債務（すなわち、当該付随的債務を負うとの合意が成立しなかったならば、当該契約の締結に至らなかったであろうと考えられるような重大な債務）の不履行は判例理論にいう契約解除の理由にすることができる特段の事情が存する場合の一つに当たることを明らかにした事例判例であると理解することができます。

110

4 「契約条項によって実現しようとした目的」の第3原則——最2小判昭和43・2・23における特約の解釈

そして、ある一つの契約における特約が前記の「契約締結の目的達成に重大な影響を及ぼす債務」を含むものであるかどうかは、本書の検討テーマである「契約の解釈」という判断作業であることに気付かされます。

すなわち、ここでは、「契約の解釈」という判断作業それ自体が主要な法律問題として争点になっているというのではなく、一つの事件で主張されているある債務不履行が法定解除理由となり得るものであるかどうかという民法適用の前提となる法律問題として位置付けられるということになります。

オ　契約の解釈が法律問題であること及び前記(3)(c)の説示の性質

前記(2)のとおり、Yの上告理由は、Yに信義則違反ありとして本件売買契約の解除を認めたことを捉えて原判決には信義則の解釈適用を誤った違法があるというものであったのですが、昭和43年最高裁判決は、前記(3)(b)のとおり、職権で、解除理由とすることのできる債務の内容性質はどのようなものかという問題を取り上げ、本件特約条項の契約の解釈をすることによってこの点に係る判断を示しました[22]。この判断からも、最高裁が契約の解釈を事実認定の問題ではなく、法律問題であると考えていることを理解することができます。

ところで、民集の判示事項及び判決要旨の抽出の仕方からしても、最高裁の判例委員会は、前記(3)(b)の理由説示部分を昭和43年最高裁判決の主論として扱っていることが明らかです。

そうすると、前記(3)(c)の理由説示部分は、傍論であるということになります[23]。最高裁は、Yが上告理由として不服を述べている点についても念のために見解を示しておこうと考えたものと思われます。最高裁が本件におけるYの行為を信義則違反の行為と評価していることが分かり、その範囲で参考にはなりますが、本件の解決のためには全くの蛇足（いわゆる「a＋b」）であることを確認しておきましょう。

---

[22]　鈴木重信・最判解民〔昭和43年度〕51頁を参照。
[23]　主論と傍論との区別につき、田中・法律文書66頁を参照。

第4章　本来的解釈をめぐる主要な問題

(6)　本件特約が「実現しようとした目的」の重要性

　昭和43年最高裁判決は、本件特約の定めるYの債務につき、本件売買契約締結の目的達成に重大な影響を及ぼす債務であると性質付け（解釈）し、その不履行を法定解除理由たり得ると判断したのですが、そこで最も重要視した要素は、本件特約が実現しようとした目的です。

　前記(4)(i)のとおり、不動産売買契約の売主の負う要素たる債務は所有権移転債務を構成する目的物の引渡債務及び所有権移転登記債務であり、買主の負う要素たる債務は代金支払債務です。そして、双務契約である売買契約において、売主の所有権移転債務と買主の代金支払債務とは対価関係に立ち、同時履行の関係に立つ（履行上の牽連関係がある。）とされています。

　そして、前記(1)①、②のとおりの本件における事実関係を前提にすると、本件特約におけるYの債務は、Xの要素たる債権である代金債権を任意かつ円滑に実現するために必須のものと考えられます。

　すなわち、本件契約において本件特約の定めるYの債務が法定解除理由とすることができるような「重要な債務」であると解釈すべきであるかどうかを決するに当たって、最も重要な考慮要素となるのは、本件特約が実現しようとした目的であるということになります。

(7)　現行民法541条と昭和43年最高裁判決との関係

　現行民法541条は、前記(4)で検討した判例理論を前提にして催告解除の要件を具体化したものと位置付けられています[24]。そして、同条ただし書は「その期間を経過した時における債務の不履行がその契約及び取引上の社会通念に照らして軽微であるときは、この限りでない。」と規定しています。

　現行民法541条の条文のあり方からすると、催告解除の効果の発生を争う当事者において、解除理由として主張された債務の不履行がその契約及び取引上の社会通念に照らして軽微であることを主張・立証することになります。

24　筒井健夫=村松秀樹『一問一答民法（債権関係）改正』236頁（商事法務、2018年）を参照。

112

「軽微であること」を主張・立証する際に又は「軽微であること」を争い反証する際に、昭和43年最高裁判決が参照されることになります。現行民法541条ただし書の「契約……に照らして軽微であるとき」という文言は、履行されなかった債務が当該契約の解釈として「軽微であるとき」（すなわち、当該契約の解釈として、同判決がいう「契約締結の目的達成に重大な影響を及ぼす債務」といえないとき）は、当該契約を解除することができないことを明文化したものです。

事例判例である同判決は、このような形で現行民法541条ただし書の中に取り入れられたのです。「軽微である」場合の一つが契約の解釈によって導かれることを明文化したものであり、興味深い条文です。

5　取引慣行又は社会通念の考慮要素——最３小判平成９・２・25における不動産売買契約の損害賠償条項の解釈

(1)　事案の概要

最３小判平成９・２・25判時1599号66頁（以下「平成９年最高裁判決」といいます。）は、土地の売買契約における損害賠償条項の解釈が争われた事件におけるものです。

不動産取引の現場で当時よく使用されていた定型書式による契約書の条項の解釈が争われたものであり、事案としては極めて単純です。

原審の確定した事実関係は、以下のとおりです。

【検討事例9】
---

① 　Xは、Yとの間で、平成元年10月３日、本件土地を代金1630万円で買い受ける旨の売買契約（本件契約）を締結し、Yに対し、手付け150万円を交付した。

② 　Yは、平成２年２月７日ころ、本件土地をAに売り渡し、同月９日、A名義の所有権移転登記手続をしたため、YのXに対する本件契約に基づく所有権移転義務は、Yの責めに帰すべき事由により履行不

能となった。
③　本件契約には、買主の義務不履行を理由として売主が契約を解除したときは、買主は違約損害金として手付金の返還を請求することができない旨の約定（9条2項）、売主の義務不履行を理由として買主が契約を解除したときは、売主は手付金の倍額を支払わなければならない旨の約定（同条3項）及び「上記以外に特別の損害を被った当事者の一方は、相手方に違約金又は損害賠償の支払を求めることができる。」旨の約定（同条4項）が存する。
④　前記③の各条項は、本件契約に際しXとYとの間で、本件契約の締結時に各条項の意味内容について特段の話合いが持たれた形跡はない。
⑤　Xは、Yに対し、本件契約9条3項に基づき、手付けの倍額300万円の支払を求めるとともに、同条4項に基づき、本件土地の前記②の履行不能時の時価と前記①の売買代金との差額2240万円の支払を求め、訴えを提起した。

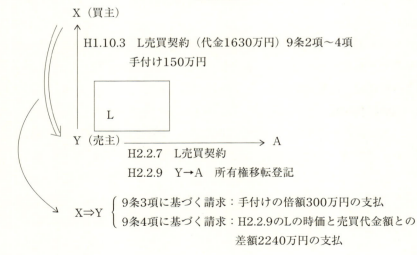

［関係図］

(2) 本件契約９条の解釈についての原審の判断とＸの上告理由

　原審（控訴審）は、Ｘの請求につき、本件契約９条４項に基づいてその賠償を請求することのできる損害は存在しないと判断し、同条３項に基づいて手付けの倍額300万円とこれに対する遅延損害金の支払を求める部分のみを認容しました。

　その理由は、本件契約９条２項及び３項は、債務不履行によって通常生ずべき損害につき、現実に生じた損害の額如何にかかわらず手付けの額をもって損害額とする旨を定めたものであり、他方、同条４項は、特別の事情によって生じた損害につき、民法416条２項の規定に従ってその賠償を請求することができる旨を定めた約定と解すべきであると判断した上で、本件においては、特別の事情によって生じた損害は認められない、というものです。

　これに対し、Ｘは、民法420条１項は通常損害及び特別損害を含む全ての損害についての予定を定めるものであるところ、本件契約９条４項は損害賠償の予定の範囲を超えた損害についてその立証を待って請求することができる旨を定めるものと解すべきであって、その損害を特別損害のみに限定すべきでないから、原判決は民法420条１項の解釈を誤った法令の違背があるなどと主張して、上告しました。

(3) 本件契約９条の解釈についての平成９年最高裁判決

　最高裁は、以下(a)～(f)のとおり、本件契約９条４項についての原審の判断には法令の解釈適用を誤った違法があるとし、原判決のＸ敗訴部分を破棄し、手付けの額を超える損害の有無及びその額について更に審理を尽くさせるため、同破棄部分を原審に差し戻しました。

(a)　原審の確定した９条２項ないし４項の文言を全体としてみれば、右各条項は、相手方の債務不履行の場合に、特段の事情がない限り、債権者は、現実に生じた損害の証明を要せずに、手付けの額と同額の損害賠償を求めることができる旨を規定するとともに、現実に生じた損害の証明をして、手付けの額を超える損害の賠償を求めることもでき

第4章　本来的解釈をめぐる主要な問題

る旨を規定することにより、相手方の債務不履行により損害を被った債権者に対し、現実に生じた損害全額の賠償を得させる趣旨を定めた規定と解するのが、社会通念に照らして合理的であり、当事者の通常の意思にも沿うものというべきである。

(b)　すなわち、特段の事情がない限り、9条4項は、債務不履行により手付けの額を超える損害を被った債権者は、通常生ずべき損害であると特別の事情によって生じた損害であるとを問わず、右損害全額の賠償を請求することができる旨を定めたものと解するのが相当である。

(c)-1　もっとも、9条4項は、債権者が手付けの額を超えてその賠償を求めることのできる損害を「特別の損害」という文言で規定しているが、前記事実関係によれば、9条2項ないし4項は、社団法人兵庫県宅地建物取引業協会の制定した定型書式にあらかじめ記載されていたものであるところ、右定型書式が兵庫県内の不動産取引において広く使用されることを予定して作成されたものとみられることにもかんがみると、右定型書式の制定に際して、右「特別の損害」の文言を民法416条2項にいう特別の事情によって生じた損害をいうものとして記載したとは、通常考え難い上、

(c)-2　右文言を特別の事情によって生じた損害と解することにより、相手方の債務不履行の場合に、債権者に、通常生ずべき損害については手付けの額を超える損害の賠償請求を認めず、特別の事情によって生じた損害に限って別途その賠償請求を認めることの合理性も、一般的に見出し難いところであり、

(c)-3　仮に契約当事者間において特別の事情によって生じた損害に限って手付けの額の賠償とは別にその賠償を認める趣旨の約定をするとすれば、「特別の事情によって生じた損害」と明記するなど、その趣旨が明確になるよう表現上の工夫をするのがむしろ通常であると考えられる。

(d)　しかるところ、前記のとおり、9条4項は、債権者が手付けの額を

超えてその賠償を求めることのできる損害を単に「特別の損害」という文言で規定しているにすぎない上、前記事実関係によれば、本件契約の当事者間において契約締結時に右各条項の意味内容について特段の話合いが持たれた形跡はないというのであるから、右文言を特別の事情によって生じた損害をいうものと解するのは相当ではなく、他に同条4項の趣旨を右に述べたところと別異に解すべき特段の事情もないというべきである。

(e) そうであるとすれば、本件契約においても、9条4項は、相手方の債務不履行により債権者が手付けの額を超える損害を被った場合には、通常生ずべき損害であると特別の事情によって生じた損害であるとを問わず、債権者は右損害全額の賠償を請求することができる旨を定めた約定と解するのが相当である。

(f) したがって、……原審の判断には、法令の解釈適用を誤った違法があるものといわざるを得ず、右違法は原判決の結論に影響を及ぼすことが明らかである。この点をいう論旨は理由があり、原判決はX敗訴部分につき破棄を免れない。そして、手付けの額を超える損害の有無及びその額について更に審理を尽くさせる必要があるから、右破棄部分につきこれを原審に差し戻すのが相当である。

　平成9年最高裁判決は、前項で検討した昭和43年最高裁判決と比較すると、理由説示が格段に丁寧であるばかりか、論理も明快ですから、判断の内容を理解するのに大きな困難はありません。

　以下、平成9年最高裁判決の判決理由の構造を整理した（後記(4)）上で、契約の解釈という問題の基本を再確認しつつ、「取引慣行又は社会通念」の点に着目して、契約の解釈における考慮要素の位置付けを検討する（後記(5)）ことにしましょう。

(4) 平成9年最高裁判決の理由の構造

　平成9年最高裁判決の判決理由は、以下の構造図のとおりです。近時の最高裁判決は、この構造によるものが多いので、この構造をチャート化して理

第4章　本来的解釈をめぐる主要な問題

解しておくと、他の判決を読み解くときにも役立ちます。

［判決理由の構造図］

Ⅰ　本件事案の概説

1　事実関係の概要（原審の確定したもの―前記(1)①～④）

2　原告の請求（訴訟物の特定―前記(1)⑤）

3　原審のした法律判断（最高裁の判断の対象の特定―前記(2)）

↓

Ⅱ　最高裁による法律判断の結論と理由

1　結論の提示（判決要旨部分―前記(3)(a)、(e)）

2　結論を導いた理由説示（判決理由―前記(3)(b)～(d)）

3　主文の理由摘示（破棄の理由と差戻しの理由―前記(3)(f)）

(5)　平成9年最高裁判決の性質と契約の解釈における取引慣行又は社会通念の考慮要素

ア　場合判例であること

前記(1)のとおり、平成9年最高裁判決は、不動産取引の現場で平成元年当時よく使用されていた定型書式による契約書の条項の解釈を示したものです。すなわち、最高裁は、前記(1)③に摘示された3条件―(i)買主の義務不履行の場合に手付金を返還しない、(ii)売主の義務不履行の場合に手付金の倍額を支払う、(iii)「上記以外に特別の損害を被った当事者の一方は、相手方に違約金又は損害賠償の支払を求めることができる。」との定めが存する―を満たす不動産売買契約の条項についての解釈を示したものであり、前記の3条件を満たす場合における契約の解釈を示したものですから、その射程は本件契約にとどまるものではありません。

民事訴訟実務において、このような判例を「場合判例」と称しています。「法理判例」と「事例判例」の中間に位置しており、「事例判例」よりも射程の広いものです[25]。

25　「法理判例」、「場合判例」、「事例判例」の区別につき、田中・法律文書61～64頁を参照。

118

イ 「文言（文理）に忠実に」の第１原則及び「統一的・整合的解釈」の第２原則を解釈の起点としていること

　本件契約が準拠した定型書式による契約書中の損害賠償に関する条項である９条２項ないし４項のどこにも、民法416条１項の「通常生ずべき損害」又は同条２項の「特別の事情によって生じた損害」の文言は使用されていません。

　それにもかかわらず、原審は、９条４項の「特別の損害」という表現からの連想でこれを「特別の事情によって生じた損害」を意味するものと速断し、そこから遡る格好で９条２項及び３項の各定めを「通常生ずべき損害」に関するものであろうと思い込んだようです。

　これに対し、平成９年最高裁判決は、前記(3)(a)のとおり、条項の文言及び関連条項の整合的解釈を契約の解釈の起点としています。

　９条２項及び３項の各定めを民法420条１項の賠償額の予定の条項であると読むのは、その文言からして合理的です[26]。しかし、上告理由が指摘するように、９条２項及び３項の各定めは、「通常生ずべき損害」であるか「特別の事情によって生じた損害」であるかを区別することなく、賠償額の予定を定めているのです。それにもかかわらず、これらに続く９条４項の定めが「特別の事情によって生じた損害」についてのものであると解釈するのは不整合というほかありません。

　そして、賠償額の予定をした場合には、現実に生じた損害額の証明をする必要がないというメリットがあります。しかし、賠償額の予定をした当事者が更に特別の合意をすることも当然に有効であり、その場合にはこれに従うことになります[27]から、それを望む当事者（本件に即してみると、手付金の放棄又は倍額賠償によって償われない損害を被った場合、その損害額を請求することを可能にしたい当事者）は、そのような特別の合意をする必要があります。

　以上のように検討してみると、９条４項にいう「上記以外に特別の損害」

26　我妻榮『債権各論中巻一（民法講義V₂）』261頁（岩波書店、1969年）を参照。
27　我妻榮『新訂債権総論（民法講義Ⅳ）』133頁（岩波書店、1964年）を参照。

第4章　本来的解釈をめぐる主要な問題

は、「手付金額を超えるそれ以外の損害」（「通常生ずべき損害」であるか「特別の事情によって生じた損害」であるかとはかかわりがなく）をいうものと理解するのが「9条2項ないし4項の文言を全体として」みた場合の素直な読み方であると考えられます。

　　ウ　取引慣行又は社会通念の考慮要素

　最高裁は、前記(3)(a)において「社会通念」又は「当事者の通常の意思」という考慮要素を持ち出し、同(c)-1において「兵庫県内の不動産取引において広く使用されることを予定して作成されたことにもかんがみると、……通常考え難い」と説示しています。

　これらの説示部分は、原審の9条4項についての解釈が取引慣行又は社会通念に反するとの趣旨をいうものと考えられますが、判決文自身からは、そのような結論を導くに足りる根拠が必ずしも明らかではありません。そこで、判決文を少し離れて、この点を検討してみることにしましょう。

　慎重な考慮を要するのは、何が「通常生ずべき損害」に当たり、何が「特別の事情によって生じた損害」に当たるのかにつき、訴訟上激しく争われることがあり、学説における議論はもとより、訴訟実務においても、数多くの判例を分析することによってようやく結論に到達することができるかなり困難な問題であるという点です[28]。

　そうすると、一般の不動産取引で広く使用されることを予定して定型書式を作成した社団法人兵庫県宅地建物取引業協会が、法律実務家にとってすら一義的に明瞭でない「通常生ずべき損害」と「特別の事情によって生じた損害」という要件を用いて損害賠償に関する定めを置いたというのは社会通念（要するに、常識）上考え難いことでありますし、不動産取引の慣行にも反

---

[28]　奥田昌道＝佐々木茂美『新版債権総論上巻』286頁（判例タイムズ社、2020年）は、「判例からも、何が通常損害であり、何が特別損害であるかは、抽象的一般的に確定することはできない。もっとも、『特別事情』に該当するかどうかは、当該契約類型や契約の目的（自己利用目的か、転売目的かなど）、当事者の属性（商人か否か、事業者か消費者か）、目的物の種類（動産か、不動産か、権利か）、契約の態様（継続的、反復的なものか、1回的なものか）などを総合して考察すべきである。」とまとめています。

するものというべきです。

　また、XとYとの間で、本件契約の締結時に、9条2項ないし4項の各定めにつき、その意味内容について特段の話合いが持たれたことがないのであれば、定型書式を用いた本件契約書中の各定めにつき、当事者が以上の社会通念又は取引慣行とは別異の意味を付与していたこともないということになります。

　前記(3)(a)において、最高裁が「社会通念に照らして合理的であり、当事者の通常の意思にも沿う」と説示するのは、このような検討結果を圧縮して表現したものと理解することができます。

　　エ　原審の解釈自体の合理性如何

　本件契約9条2項ないし4項の各定めに係る原審の解釈の最大の問題点は、契約の一方当事者が債務を履行しなかった場合、他方当事者は、「通常生ずべき損害」に分類される損害については手付けの額を超える損害の賠償請求をすることができず、「特別の事情によって生じた損害」に分類される損害に限ってその賠償請求をすることができるとすることの合理性がないところにあります。

　前記(3)(c)-2は、この点を指摘する説示です。これは、前記イの「統一的・整合的解釈」の第2原則の適用の一部を成すものです。

121

第5章　規範的解釈をめぐる主要な問題

規範的解釈をめぐる主要な問題

1　はじめに

　第4章では本来的解釈における重要な考慮要素に係る主要な問題を検討したので、本章では、規範的解釈における重要な考慮要素に係る主要な問題を検討することにしましょう。

　学説は、法律行為一般の解釈における考慮要素として、「当事者の目的」、「慣習」、「任意規定」、「信義則」を挙げており、これは契約の解釈にも通じるものと解しています[1]。そのうち前二者は本来的解釈における考慮要素として、残る二者を規範的解釈における考慮要素として位置付けるものと考えられます。

　第2章・4において、契約の規範的解釈をしたものと性質付けされている最1小判昭和42・11・16民集21巻9号2430頁（以下「昭和42年最高裁判決」といいます。）を取り上げ、規範的解釈をする際に「交換的正義」の観点が考慮要素として大きな役割を果たしていることを検討しました。

　この「交換的正義」の観点は、前記の学説の挙げる「信義則」の一部を成すものです。そこで、本章では、まず、「交換的正義」の観点が規範的解釈における考慮要素として重要であることにつき、昭和42年最高裁判決とは異なる類型の判例を取り上げて再検討し（後記2）、次に、考慮要素2として「手続的正義」の観点（後記3）を、最後に、考慮要素3として「任意規定」（後記4）を、順に検討することにしましょう。

1　平井・契約総論103頁は、本文のように説明します。

2 「交換的正義」（考慮要素１）──最２小判昭和43・3・15における示談契約の請求権放棄条項の解釈

(1) 事案の概要

最２小判昭和43・3・15民集22巻３号587頁は、交通事故に係る示談（和解契約）がされた場合において、被害者が一定額の支払を受けることで満足し、その余の損害賠償請求権を放棄する旨の条項を置いたときに、当該条項をどのように解釈すべきであるかという問題を扱ったものです。

原審の確定した事実関係にはやや複雑なところがありますが、その概要は以下のとおりです。

【検討事例10】

① Ａ（B社の自動車運転手）は、昭和32年４月16日、Ｙ社の貨物自動車と接触する交通事故（本件事故）により、入院治療17か月を要する左前腕骨複雑骨折の傷害を受け、退院後も左前腕に機能障害が残り、自動車運転をすることができなくなった。Ａが本件事故によって被った損害は、入通院による治療費、治療期間500日分の休業損害、左前腕の後遺症逸失利益の合計77万1851円である。

② Ａは、Ｙ社との間で、昭和32年４月25日、Ａは自動車損害保険金10万円の支払を受けることで満足し、その余の損害賠償請求権一切を放棄する旨の示談（以下「本件示談契約」という。乙１）を成立させた。

③ Ｘ（国）は、労働者災害補償保険法12条に基づき、昭和33年８月15日から11月４日までの間に、Ａに対し、療養補償、休業補償、障害補償として合計39万8708円の保険給付をした。

④ そこで、Ｘは、Ｙ社は、自動車損害賠償保障法３条に従い、Ａに対して前記①の損害を賠償すべきところ、Ｘは、労働者災害補償保険法20条によって、前記③の保険給付の限度において、ＡがＹ社に対して有する損害賠償請求権を取得した旨主張し、Ｙ社に対し、保険給付金額39万8708円の支払を求めて訴えを提起した。

第5章　規範的解釈をめぐる主要な問題

⑤　Y社は、本件示談契約が成立し、Aに対して保険金10万円を支払っ
たから、AのY社に対する損害賠償請求権は消滅しており、その後に
Xが保険給付をしても、Y社に対して求償権を取得するものではない
と主張して、争った[2]。

⑥　Xは、Y社の前記⑤の主張に対し、本件示談契約の効力を争って、
以下(i)、(ii)などと主張した。

(i)　本件事故直後の医師の診断によると、Aの傷害は全治100日間の
見込みであったため、自動車損害保険金10万円の支払を受ける便宜
上乙1を作成したのであって、AとY社との間には、同保険金額で
補塡できない損害について後日請求する旨の合意ができていた。

(ii)　本件示談契約は、Aの治療費等を同保険金額で補塡できることを
停止条件とするものと解すべきところ、治療費等が同保険金額を超
えたのであるから、同条件は不成就に確定し、本件示談契約は効力
を生じないことになった。

[関係図]

X（国）　　保険給付　　→　　A（B社運転手）

Y社に対する　　　　昭和32.4.16　交通事故 → Aに損害
損害賠償請求権

①	治療費	9万5509円
②	休業損害	26万8800円
③	後遺症逸失利益	40万7542円
	合計	77万1851円

本件訴訟
39万8708円
支払請求

→　Y社　昭和32.4.25　示談契約　乙1
　　　　　　　　　　　　10万円

E　債権放棄の抗弁

2　最3小判昭和38・6・4民集17巻5号716頁は、労働者災害補償保険法20条2項の規定
の趣旨につき、「補償を受けるべき者が、第三者から損害賠償を受け又は第三者の負担
する損害賠償債務を免除したときは、その限度において損害賠償請求権は消滅するので
あるから、政府がその後保険給付をしても、その請求権がなお存することを前提とする

2 「交換的正義」（考慮要素１）——最２小判昭和43・３・15における示談契約の請求権放棄条項の解釈

（2） 本件示談契約についての第１審の判断

　第１審は、以下のとおり判示して前記(1)⑥(ⅰ)のＸの主張を採用し、Ｘの請求を認容しました[3]。

　　当時Ｙ社の取締役で事故係をしていた甲は本件事故発生の報告を受けるや被害者側となんらの交渉のない以前に、すでにＹ社事務員に命じて乙第一号証中……Ａ名下の印を除く部分を３通例文に基づき作成し、その案に副うた示談交渉をすべく事故直後である昭和32年４月25日……Ａの許に持参したのであるが、当時医師の診断では同人の傷害は全治100日位を要する見込であり、一応自動車損害保険金により治療費を賄えることが予想されたので、同人はＡに対し右保険金の支払を受けるためには示談書の作成が必要であるから、早急に示談書を作成したのが有利であること、万一傷害が予想どおり全治しないときはあらためてその治療費等は協議することとして、さしあたり前記書面に調印を求め、Ａとしても早急に保険金の支給を得る必要に迫られていたので、<u>万一保険金をもって右事故による損害が賄えないときは、さらにその金額支払につき交渉することを留保して乙第一号証に調印した</u>にすぎないこと、されば同年８月ごろに至りＡの傷害が予想外に重いため右保険金をもってしてはその損害は到底賄えないため、同人またはその雇主であるＢ社からＹ社に対し政府に労災法による保険金給付の請求手続をしたい旨の連絡をしたのに対し、Ｙ社は異議を止めず同意していることが認められ、従って<u>Ｙ社とＡとの間にＹ社主張のごとき損害賠償請求権放棄に関する合意が成立したものとは認められない</u>……

　前記の理由説示に照らし、第１審は、本件示談契約における合意はＡのＹ社に対する損害賠償請求権の全てを放棄したものではなく、Ａに自動車損害

　　前示法条１項による法定代位権の発生する余地のないことは明らかである」と判示していました。したがって、一般論としては、Ｙ社の「請求権放棄の抗弁」は理由のあるものです。

[3]　大津地判昭和38・９・30民集22巻３号593頁。

125

第5章　規範的解釈をめぐる主要な問題

保険金10万円で補填することのできない損害が発生するときはその分を後日請求することができる旨の留保付きのものであったと判断したのです。

　この第1審の判断は、理由説示の文言に忠実に理解すると、本件示談契約（乙1）の外側にAとY社の前記の内容の留保合意が成立していたというものですから、事実認定上の判断（要するに、留保合意の成立という事実認定）がY社の請求権放棄の抗弁を排斥する理由になっているということになります。

　しかし、第1審の判断は、本件示談契約（乙1）の契約条項には前記の内容の留保合意が含まれていると考えたのだと読むことも不可能ではありません。そのように読むという立場によると、第1審は本件示談契約の規範的解釈をしたものと理解することになります。

　第1審の判断についてこのように二様の読み方をすることが不可能ではないということは、契約の解釈の問題と事実認定の問題とがそれほど境界のはっきりしたものではないことを示しているともいうことができます。

(3)　本件示談契約についての原審の判断とYの上告理由

　原審（控訴審）は、以下のとおり判示して前記(1)⑥(ii)のXの主張を採用し、Xの請求を認容すべきものと判断し、Y社の控訴を棄却しました[4]。

> 　全損害の正確に把握し難い状況下における早急の示談において、しかも約定された比較的少額の賠償金以外は、将来一切の請求権を放棄する趣旨の約定を結んだ場合には、右契約自体において、予想外の将来の損害の負担、措置につき各別に明示の特約を為した場合でない限り、かような約定は、賠償の対象たる損害の状況が、その当時明らかであり、かつそれが当時の見透しの通りに推移することが暗黙の前提とされたものであるから、もしその損害につき、その当時当事者の確認しえなかった著しい増加、変容、その他著しい事態の変化が爾後に生じた場合には、右の契約特に権利放棄の約定には、かような事由を原因として解消せしめられる趣旨の条件即ち解除条件が附与せられているものと解するを以

4　大阪高判昭和39・12・16民集22巻3号601頁。

126

2 「交換的正義」（考慮要素１）──最２小判昭和43・３・15における示談契約の請求権放棄条項の解釈

> て、当事者の合理的意思に合致するものと考える（Xは、停止条件を主張
> するけれども、これと解除条件とは、法律上の見解の差に過ぎないから、Xの
> 主張の範囲内に在るものである）。

　前記(2)の第１審の理由説示と比較すると、原審が第１審判決の結論を支持
した理由は、本件示談契約の外側に損害賠償請求権を留保する旨の合意が成
立していたというのではなく、請求権放棄の約定を解除条件付きのものと解
釈すべきであるとする立場に立っていることを理解することができます。

　Ｙ社の上告理由は、本件示談契約が解除条件付きのものであるとの解釈
は、民法及び経験則に反する違法があるというものです。

(4)　最２小判昭和43・３・15のした本件示談契約中の請求権放棄の約定の解釈

　最高裁は、以下(a)〜(f)のとおり、Xの請求を認容すべきものとした原判決
を相当とし、Ｙ社の上告を棄却しました。

> (a)　一般に、不法行為による損害賠償の示談において、被害者が一定額
> 　　の支払をうけることで満足し、その余の賠償請求権を放棄したときは、
> 　　被害者は、示談当時にそれ以上の損害が存在したとしても、あるいは、
> 　　それ以上の損害が事後に生じたとしても、示談額を上廻る損害につい
> 　　ては、事後に請求しえない趣旨と解するのが相当である。
>
> (b)　しかし、本件において原判決の確定した事実によれば、被害者Aは
> 　　昭和32年４月16日左前腕骨複雑骨折の傷害をうけ、事故直後における
> 　　医師の診断は全治15週間の見込みであったので、A自身も、右傷は比
> 　　較的軽微なものであり、治療費等は自動車損害賠償保険金で賄えると
> 　　考えていたので、事故後10日を出でず、まだ入院中の同月25日に、A
> 　　とＹ社間において、Ｙ社が自動車損害賠償保険金（10万円）をAに支払
> 　　い、Aは今後本件事故による治療費その他慰藉料等の一切の要求を申
> 　　し立てない旨の示談契約が成立し、Aは右10万円を受領したところ、

127

第5章　規範的解釈をめぐる主要な問題

> 事故後1か月以上経ってから右傷は予期に反する重傷であることが判
> 明し、Aは再手術を余儀なくされ、手術後も左前腕関節の用を廃する程
> 度の機能障害が残り、よって77万余円の損害を受けたというのである。
>
> (c)　このように、全損害を正確に把握し難い状況のもとにおいて、早急
> に小額の賠償金をもって満足する旨の示談がされた場合においては、
> 示談によって被害者が放棄した損害賠償請求権は、示談当時予想して
> いた損害についてのもののみと解すべきであって、その当時予想でき
> なかった不測の再手術や後遺症がその後発生した場合その損害につい
> てまで、賠償請求権を放棄した趣旨と解するのは、当事者の合理的意
> 思に合致するものとはいえない。
>
> (d)　これと結局同趣旨に帰する原判決の本件示談契約の解釈は相当であっ
> て、これに所論の違法は認められない。

　最2小判昭和43・3・15は、上記(c)の理由説示からして、本件示談契約に
おける損害賠償請求権放棄の条項の解釈をすることによって結論を導いたも
のであって、前記(2)の第1審判決のように、本件示談契約とは別にAとY社
との間に保険金額を超える損害が発生した場合にはその損害賠償請求権を留
保する旨の合意が成立していたという事実認定をすることによって結論を導
いたものではないことが明らかです。

　すなわち、最高裁のした本件における問題へのアプローチの方法は、前記
(3)の原判決と同一であり、導いた結論も原判決と同一であるのですが、原判
決とは異なる契約の解釈をし、理由を差し替えて原判決を維持したのです。

　そこで、最高裁のした契約の解釈につき、その考慮要素に焦点をあてて検
討してみましょう。

(5)　最2小判昭和43・3・15のした契約解釈の方法とそれ以外の解釈方法

ア　交換的正義の観念に基づく契約解釈

　一般に、契約に対応する社会学的状況は、二当事者間で財の交換（互酬的

2 「交換的正義」（考慮要素１）——最２小判昭和43・3・15における示談契約の請求権放棄条項の解釈

交換）が行われてそれぞれの欲求が満足されるところにあるから、契約における正義は、正義論において「配分的正義」と「交換的正義」の２種に区別される正義のうちの交換的正義であると解されています[5]。

そして、合意の内容がその文言どおりに実現された場合において、客観的にみて、各当事者の投入したものと得たものとが均衡を失するときは、交換的正義に反すると観念されます。

本件示談契約において、Aは自動車損害保険金10万円の支払を受けることで満足し、その余の損害賠償請求権一切を放棄する旨の合意をしたのですが、この合意をその文言どおりに解釈してそれを通用させた場合には、Aは実際には77万余円の損害を受けたにもかかわらず、その７分の１以下の賠償金の支払を受けることしかできない一方で、加害者はAの被った損害の７分の６以上に当たる賠償金を負担しないで済むということになります。

これでは、交換的正義の観念に照らし、被害者であるAと加害者であるY社との利益を秤にかけると、その間の合理的な均衡を失すると考えられます。

最２小判昭和43・3・15は、「交換的正義の観念に照らし、その当時予想できなかった不測の再手術や後遺症がその後発生した場合その損害についてまで賠償請求権を放棄したものと解釈するのは相当でない」と説示することはせず、「その当時予想できなかった不測の再手術や後遺症がその後発生した場合その損害についてまで、賠償請求権を放棄した趣旨と解するのは、当事者の合理的意思に合致するものとはいえない」と説示して、当事者の合理的意思を持ち出し、本来的解釈をする場合と差異のない理由の体裁をとっています。

しかし、加害者であるY社は文言どおりの解釈が通用することを前提にして本件示談契約における損害賠償請求権放棄の条項を提案したと考えられますから、最高裁のした契約の解釈を、Y社の意思をも含む当事者の合理的意

5　平井・契約総論105頁を参照。

129

第5章　規範的解釈をめぐる主要な問題

思によって正当化（合理化）するのには無理があります。

　最高裁のした契約の解釈の実質は、交換的正義という普遍的観念（すなわち、利益の合理的な均衡を失するかどうか）を最も重要な考慮要素に据えて、規範的解釈をしたものと理解するのが正鵠を射た読み方です。

　最高裁は、最1小判昭和42・11・16に続き、最2小判昭和43・3・15においても、交換的正義の観念を導きの糸にして規範的解釈をしたものと理解することができます。

イ　信義則又は衡平の原則に基づく契約解釈

　大阪高判昭和40・11・15下民集16巻11号1704頁は、医療過誤事件の和解契約における「今後なんらの請求をしない」旨約した損害賠償債権放棄の条項につき、「将来いかように異常な事態が生じようとも被害者は右文言に拘束され以後なんらの請求をもなしえないと解することは信義則又は衡平の原則に照らして相当でなく、たとえかかる取り決めがなされたとしてもその後信義則上看過しえない程度に異常な損害が生じた場合は、このような事態は、特段の事情がない限り、契約当時当事者のむしろ予想外としたところであり結局において契約の対象事項中に包含せられず、したがって、右損害と当初の加害行為との間に因果関係の認められるかぎり被害者は以後の損害についても加害者に対しその賠償を請求しうるものと解するのが相当である。」と判示しました。

　この大阪高裁判決の理由説示は、最2小判昭和43・3・15が「当事者の合理的意思」を持ち出して説明しているのとは異なり、「Aと解することは信義則又は衡平の原則に照らして相当でなく、……Bと解するのが相当である。」という構造を採用しており、規範的に契約を解釈するという作業をしていることが判決文自体から明らかになっています。

ウ　解除条件付き又は例文とする契約解釈

　最2小判昭和43・3・15の原審（控訴審）は、前記(3)のとおり、解除条件付き請求権放棄条項であると解釈しました。

　また、損害賠償請求権放棄の条項を含む示談書が不動文字による市販の書

130

式集を使用した事案では、例文であって記載された文言に従う意思があったというのは（又は記載された文言どおりの効力を認めるのは）相当でないといういわゆる「例文解釈」を採用する判決例もあります。

エ　交換的正義の観念が解釈の根源であること

以上のように、損害賠償債権放棄の条項につき、その文言どおりの効果を肯定することが客観的にみて当事者間の利益のバランスを欠いていると裁判所が考える場合には、信義則又は衡平の原則、解除条件付き、例文等そう解釈するための様々な用語をもって結論を正当化しようとしますが、結局のところ、交換的正義の観念に帰着するものと整理することができます。

(6)　契約の解釈が法律問題であることの再確認

最2小判昭和43・3・15は、原審が解除条件付き請求権放棄条項であると解釈したのに対し、示談当時予想できなかった後遺症等による損害についての賠償請求権は放棄されていない趣旨の条項であると解釈しましたが、このような契約の解釈は、訴訟当事者（特に、X）によって主張されてはいませんでした。

このような最高裁の契約の解釈が弁論主義違反であるとのそしりを受けることがないのは、法律行為の解釈の一環を成す契約の解釈は法律問題であって、事実（認定）問題ではないからです。最2小判昭和43・3・15は、黙示にこのような理屈を前提にしているのです[6]。

3　「手続的正義」（考慮要素2）——最1小判昭和44・7・10における訴訟上の和解の明渡し条項の解釈

前記2において再度検討した交換的正義は実体的正義の一部ですが、実体的正義と並んで正義概念の片翼を成すものとして「手続的正義」があります。

ところで、本書の主題である契約の解釈は締結された契約（通常はそのう

6　瀬戸正二・最判解民〔昭和43年度〕150頁を参照。

第5章　規範的解釈をめぐる主要な問題

ちの特定の条項）の意味を明らかにする作業ですから、「手続的正義」の観念
が契約（条項）の解釈に直接的に影響を及ぼすという事態は考え難く、「手
続的正義」の観念は、そこで問題とされた契約（条項）の解釈の方法につい
ての背景ないし前提として機能することになります。

　以上を念頭に置いて、具体的事案に即して「手続的正義」の観念の働き方
を検討することにしましょう。

(1)　事案の概要

　最 1 小判昭和44・7・10民集23巻 8 号1450頁は、建物の明渡しに係る訴訟
上の和解中の条項の解釈が争われたものです。

　事案の概要は以下のとおりです。

---【検討事例11】---

① 　AとYとの間の前訴（AのYに対する第三者異議の訴え）において、昭
　　和36年 6 月19日、Xが利害関係人として参加して訴訟上の和解が成立
　　した。和解調書（本件和解調書）中の和解条項は、後記「和解条項」[7]
　　のとおりである。

② 　本件和解調書の和解条項第一項の明渡期限経過後の昭和39年 7 月31
　　日、Yが本件建物明渡しの強制執行に着手したところ、XはYに対
　　し、本件建物明渡しの強制執行の不許を求める請求異議の訴えを提起
　　した。

③ 　Xの異議事由は、(i)本件和解において合意されたのは、借家法の
　　適用を受ける建物賃貸借契約であるから、前記明渡期限は同法によっ
　　て法定更新され、明渡期限は到来していない、(ii)そうでないとして
　　も、Xは法定更新されるものとして和解に応じたのであるから、要素
　　の錯誤があり、明渡期限の約定は無効である、というものである。

7 　法律実務家にとって、訴訟上の和解のみならず、民法上の和解はもちろん一般の契約
　における条項作成の際に留意すべき事柄についての参考になるので、本文の事件におけ
　る和解条項の全文を表記も原則としてそのままにして掲記しておきます。

132

3 「手続的正義」（考慮要素２）──最１小判昭和44・7・10における訴訟上の和解の明渡し条項の解釈

［和解条項］（【検討事例11】）

一　A並びにXは現在Xが使用占有している本件家屋についてこれを占有する正当な権限のないことを認め昭和39年6月末日限り明渡すこと。

二　Yは前項所定の期間内Xに右家屋を使用占有することを認めること。

三　Xは昭和36年7月1日から右期日満了までの間、一ケ月金2万7000円の損害金をYに支払う義務あることを認め、毎月末日翌月分をY方に持参又は送金して支払うこと。従って昭和36年7月分は同年6月末日に支払うこととなる。

四　XはYに対し、右使用に対する保証金として金40万円を支払うことを約し、内金5万円は昭和36年6月末日限り、残額金35万円は本年8月末日限り支払うこと。

五　A及びXは連帯してYに対し、昭和34年10月1日以降昭和36年6月末日までの本件家屋の損害金合計金52万5000円の支払義務あることを認め、その内金30万円はXが昭和35年中にYに預けた保証金30万円と、又、内金2万1494円はXが昭和36年5月末日までにYのために立替え支払った電灯料とそれぞれ相殺し残額金20万3506円は本日支払うものとする（全部支払完了）

六　XはYの許可がなければ、本件家屋を他人に使用占有せしめ、又これを第三者と共同使用をしないこと。

七　Xは本件家屋を営業用のみに使用し、Yの承諾なくしてこれを居住用に使用せず、又、改造模様替等をしないこと。

八　AはYに対し、本件家屋の賃借権その他使用権が自己にないことを認め、本件家屋に於ける自己営業許可名義をXに変更の手続をすること。Yは右変更手続に協力すること。

九　Xが前記第四項の保証金の支払いを怠るか、第三項の損害金の支払いについて義務を履行しなかった場合（但し右損害金については二ケ月分以上の不履行の場合）、若しくは、Xが前記第六項、第七項の約定に違反したときは、無条件に第一項所定の明渡期間の約定は失効し、直ちにXはYに対し本件家屋を明渡すこと。

一〇　第一項の期限満了により、又は前項によって本件家屋を明渡すときは、YはXに対し、第四項の保証金中から未払損害金を控除し残額あるときは、明渡完了の翌日これを支払うものとし、Xは右保証金の還付を受ける他は老

133

第5章　規範的解釈をめぐる主要な問題

舗料、引越料、改造費その他名義の如何に拘らず何等の請求をしないこと。

一一　Yその余の請求を放棄すること。

一二　訴訟費用は各自弁のこと。

［関係図］

（賃貸人）Y

訴え提起前の和解による
H賃貸借契約

①　S31.9.18（期間1年2月）

②　S33.3.25（期間1年2月）

③　S35　Y→X　H明渡し
　　の強制執行着手

④　S35
　　　A→Y　第三者異議の訴え

⑤　S36.6.19
　　　Y－A、X（利害関係人）間で訴訟上の
　　　和解成立

　　⑥　S39.7.31
　　　　Y→X　H明渡しの強制執行着手

　⑦　X→Y　請求異議の訴え

　　A（営業名義人）

（賃借人）X
カフェ営業

(2)　**本件和解条項についての控訴審（原審）の判断と上告理由**

第1審は前記(1)③のXの各主張を排斥（本件和解条項は、明渡猶予期間を定めたものであり、その期限は昭和39年6月末日をもって満了していると判断）し、請求を棄却しました。なお、Yは、控訴審において、明渡猶予期間満了の翌日である同年7月1日から本件建物の明渡済みまでの賃料相当損害金の支払を求める反訴を提起しました。

これに対し、控訴審（原審）は、以下のように判断し、第1審判決を取り消し、Xの請求を認容し、Yの反訴請求を棄却しました[8]。

原審の判断の筋道は、以下①から⑥のとおりです。

①　本件和解条項中にはその文言上、単なる明渡猶予の約定であることが明白であるかのごとき条項が含まれているから、これを正反対の趣旨に解することは例外中の例外でなければならないので、そのような

8　大阪高判昭和43・9・10民集23巻8号1462頁に収録。

134

例外があるかどうかを検討する。

② 本件和解条項第四項には新たに保証金を差し入れる旨の条項が存するところ、保証金は普通ある程度長期間の賃貸中の賃料の延滞に備えるものであって、本件和解が単なる明渡猶予の約定であるのであれば、第九項所定の損害金の2か月分の延滞又は無断改造等の特約違反の場合には、同項により直ちに期限の利益喪失に基づく明渡しの強制執行をすれば足り、特に多額の保証金を徴する必要もなく、実例にも乏しい。

③ 従前2回にわたって訴訟前の和解の手続をとって賃貸借契約が結ばれているが、そこでの期間の定めは賃料改定期間であって、いずれも期間の定めのない賃貸借契約として借家法の適用を受けるものと解すべきである。

④ Xは本件和解の成立後、間もなく本件建物を無断改造したが、本件和解条項第七項、第九項の各定めにもかかわらず、3年が過ぎ、この改造はYによって黙認された。

⑤ 本件和解の成立後、Yの訴訟代理人弁護士からXの訴訟代理人弁護士に対して発行された領収証に「家賃」、「敷金」の記載がある。

⑥ 前記②〜⑤等の本件和解成立に至る経緯及び本件和解成立後の事情を考えると、本件和解条項における期間の定めを文字どおり解釈することはできず、その実質は前2回の訴訟前の和解と異なるところはなく、店舗使用の対価を月額2万7000円に、保証金を40万円に各増額することによって、賃料改定期間を3年とする期間の定めのない賃貸借契約を締結したものと解釈するのが相当である。したがって、YとXとの間の賃貸借契約は、借家法の適用を受け、3年の期間を経過した現在も存続中である。

このような控訴審判決に対し、Yは、本件和解は訴訟上の和解であり、法律の専門家である弁護士が関与して作成されたものであるから、その文言は

第5章　規範的解釈をめぐる主要な問題

厳格に解釈すべきであるところ、特に、本件和解条項第一項ないし第三項からすれば、明らかに本件建物明渡しの猶予期間を定めたものというべきであるから、原審の判断には契約の解釈を誤った違法があるなどと主張して上告しました。

(3)　最1小判昭和44・7・10の本件和解条項の解釈

最高裁は、以下(a)～(d)のとおり、Xの請求を認容し、Yの反訴請求を棄却した原判決を破棄し、本件を原審に差し戻しました。

(a)　原判決の判示するように、和解条項の文言の解釈にあたってはその和解の成立に至った経緯のみならず、和解成立以後の諸般の状況をも考慮にいれることは違法とはいえないが、

(b)　本件和解は、訴訟の係属中に訴訟代理人たる弁護士も関与して成立した訴訟上の和解であり（もっとも、X自身は、利害関係人として本人のみが関与しているが、この点については、和解文言の解釈については、とくに差異を設けるべきいわれはない。）、和解調書は確定判決と同一の効力を有するものとされており（民訴法203条[9]）、その効力はきわめて大きく、このような紛争のなかで成立した本件和解をその表示された文言と異なる意味に解すべきであるとすることは、その文言自体相互にむじゅんし、または文言自体によってその意味を了解しがたいなど、和解条項それ自体に内包する、かしを含むような特別の事情のないかぎり、容易に考えられないのである。

(c)　原判決も、この点について、原判示のような解釈は例外中の例外にかぎり許されるべきとする制約を付しているが、原判決の確定した事実関係のもとでは、いまだもって、原判示のように本件和解条項の文言と異なる解釈をすべきものとは認められないのである。

(d)　そうだとすれば、原判決はこの点について、理由不備、理由そごの違法をおかしたものというべく、この点の違法をいう論旨は、理由が

9　現行民訴法267条。

> あり、原判決は、破棄を免れない。

　最２小判昭和31・3・30民集10巻3号242頁は、裁判上の和解につき、「和解調書の文言のみに拘泥せず一般法律行為の解釈の基準に従ってこれを判定すべきものである。」と判断しました。

　最１小判昭和44・7・10が前記(a)のように説示するのは、訴訟上の和解が当事者の私法上の契約の性質を有することを前提とするこのような従前の判例を前提にしたものです[10]。

(4) 訴訟上の和解における条項の解釈と「手続的正義」の観点

　最１小判昭和44・7・10は、前記(3)(b)のとおり、訴訟上の和解の条項の解釈においては、「文言に忠実に」という契約の本来的解釈の第1原則が強く支配し、文言と異なる意味に解釈してよい例外に当たる場合は容易に想定することができない旨を極めて明確に説示しています。

　そして、最高裁は、その例外につき、(i)和解条項中の文言自体が相互に矛盾している場合、(ii)和解条項中の文言自体によってその意味を理解することができない場合の二つの場合を例示した上で、これらを要約して「和解条項それ自体に瑕疵を内包するような特別の事情の存する場合」であるとの立場を示しています。

　そして、最高裁は、前記(3)(b)の第1文にその理由を説示しています。これを分説すると、①前訴の係属中に成立した訴訟上の和解であること、②前訴において当事者であったA及びYには法律専門家である弁護士が代理人として訴訟追行しており、和解条項の作成に関与していたこと[11]、③民訴法203条（現行民訴法267条）は、和解調書の記載に確定判決と同一の効力という極

10　鈴木重信・最判解民〔昭和44年度〕488頁を参照。
11　本判決は、弁護士がXを代理せずX本人が利害関係人として参加して和解を成立させているけれども、その点が和解条項の解釈の仕方に影響を及ぼす理由にならない旨を念のために説示しています。そう解すべき根拠について詳しい説明をしていませんが、前訴の原告になったAとXとの間に利益相反関係はなく、むしろ利益が共通する関係にあったのであるから、Aに代理人弁護士が就いて訴訟追行していたことによってXの利益は十分に保障されていたとの立場に立っているものと考えられます。

第5章　規範的解釈をめぐる主要な問題

めて重大な効力を認めていることの3点を指摘しているのです。

　すなわち、確定判決と同一という重大な効力を有する契約の締結であることを十分に理解している法律専門家である弁護士が当事者の代理人として締結した契約であり、また、訴訟上の和解の性質上、前訴の受訴裁判所がその条項の正確性、適法性及び相当性を検討の上で成立させたものであることを理由にしているのです。結局のところ、「文言に忠実に」という契約の本来的解釈の第1原則にほとんど例外を認めない根拠を、「手続的正義」の観点に求めているのです[12]。

(5)　規範的解釈をした原判決と本来的解釈をした最高裁判決とを分けたもの

　それなりに経験を積んだ裁判官3人から成る高裁の合議体の契約の解釈が最高裁の契約の解釈と異なる結果になっているのであり、原判決と最高裁判決の結論を分けた理由を検討しておくことは、繰り返し契約の解釈の問題に直面する法律実務家にとって大切なことです。

　原判決は、前記(2)のように、かなり悩んだ末に、本件和解条項中の文言に反する規範的解釈をしたのですが、原審をこのような判断に踏み切らせた理由を集約すると、次の4点に整理することができます。すなわち、①YがXから「保証金」名下に金40万円を徴したこと、②本件訴訟上の和解に先立って、YとXとが2回にわたって訴訟前の和解をした経緯があること、③本件訴訟上の和解の成立後間もなくXのした和解条項違反の本件建物の無断改造がYによって宥恕されたこと、④本件訴訟上の和解の成立後にYの訴訟代理人弁護士がXの訴訟代理人弁護士に対して発行した領収証に「家賃」、「敷金」と記載したこと、です。

　確かに、前記①～④の4点は、それだけをみると、本件和解条項につき、YとXとがYを賃貸人としXを賃借人とする本件建物の賃貸借契約を締結したと評価することを合理化する要素であるということができます。

12　平井・契約総論112～114頁を参照。

138

3 「手続的正義」（考慮要素2）──最１小判昭和44・7・10における訴訟上の和解の明渡し条項の解釈

　しかし、最大の問題は、前記(1)の［和解条項］の第一項が「Ａ並びにＸは現在Ｘが使用占有している本件家屋についてこれを占有する正当な権限のないことを認め昭和39年６月末日限り明渡すこと。」と定めており、同第九項が第一項の「昭和39年６月末日限り」という期間の定めにつき、「第一項所定の明渡期間」と表現していることです。すなわち、本件和解条項の第一項は、「Ａ及びＸに本件建物の占有正権原がないこと」について二義を許さない程度に明示しています[13]。また、同第九項は、明渡しまでの期間が賃貸借の期間ではなく「明渡猶予期間であること」について二義を許さない程度に明示しています[14]。

　そうすると、本件和解によって成立した合意が本件建物の賃貸借合意であるか本件建物の明渡猶予合意であるかを解釈するに当たって考慮しなければならないのは、前記(4)の「手続的正義」の観点（中立的な第三者──しかも、法律の専門家である裁判官──の関与の下で、当事者双方に法律の専門家である弁護士が就いていたため、各当事者の意思が和解条項に正確に反映される機会が十分に確保されていたというのが相当な状況）からすると、<u>前記①～④の４点は、本件和解によって成立した合意が本件建物の明渡しを猶予する合意であると解釈することと両立しない事柄であるかどうか</u>という点に絞られます。

　そこで、各点について検討することにしましょう。前記①の保証金の授受は、明渡猶予期間が３年にわたる場合には、賃料相当損害金の支払を確保するという合理的理由がありますから、おかしなことではありません。前記②の２回にわたる訴訟前の和解をしたという経緯は、これらの和解によって賃貸借合意がされたと仮定しても、賃料の相当期間にわたる相当額の賃料支払の遅滞があった場合には、賃貸借合意をせずに明渡猶予合意をすることに何ら不自然な点はありません。前記③の無断改造の宥恕は、賃料相当損害金の支払に遅滞が生じているわけではなく、保証金名下の担保金も入っていて、

13　本件和解条項第一項は「占有する正当な権限のないこと」と表現していますが、正確には「占有する正当な権原のないこと」とすべきです。

14　本件和解条項第九項は「明渡期間」と表現していますが、正確には「明渡猶予期間」とすべきです。

第5章　規範的解釈をめぐる主要な問題

明渡しについての確定期限の合意をした執行力のある訴訟上の和解をしているのであれば、起こり得ない事柄ではありません。前記④のＹの訴訟代理人弁護士が収受した金員の領収証上の名義を「賃料相当損害金」、「保証金」とせずに「家賃」、「敷金」と記載したのは、弁護士として軽率な誤りということはできても、これらの記載をもって、本件和解条項につき、明渡猶予合意と解釈する余地はなく賃貸借合意と解釈するしかないとまでいうことはできません。

　結局、本件和解における合意の性質決定に当たっては、Ｘに占有正権原がないこと及び期限までの性質が明渡猶予期間であることが明示されていることに決定的なパワーがあり、前記①～④の４点は多義的であるがゆえにこれらをもってしても到底太刀打ちできないのです。

(6)　契約時以降の事実が契約解釈の考慮要素になることの明確な指摘

　第２章・２の「解釈の基準時——契約締結時か現時点（紛争発生時点）か」において、契約解釈の考慮要素に当たる具体的事実が契約締結時までの事実に限られるのか、そうではなくて現時点（紛争発生時点）までの事実関係が広く含まれるのかという問題を検討しました。

　筆者は、そこで、論理的に、契約の解釈という法律判断をする場面における考慮要素が契約締結時ないし契約締結後相当期間内の事実に限られるというのは正確ではないとの立場を明らかにしておきました。

　ところで、最１小判昭和44・7・10は、訴訟上の和解の条項解釈という当該事案のコンテクストにおける説示としてではあるものの、前記(3)(a)のとおり、「和解条項の文言の解釈にあたってはその和解の成立に至った経緯のみならず、和解成立以後の諸般の状況をも考慮にいれることは違法とはいえない」と説示しました。

　和解条項の解釈に一般の契約の解釈と異なるところはないとする最２小判昭和31・3・30の立場を前提とすれば、最１小判昭和44・7・10の前記説示は、契約締結後紛争の発生した現時点までの諸般の状況が契約の解釈の考慮

140

要素になることを肯定したものと理解することができます。前記の筆者の立場からすると、最1小判昭和44・7・10の前記説示は理論的に正しいということになります。

4 「任意規定」（考慮要素３）——最１小判昭和43・11・21における建物賃貸借契約の無催告解除条項の解釈

(1) 事案の概要

最１小判昭和43・11・21民集22巻12号2741頁は、建物賃貸借契約における無催告解除条項の解釈を示したものです。

事案の概要は、以下のとおりです。

【検討事例12】

① Xは、Yに対し、昭和37年３月15日、本件建物を賃料月額１万5000円、毎月末日限り翌月分を支払う、賃貸期間昭和40年９月13日までの約定で賃貸した（以下この契約を「本件賃貸借契約」という。）。本件賃貸借契約には、賃料を１箇月でも滞納したときは催告を要せず契約を解除することができる旨の特約（以下「本件特約条項」という。）が付されていた。

② Yは、昭和38年11月分から同39年３月分まで５箇月分の賃料を支払わなかった。そこで、Xは、Yに対し、昭和39年３月14日、本件特約条項に基づき、本件賃貸借契約を解除する旨の意思表示をした。

③ Xは、Yに対し、賃貸借契約の終了に基づく本件建物の明渡し並びに未払賃料及び賃料相当損害金の支払を求める訴えを提起した。

④ Yは、本件特約につき、例文にすぎず無効であると主張して争った。

第5章　規範的解釈をめぐる主要な問題

[関係図]

X

S37.3.15
H賃貸借契約
　期間：S40.9.13まで　無催告解除特約あり
　賃料：月1万5000円
　毎月末日翌月分払

S38.11分〜S39.3分（5か月分）の賃料不払

S39.3.14
X→Y　契約解除の意思表示

Y

H明渡し・賃料及び賃料相当損害金の支払を求める訴え

H

(2)　本件特約条項についての第1審及び控訴審（原審）の判断と上告理由

　第1審は、本件特約につき、「Yは契約書の右特約条項を例文であると主張し、Y本人もそのような条項のあることは知らなかったと供述するが、それだけでその効力を否定することはできない。」と説示して、簡単にYの主張を排斥し、Xの請求全てを認容しました[15]。

　控訴審（原審）は、第1審の判決理由をほぼ全面的に引用して、Yの控訴を棄却しました[16]。

　Yは、民法541条所定の法定解除の要件を奪い、しかも1回の賃料不払をもって解除原因とする特約は、賃貸借契約の信義則からみて契約自由の限界を超え、賃貸人と賃借人との地位の保護の権衡を失して不相当であって無効であり、本件特約を有効と解した原判決には、契約の解釈を誤った違法があるなどと主張して上告しました。

(3)　最1小判昭和43・11・21の本件特約条項の解釈

　最高裁は、後記(a)〜(d)のとおり説示し、Xのした本件賃貸借契約解除を有

15　東京地判昭和41・8・25民集22巻12号2755頁に収録。
16　東京高判昭和42・7・17民集22巻12号2764頁に収録。

142

4 「任意規定」（考慮要素3）──最1小判昭和43・11・21における建物賃貸借契約の無催告解除条項の解釈

効と判断した原判決を支持し、Yの上告を棄却しました。

(a)　家屋の賃貸借契約において、一般に、賃借人が賃料を1箇月分でも滞納したときは催告を要せず契約を解除することができる旨を定めた特約条項は、賃貸借契約が当事者間の信頼関係を基礎とする継続的債権関係であることにかんがみれば、賃料が約定の期日に支払われず、これがため契約を解除するに当たり催告をしなくてもあながち不合理とは認められないような事情が存する場合には、無催告で解除権を行使することが許される旨を定めた約定であると解するのが相当である。

(b)　したがって、原判示の特約条項は、右説示のごとき趣旨において無催告解除を認めたものと解すべきであり、この限度においてその効力を肯定すべきものである。

(c)　そして、原審の確定する事実によれば、Yは、昭和38年11月分から同39年3月分までの約定の賃料を支払わないというのであるから、他に特段の事情の認められない本件においては、右特約に基づき無催告で解除権を行使することも不合理であるとは認められない。

(d)　それゆえ、前記特約の存在及びその効力を肯認し、その前提に立って、昭和39年3月14日、前記特約に基づきYに対しなされた本件契約解除の意思表示の効力を認めた原審の判断は正当であり、原判決に所論のごとき違法はなく、論旨は理由がない。

(4)　継続的契約と契約解除の要件

　1回の履行によって契約関係が終了する契約を「一時的契約」と呼び、履行が一定の期間継続する又は一定の期間反復する契約を「継続的契約」と呼びます。

　継続的契約の解除は、原則として将来に向かってのみ効力が生ずるものであって、契約時に遡って効力が生ずるものではないこともあり、そもそも民法541条の規定によって継続的契約を解除することができるのかどうかが争われていました。また、解除原因として、常に必ず「契約当事者間の信頼関

143

第5章 規範的解釈をめぐる主要な問題

係の破壊」ないし「やむを得ない事由」を要するのかどうかが争われていました。

しかし、継続的契約の解除についても民法541条の規定の適用を認めるのが確定判例の立場であり、また、継続的契約であるという理由のみから常に必ず信頼関係の破壊ないしやむを得ない事由を要求する根拠はないとするところに落ち着いています[17]。

最1小判昭和43・11・21は、継続的契約の代表例である賃貸借契約につき、以上のとおりの確定判例の立場を前提にしています。

(5) 賃貸借契約の解除と信頼関係破壊論の二面性

確定判例は、賃貸借の目的物の無断転貸又は無断譲渡に係る法定解除の成否が争われた事案において、それが賃貸人に対する背信行為と認めるに足りないとすべき特段の事情の存在を賃借人において主張・立証したときは、それを理由とする解除は認められないとしています[18]。

他方、確定判例は、賃借建物の保管義務違反又は賃料債務の不履行に係る法定解除の成否が争われた事案において、賃貸借契約の継続中に当事者の一方に信頼関係を裏切って賃貸借関係の継続を著しく困難ならしめるような不信行為があった場合には催告を要せず賃貸借契約を解除することができるとしています[19]。

このように、判例の取り入れた信頼関係破壊論は、賃貸借契約の法定解除に当たって、抗弁事項を一つ肯定することによって実体法的要件を厳格にする側面と請求原因事項を一つ要求することによって賃貸借契約解除の手続的要件を緩和する側面の二面性を有しています。

(6) 賃貸借契約における無催告解除条項の解釈方法論

最1小判昭和43・11・21が扱った法律問題は、建物賃貸借契約における無

---

17 以上につき、田中・法律文書360～361頁を参照。
18 最1小判昭和41・1・27民集20巻1号136頁、最3小判昭和44・2・18民集23巻2号379頁。
19 最2小判昭和27・4・25民集6巻4号451頁、最3小判昭和31・6・26民集10巻6号730頁、最1小判昭和42・3・30集民86号773頁。

144

4 「任意規定」（考慮要素3）──最1小判昭和43・11・21における建物賃貸借契約の無催告解除条項の解釈

催告解除条項の有効性如何とその一環としての同条項の解釈についてです。

　まず、無催告解除条項がそもそも借家法6条、借地法11条の規定する強行規定性[20]に違反して無効とされるかどうかが問題になります。確定判例は、この点につき、前記各規定が賃借人の義務である賃料不払を保護する趣旨のものではないとの理由から、無催告解除条項は前記各規定にいう「特約」に当たらないとの立場を採っています[21]。

　次に、前記(5)のとおりの任意規定である法定解除の要件との関係において、本件のような賃料不払に係る無催告解除条項をどのように扱うべきであるかが問題になります。

　最1小判昭和43・11・21を理解するに当たって注意を要する第1点は、賃貸借契約における無催告解除条項がそれを必要とする具体的理由があって合意されるに至った場合を射程内に収めていないことです。最高裁が前記(3)(a)において「一般に」と説示しているのは、「そのような具体的理由のない一般的な場合」を意味しているのです。そのような具体的理由のある場合（いわゆる「特段の事情」のある場合）には、文字どおり1回の賃料不払によって無催告解除を許容する特約と解釈するのが合理的契約解釈になるものと考えられます[22]。

　次に、注意を要する第2点は、最高裁が前記(3)(b)において、本件特約条項につき、「右説示のごとき趣旨において無催告解除を認めたものと解すべきであり、この限度においてその効力を肯定すべきものである」と説示することによって、契約の一つの条項はそれが合理的意味の範囲内に収まっている限り有効とする解釈を採用すべきであるとのいわゆる「契約の有効的解釈」の立場[23]を宣明したことです。

20　借地借家法9条、37条。

21　借家法6条との関係につき最1小判昭和37・4・5民集16巻4号679頁、借地法11条との関係につき最2小判昭和40・7・2民集19巻5号1153頁を参照。

22　宇野栄一郎・最判解民〔昭和43年度〕1220頁を参照。

23　平井・契約総論100頁は、契約の有効的解釈につき、「契約書（または契約書中の条項。以下同じ）が有効または無効のいずれともに解される場合には、無効（また、法律的に無意味）と解するよりも、有効（または意味のある）となるように解釈すべきであ

145

第5章　規範的解釈をめぐる主要な問題

そして、最高裁は、前記(3)(a)のとおり、「これがため<u>契約を解除するに当</u><u>たり催告をしなくてもあながち不合理とは認められないような事情が存する</u><u>場合</u>」という限定を付することによって、本件特約条項を有効としたのです。すなわち、最高裁は、民法541条という任意規定（についての解釈論）を考慮要素として取り入れることによって、規範的解釈として位置付けられる限定解釈をしたのです。

(7)　最高裁のした本件特約条項の解釈の意義

最1小判昭和43・11・21は、前記(6)のとおり、特段の事情がないにもかかわらず合意された場合の無催告解除条項につき、「あながち不合理とは認められないような事情」の存在を前提として、1回の賃料不払をもって無催告で解除権を行使することが許される旨を定めた約定であると解釈し、そのような条項として有効であるとしました。

そこで、実務上最も重要な論点は、「あながち不合理とは認められないような事情」とはどの程度に高いレベルの事情を指すかにあります。この点につき、最1小判昭和43・11・21の担当調査官は、信頼関係破壊という評価を根拠付けるような事情を要するわけではなく、それよりも低いレベルの事情で足りるとの趣旨の解説をしています[24]が、これが同最高裁判決の正しい読み方であると考えられます。

なぜなら、「あながち不合理とは認められないような事情」＝「信頼関係を破壊するおそれがあると認められるような事情」と解するのでは、無催告解除特約を結んだ場合の無催告解除の要件が特約を結んでいない場合の法定無催告解除の要件と「ａ＋ｂ」の関係に立ち、特約締結の意味がないことに帰するからです[25]。また、「あながち不合理とは認められないような事情」という最高裁の理由説示における表現も、「信頼関係を破壊するおそれがあると認められるような事情」をいうものと解するには無理があります。

る」と説明する。
24　宇野・前掲判例解説（注22）1222頁を参照。
25　この点の論理の詳細につき、田中豊『論点精解改正民法』208頁（弘文堂、2020年）を参照。

4 「任意規定」（考慮要素3）——最1小判昭和43・11・21における建物賃貸借契約の無催告解除条項の解釈

　この点を本件事案に即して分析すると、以下のように考えることができます。第1に、本件特約条項にいう「賃料の1箇月分の滞納」とは、「昭和39年3月分の賃料滞納」をいいます。第2に、最高裁が同条項の解釈によって付加した「あながち不合理とは認められないような事情」とは、「昭和38年11月分から昭和39年2月分までの4箇月分の賃料滞納」をいいます。「あながち不合理とは認められないような事情」というのも規範的要件であるところ、最高裁としては4箇月分の賃料滞納をもってこの要件を充足すると考えていることが分かります。しかし、賃料滞納のみが問題になっている事案において、解除原因とする1箇月分の賃料滞納のほかに、何箇月分の賃料滞納をもって「あながち不合理とは認められないような事情」の要件を充足するのかについては、明らかではありません。

　ところで、最1小判昭和43・11・21の本件特約条項の解釈は、住宅事情の悪化による賃借人保護の社会的経済的要請を背景に生まれたものです[26]。しかし、近時、そのような住宅事情は解消されていて、特別な事情のない限り住宅を確保すること自体にそれほどの困難はない状況にあるとすれば、「あながち不合理とは認められないような事情」を要求することなく、文字どおり1回の賃料不払によって無催告解除を許容する特約として有効なものとして扱われることがあっても、決しておかしなことではありません。

　社会的経済的状況が著しく変化したときは、同一の文言を用いた契約条項であっても、社会的経済的状況の変化を反映してその解釈もまた変化するのが合理的契約解釈の態度であると考えられます。

26　宇野・前掲判例解説（注22）1219頁を参照。

訴訟において「契約の解釈」が争点になる3つの態様

1 はじめに

　これまで本書において取り扱ってきた問題は、第3章・3で検討した例外を除き、本来的解釈をする場合であれ規範的解釈をする場合であれ、契約条項の解釈自体が訴訟の訴訟物についての帰趨を決するという位置付けのものです。これは、訴訟において「契約の解釈」が争点になる態様として典型的なものであり、第1類型として整理しておきましょう。

　訴訟において契約の解釈が争われるのは、このような第1類型のものばかりではありません。

　第2類型として、契約条項の解釈が法律問題（法律の解釈適用をめぐる問題）の下部構造を成している（前提問題になっている）場合があります。第3章・3で検討した上記の例外は、契約の解釈が民法656条、645条の規定の解釈適用の前提問題になっているというものであり、この第2類型に当たります。

　さらに、第3類型として、契約条項の解釈が認定問題（事実認定をめぐる問題）の下部構造を成している（前提問題になっている）場合があります。

　訴訟において契約の解釈が争点になるのは以上の3形態のいずれかですから、この点を理解しておくと、当該訴訟の主張・立証の構造を正確に分析する一助になります。

　また、契約の解釈の問題が第1類型におけるように分かりやすい形で現れるとは限らないということは、契約の解釈の問題が様々な形で訴訟の結論に影響を及ぼすことを意味しており、この問題の重要性及び複雑性を示してい

るといってよいと思われます。

そこで、本章では、第2類型（後記2）→第3類型（後記3）の順に、訴訟における契約の解釈という争点の出現形態を検討することにしましょう。

2 契約の解釈が法律問題の下部構造を成している場合（第2類型）──最1小判令和4・12・12

(1) 事案の概要

最1小判令和4・12・12民集76巻7号1696頁は、家賃債務保証業者の使用する契約書ひな形中の条項が消費者契約法（以下「法」といいます。）10条にいう「法令中の公の秩序に関しない規定の適用による場合に比して消費者の権利を制限し又は消費者の義務を加重する消費者契約の条項であって、民法第1条第2項に規定する基本原則に反して消費者の利益を一方的に害するもの」に当たるかどうかが争われた事件における判例です。

原審の確定した事実関係等の概要は、以下のとおりです。

【検討事例13】

① X（特定非営利活動法人）は、法2条4項にいう「適格消費者団体」である。Yは、賃貸住宅の賃借人の委託を受けて賃借人の賃料債務等を保証する事業を営む会社である。

② Yは、賃貸住宅の賃貸人及び賃借人との間で、「住み替えかんたんシステム保証契約書」と題する契約書（以下「本件契約書」という。）を用いて、賃貸借契約（以下「原契約」という。）に関し、賃借人がYに対して賃料債務等を保証することを委託し、Yが賃貸人に対して当該賃料債務等を連帯保証すること等を内容とする契約を締結している。この契約のうち、Yと賃借人との間の契約部分は、法2条3項にいう「消費者契約」に当たる。

③ 本件契約書には、次のアの無催告解除条項及び同イの明渡し擬制条

149

第6章 訴訟において「契約の解釈」が争点になる3つの態様

項が存する。

ア Yは、賃借人が支払を怠った賃料等及び変動費[1]の合計額が賃料3か月分以上に達したときは、無催告で原契約を解除することができる（本件契約13条1項前段）。

イ Yは、賃借人が賃料等の支払を2か月以上怠り、Yが合理的手段を尽くしても賃借人本人と連絡がとれない状況の下、電気・ガス・水道の利用状況や郵便物の状況等から本件建物を相当期間利用していないものと認められ、かつ本件建物を再び占有使用しない賃借人の意思が客観的に看取できる事情が存するときは、賃借人が明示的に異議を述べない限り、これをもって本件建物の明渡しがあったものとみなすことができる（本件契約18条2項2号）。

④ 本件訴訟において、Yは、賃料債務等につき連帯保証債務を履行した場合であっても、無催告解除条項に基づいて無催告で原契約を解除することができる旨を主張しているほか、原契約が終了していない場合であっても、明渡し擬制条項の適用がある旨を主張している。

⑤ Xは、Yに対し、無催告解除条項及び明渡し擬制条項が法10条に規定する消費者の利益を一方的に害する消費者契約の条項に当たると主張して、法12条3項本文に基づき、これら条項を含む消費者契約の申込み又はその承諾の意思表示の差止め、これら条項の記載された契約書ひな形が印刷された契約書用紙の廃棄等を求めて、本件訴訟を提起した。

---

1 「賃料等」とは、賃料、管理費・共益費、駐車場使用料その他の本件契約書固定費欄記載の定額の金員をいい、「変動費」とは、光熱費等の月々変動することが予定されている費用をいいます。

2 契約の解釈が法律問題の下部構造を成している場合（第2類型）——最1小判令和4・12・12

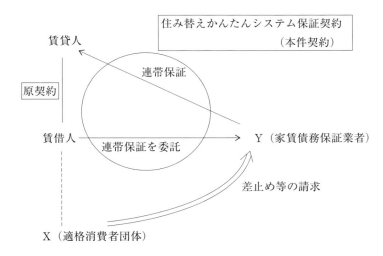

[関係図]

(2) 消費者契約法10条該当性についての原審の判断

第1審は、無催告解除条項の法10条該当性を否定しましたが、明渡し擬制条項について法8条1項3号の規定する事業者の損害賠償の責任を免除する条項に当たるとして、Xの請求を一部認容しました[2]。

これに対し、原審は、無催告解除条項及び明渡し擬制条項のいずれも法10条に当たらず、明渡し擬制条項が法8条1項3号に当たることもないとして、Yの敗訴部分を取り消し、Xの請求の全てを棄却しました[3]。

原審の理由の概要は、以下のとおりです。

ア　無催告解除条項の法10条非該当性
① 最1小判昭和43・11・21民集22巻12号2741頁（以下「昭和43年最高裁判決」という。）は、家屋の賃貸借契約において、一般に、賃借人が賃料を1か月分でも遅滞したときは無催告で契約を解除することができ

2　大阪地判令和元・6・21民集76巻7号1757頁。
3　大阪高判令和3・3・5民集76巻7号1820頁。

る旨の特約条項は、契約を解除するに当たり催告をしなくてもあながち不合理とは認められないような事情が存する場合に、無催告で解除権を行使することが許される旨を定めた約定であると解するのが相当である旨を判示するところ、この法理は本件契約書の無催告解除条項にも及ぶ。

② したがって、本件契約書の無催告解除条項は、Yが賃料等の支払の遅滞を理由に原契約を解除するに当たり催告をしなくてもあながち不合理とは認められないような事情が存する場合に、無催告で解除権を行使することが許される旨を定めた約定であると解するのが相当である。

③ そうすると、Yが本件契約書の無催告解除条項により原契約につき無催告で解除権を行使するにしても、賃借人の不利益は限定的なものにとどまるというべきであるから、同無催告解除条項が信義則に反して消費者である賃借人の利益を一方的に害するものということはできない。

④ よって、本件契約書の無催告解除条項は、法10条に規定する消費者契約の条項には当たらない。

イ 明渡し擬制条項の法10条非該当性

① 本件契約書の明渡し擬制条項は、(i)賃借人が賃料等の支払を2か月以上怠ったこと、(ii)Yが合理的な手段を尽くしても賃借人本人と連絡が取れない状況にあること、(iii)電気・ガス・水道の利用状況や郵便物の状況等から本件建物を相当期間利用していないものと認められること、(iv)本件建物を再び占有使用しない賃借人の意思が客観的に看取できる事情が存することという四つの要件(以下「本件4要件」という。)を満たすことにより、賃借人が本件建物の使用を終了してその占有権が消滅しているものと認められる場合に、賃借人が明示的に異議を述べない限り、Yが本件建物の明渡しがあったものとみなすことができる旨を定めた条項であり、原契約が継続している場合は、これを終了させる権限をYに付与する趣旨の条項であると解するのが相当である。

2 契約の解釈が法律問題の下部構造を成している場合（第2類型）——最1小判令和4・12・12

② そうすると、本件4要件を満たす場合、賃借人は、通常、原契約に
係る法律関係の解消を希望し、又は予期しているものと考えられ、む
しろ本件契約書の明渡し擬制条項が適用されることにより、本件建物
の現実の明渡義務や賃料等の更なる支払義務を免れるという利益を受
けるのであるから、本件建物を明け渡したものとみなされる賃借人の
不利益は限定的なものにとどまるというべきであって、明渡し擬制条
項が信義則に反して消費者である賃借人の利益を一方的に害するもの
ということはできない。

③ よって、本件契約書の明渡し擬制条項は、法10条に規定する消費者
契約の条項には当たらない。

(3) 最1小判令和4・12・12のした本件契約書の無催告解除条項及び明渡し擬制条項の各解釈

最高裁は、本件契約書の無催告解除条項及び明渡し擬制条項の法10条の該
当性如何を決する前提として、以下のとおり各条項の解釈について説示しま
した。

ア 無催告解除条項の解釈

A 無催告解除条項の趣旨

(a) 賃借人に賃料等の支払の遅滞がある場合、Yは賃貸人に対して賃料
債務等につき連帯保証債務を履行する義務を負う一方、連帯保証債務
の履行を受けた賃貸人は原契約を解除する必要に迫られないことから、
Yが無制限に連帯保証債務を履行し続けなければならないという不利
益を被るおそれがある。本件契約書の無催告解除条項は、このような
不利益を回避するため、賃料債務等の連帯保証人であるYに原契約の
解除権を付与する趣旨に出たものと解される。

(b) そして、本件契約書の無催告解除条項は、無催告で原契約を解除で
きる場合について、単に、「賃借人が支払を怠った賃料等の合計額が賃

153

料3か月分以上に達したとき」と定めるにとどまり、その文言上、このほかには何ら限定を加えておらず、賃料債務等につき連帯保証債務が履行されたか否かによる区別もしていない上、Y自身が、本件訴訟において、連帯保証債務を履行した場合であっても、本件契約書の無催告解除条項に基づいて無催告で原契約を解除することができる旨を主張している（記録によれば、Yは、現にそのような取扱いをしていることがうかがわれる。）。

(c) これらに鑑みると、<u>本件契約書の無催告解除条項は、所定の賃料等の支払の遅滞が生じさえすれば、賃料債務等につき連帯保証債務が履行されていない場合だけでなく、その履行がされたことにより、賃貸人との関係において賃借人の賃料債務等が消滅した場合であっても、連帯保証人であるYが原契約につき無催告で解除権を行使することができる旨を定めた条項であると解される。</u>

B 昭和43年最高裁判決との異同

(a) 昭和43年最高裁判決は、賃貸人が無催告で賃貸借契約を解除することができる旨を定めた特約条項について、賃料が約定の期日に支払われず、そのため契約を解除するに当たり催告をしなくてもあながち不合理とは認められないような事情が存する場合に、無催告で解除権を行使することが許される旨を定めた約定であると解したものである。

(b) 他方で、本件契約書の無催告解除条項は、賃貸人ではなく、賃料債務等の連帯保証人であるYが原契約につき無催告で解除権を行使することができるとするものである上、連帯保証債務が履行されたことにより、賃貸人との関係において賃借人の賃料債務等が消滅した場合であっても、無催告で原契約を解除することができるとするものであるから、<u>上記(a)の特約条項とはおよそかけ離れた内容のもの</u>というほかない。

(c) また、法12条3項本文に基づく差止請求の制度は、消費者と事業者との間の取引における同種の紛争の発生又は拡散を未然に防止し、もっ

て消費者の利益を擁護することを目的とするものであるところ、上記差止請求の訴訟において、信義則、条理等を考慮して規範的な観点から契約の条項の文言を補う限定解釈をした場合には、解釈について疑義の生ずる不明確な条項が有効なものとして引き続き使用され、かえって消費者の利益を損なうおそれがあることに鑑みると、本件訴訟において、無催告で原契約を解除できる場合につき……何ら限定を加えていない本件契約書の無催告解除条項について上記の限定解釈をすることは相当でない。

(d) そうすると、昭和43年最高裁判決が示した法理が本件契約書の無催告解除条項に及ぶということはできず、……Yが賃料等の支払の遅滞を理由に原契約を解除するに当たり催告をしなくてもあながち不合理とは認められないような事情が存する場合に、無催告で解除権を行使することが許される旨を定めた条項であると解することはできないというべきである。

イ　明渡し擬制条項の解釈

(a) 本件契約書の明渡し擬制条項には原契約が終了している場合に限定して適用される条項であることを示す文言はないこと、Yが、本件訴訟において、原契約が終了していない場合であっても、同条項の適用がある旨を主張していること等に鑑みると、本件契約書の明渡し擬制条項は、原契約が終了している場合だけでなく、原契約が終了していない場合においても、本件4要件を満たすときは、賃借人が明示的に異議を述べない限り、Yが本件建物の明渡しがあったものとみなすことができる旨を定めた条項であると解される。

(b) そして、本件契約書の明渡し擬制条項には原契約を終了させる権限をYに付与する趣旨を含むことをうかがわせる文言は存しないのであるから、同条項について上記の趣旨の条項であると解することはでき

<u>ない</u>というべきである。

　最高裁は、前記ア、イのとおり、本件契約書の無催告解除条項及び明渡し擬制条項の解釈について説示した上で、いずれの条項も法10条にいう「法令中の公の秩序に関しない規定の適用による場合に比して消費者の権利を制限し又は消費者の義務を加重する消費者契約の条項であって、民法第１条第２項に規定する基本原則に反して消費者の利益を一方的に害するもの」に当たると判断しました。

　本書は消費者契約法を主題とするものではないので、法10条の解釈適用問題そのものにこれ以上立ち入ることはせず、最１小判令和４・12・12の意義につき、契約の解釈という観点から検討することにしましょう。

(4)　差止訴訟における消費者契約の解釈

ア　消費者契約法の創設した差止訴訟の制度目的

　法12条は、適格消費者団体が事業者の不当な行為を差し止めることができるという制度を創設したのですが、これは、訴訟物の価額としては少額であるものの、法的に困難な問題を含む紛争が多発するという消費者取引の特性を考慮し、そのような紛争を未然に防止し、またそのような紛争の拡大を防止することによって、消費者の利益を擁護することを目的とするものと位置付けられています[4]。

　そして、法12条３項本文に基づき適格消費者団体が提起する消費者契約に係る差止請求訴訟においては、一般に、前記のような制度趣旨に照らし、ある契約条項を継続して使用してよいかどうかにつき、個別性や全体性を原則として捨象し、当該条項を契約の個別事情や契約の他の条項から切り離して定型的・抽象的に観察して、法10条の要件を満たすかどうかを判断すべきであると考えられています[5]。

---

[4]　消費者庁消費者制度課編『逐条解説消費者契約法〔第４版〕』337頁（商事法務、2019年）を参照。

[5]　山本豊「適格消費者団体による差止請求」法時83巻８号28頁（2011年）を参照。

2　契約の解釈が法律問題の下部構造を成している場合（第2類型）——最1小判令和4・12・12

イ　消費者契約についての本来的解釈と規範的解釈

　本書では、これまで本来的解釈と規範的解釈との異同、本来的解釈と規範的解釈の各考慮要素等につき、詳細に検討してきました。また、規範的解釈として分類される契約の解釈においては、交換的正義の観念、任意規定、手続的正義の観念等が重要な考慮要素になることを確認してきました。

　ところで、振り返ってみますと、これまで取り上げてきたのは、約款の解釈を除きますと、当事者が事業者であるか消費者であるかに違いはあっても、基本的に個別の当事者間の訴訟（紛争）において問題になったものでありました。

　最1小判令和4・12・12は、消費者契約法の差止訴訟というコンテクストにおいて、規範的解釈という方法による契約の解釈が適切ではない類型の紛争があることを認識させた判例であると位置付けることができます。

　すなわち、個別訴訟の場合には、交換的正義の観念、任意規定、手続的正義の観念等の上掲の要素を考慮して、裁判所が規範的に望ましいと考える解釈を提示することが許されるのですが、前記のような制度趣旨に支えられた差止訴訟の場合には、消費者の利益の観点から、不分明で多義的な契約条項が継続して使用されることを許容すべきでないという立法理由が優先され、文言に忠実な本来的解釈によることが適切であり、そのような解釈を前提として、法10条の要件該当性等を判断するという判断構造が正しいということになります。

　最1小判令和4・12・12は、前記(3)アB(c)においてこの趣旨を説示しているのです。また、前記(3)イ(b)も、同趣旨に出るものです。

(5)　消費者契約法10条の要件と規範的解釈

　法10条は、消費者契約の条項を無効とする要件を規定しています。大別すると、「法令中の公の秩序に関しない規定の適用による場合に比して消費者の権利を制限し又は消費者の義務を加重する」という前段要件と、「民法第1条第2項に規定する基本原則に反して消費者の利益を一方的に害する」という後段要件とから成ります。

157

第6章　訴訟において「契約の解釈」が争点になる３つの態様

　そして、前段要件の「法令中の公の秩序に関しない規定」とは任意規定を
いうもの[6]であり、後段要件の「民法第１条第２項に規定する基本原則に反
（する）」とは信義則に反することをいうものであることは、その各文言上
明らかです。ところで、任意規定及び信義則は、契約の規範的解釈をする場
合における考慮要素としてしばしば挙げられる項目です。

　そうすると、法10条の要件を満たすかどうかの判断をする前提として、消
費者契約のある条項の意味を確定する段階（すなわち、契約の解釈という作
業）において、任意規定及び信義則に合致するように当該条項の意味を確定
してしまえば、よほど極端な条項でない限り法10条の要件を満たす消費者契
約の条項はないということになり、法10条の存在意義はほとんどないという
ことになりかねません。

　ですから、個別訴訟においてであっても、法10条の要件を満たすかどうか
の判断をする前提として、消費者契約のある条項の意味を確定する段階で
は、本来的解釈によるのが基本原則ということになります。

　最１小判令和４・12・12は、差止訴訟のコンテクストにおいて規範的解釈
の一つである限定解釈によることが相当でない旨を説示しましたが、法10条
の要件を満たすかどうかが争点になっている事件についてみると、個別訴訟
であっても異なるところはないと考えるべきです。

(6)　最１小判令和４・12・12の意義

　このように検討してきますと、最１小判令和４・12・12の意義は、以下の
二つに整理することができます。

　第１に、契約の解釈の争点が法令の解釈適用についての判断の前提問題と
位置付けられる紛争類型があることを明らかにしたという意義があります。

　第２に、契約の解釈に大別して本来的解釈と規範的解釈とがあるところ、
規範的解釈によることが相当でなく、本来的解釈によるべき場合があること
を明らかにしたという意義があります。

6　最２小判平成23・７・15民集65巻５号2269頁。

3 契約の解釈が認定問題の下部構造を成している場合（第3類型）——最1小判昭和61・2・27

(1) 事案の概要

最1小判昭和61・2・27判時1193号112頁は、係争地が売買契約の目的とした土地に含まれていたかどうかが争われたものです。これ自体は「売買契約の目的土地の範囲如何」という事実認定上の争点なのですが、そのような認定問題の下部構造に「売買契約の解釈如何」という法律問題が存在したのです。

登場人物の相続関係等についての事実を簡略化していますが、原審の確定した事実関係の大要は以下のとおりです。

【検討事例14】

① 116番1の土地及び116番2の土地はいずれもSの所有であったところ、116番1の土地は、昭和の初めころからA→B→Xへと順次賃貸されたが、一貫して下図イハニホの各点を直線で結んだ線上に板塀を設けて隣地との境として使用範囲を区分していた。

② その後板塀が撤去され、その跡に檜の生垣が設けられたが、116番1の土地を賃借していたXは、昭和37年6月21日、Sから同土地を買い受け、従前どおり区分された使用範囲の土地を工場敷地として用い、昭和50年ころには檜の生垣を撤去して、そこに有刺鉄線を張りめぐらせた。

③ ［関係図］イハロイの各点を直線で結んだ線で囲まれた土地部分（本件係争地）及び116番2の土地については、昭和の初めころより、その東側約半分をYが西側約半分をKが、それぞれSから借地していたところ、Kは、昭和49年4月8日、契約書に「128坪の半分約64坪」と明記して、Sから116番2の土地の西側約半分を買い受けて116番4とし、また、Yは、昭和51年7月19日、116番2の土地のうちKが買った残りの部分を買い受けたが、本件係争地も買い受けたものと信じ、引き続きこれを占有使用している。

第6章 訴訟において「契約の解釈」が争点になる3つの態様

④ ［関係図］イハニホの各点を直線で結んだ線を116番1の土地と116番2及び116番4の土地との境界線とした場合、116番1の土地の実測面積は公簿面積2174.90㎡より63.72㎡少なく、これに対し、Yが占有使用している本件係争地及び116番2の土地の実測面積は116番2の土地の公簿面積211.55㎡より91.38㎡多く、116番2の土地に隣接する116番4の土地の実測面積は、公簿面積211.58㎡より5.61㎡多い。

⑤ X代理人Cは、［関係図］ハ点とロ点を直線で結んだ線が116番1の土地と116番2の土地との公図上の境界線とも一致すると考え、本件係争地を分筆登記した。

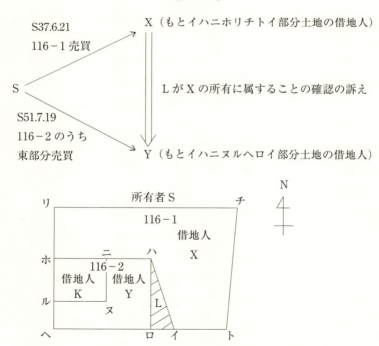

3　契約の解釈が認定問題の下部構造を成している場合（第3類型）──最1小判昭和61・2・27

⑵　第1審及び控訴審（原審）の判断とYの上告理由

　第1審は、前記⑴の各事実を前提にして、［関係図］イ点とハ点とを直線で結んだ線はいわゆる地番境として公的に認定又は認証された境界ではなく、116番1の土地と116番2の土地との公的境界線は［関係図］ロ点とハ点とを直線で結んだ線であることが認められるとし、Xの請求を認容しました[7]。

　控訴審（原審）は、第1審のこの認定判断を引用し、Yのした控訴を棄却しました[8]。

　Yは、昭和37年6月21日にXがSから116番1の土地をどの範囲のものとして買い受けたのかという点を究明して確定しなかった原判決には法令違背の違法があると主張して、上告しました。

⑶　最1小判昭和61・2・27の理由説示

　最高裁は、以下⒜～⒟のとおり、原審の確定した事実関係を前提とすると、XがSから本件係争地を含む土地を買い受けたとの事実認定には経験則違反の違法があるとして原判決を破棄し、本件を原審に差し戻しました。

> ⒜　一筆の土地の一部（以下「甲部分」という。）が右土地のその余の部分
> 　　（以下「乙部分」という。）から現地において明確に区分され、甲部分は
> 　　甲に、乙部分は乙にそれぞれ賃貸されたのちにおいて、甲が目的物を
> 　　当該一筆の土地と表示して売買契約を締結したとしても、他に賃貸さ
> 　　れている乙部分を含むとする旨の明示的な合意がされている等特段の
> 　　事情のない限り、取引の通念に照らして甲部分のみを売買の目的とし
> 　　たものと解するのが相当というべきである。
>
> ⒝　本件において、原審の確定した前記事実によると、(i)分筆前の116番
> 　　1の土地を買い受けたXは、Yの占有使用している本件係争地を含ま
> 　　ない土地を借地として使用し、しかも、(ii)当該土地と本件係争地との間

7　静岡地富士支判昭和57・2・25金判745号9頁。
8　東京高判昭和59・3・22金判745号8頁。

161

には、Xより前の借地人が使用していたときから板塀又は生垣が設けられており、(iii)X自身も、本件土地を買い受けたのち、同じ場所に有刺鉄線を張りめぐらしたというのであるから、(iv)本件係争地が分筆前の116番1の土地に含まれるかどうかは別として、(v)他に特段の事情のない限り、Xが本件係争地を含む土地を買い受けたものと認めることは、経験則上是認することができないというべきである。

(c) そして、原審の認定する実測面積と公簿面積との関係だけでは、右の特段の事情があるものということはできない。

(d) そうすると、首肯するに足りる特段の事情の存することについて認定説示することなくXが買い受けた土地に本件係争地が含まれるものと認めた原判決には、法令違反若しくは理由不備の違法があるものというべく、論旨は理由があり、……原判決は破棄を免れない。そして、本件は、右特段の事情の存否について更に審理を尽くさせるため、これを原審に差し戻すのが相当である。

(4) 最1小判昭和61・2・27の判断の構造と契約の解釈

ア 究極の争点を事実認定上の争点として位置付けていること

最1小判昭和61・2・27の判断はかなり手が込んでいて、その構造は単純ではありません。複数の読み方があり得るものです。ここには、筆者が最も合理的であると考える読み方を提示しておきます。

最高裁は、前記(3)(b)(v)のとおり、「他に特段の事情のない限り、Xが本件係争地を含む土地を買い受けたものと認めることは、経験則上是認することができない」と結んでいますから、「Xが本件係争地を含む土地を買い受けたかどうか」という争点を事実認定上の争点として位置付けていることが明らかです。

すなわち、最高裁は、事実審裁判所が本件において「XがSから本件係争地を含む土地を買い受けた」と認定するのは、同(i)から(iii)までの間接事実（事情）に照らしてみると、他に特段の事情の存在を認定しない限り、経験

3 契約の解釈が認定問題の下部構造を成している場合（第3類型）——最1小判昭和61・2・27

則に反する事実認定であると説示していると理解することができます。

イ　原判決における争点の把握と判断の論理構造

原判決の判断の論理構造をチャート化すると、以下のとおりです。

［原判決の論理構造］（【検討事例14】）

```
S・X間の売買契約書上の目的物の表示如何？
                ↓
「116番1の土地」（争いなし）＝116番1の土地全体を意味する（契約の解釈）
                ↓
           事実認定上の争点
本件係争地は116番1の土地に含まれるか？
                ↓
              結論
a　本件係争地は116番1の土地に含まれる　⇒Xの請求認容
b　本件係争地は116番1の土地に含まれない⇒Xの請求棄却
```

原判決は、S・X間の売買契約が書面によるものであったため、その売買契約書において目的物を「116番1の土地」と登記簿の地番によって特定している場合には、契約の解釈として、売買の目的物が登記簿上の「116番1の土地全体」であることは動かないとの論理を前提にしています。

売買の目的物が登記簿上の「116番1の土地全体」であるということになると、本件の帰趨を決する争点は「本件係争地は116番1の土地に含まれるか？」というものであるということになります。

そして、この問いに対し、主に実測面積と公簿面積との対応の整合性の観点から、前記aの認定に至ったため、「Xは、S・X間の売買契約により、116番1の土地の一部である本件係争地の所有権を取得した。」と判断し、請求認容の結論に至ったのです。

ウ　最1小判昭和61・2・27における争点の把握と判断の論理構造

最高裁は、前記(3)(b)(iv)において、「本件係争地が分筆前の116番1の土地に含まれるかどうかは別として」と極めて重要な説示をしています。

163

第6章　訴訟において「契約の解釈」が争点になる3つの態様

　この説示部分は、そもそも原判決のような争点の把握の仕方に誤りがあることを指摘するものです。

　最高裁の判断の論理構造をチャート化すると、以下のとおりです。

[最高裁の論理構造]（【検討事例14】）

事実認定上の争点
S・Xは本件係争地を売買契約の目的物としたか？
↓
法律問題としての契約解釈の問題
S・X間の売買契約書上の目的物の表示である「116番1の土地」とはどの範囲の土地を意味するか？
↓
小結論
① 前記(3)(b)(i)及び(ii)の事実を前提として取引の通念に照らしてみると、現地において本件係争地とは明確に区分されていたXのもと賃借部分のみを売買の目的としたものと解するのが相当。
↓
他の確定することのできる間接事実
② Xは、本件売買契約の後に、自らが買い受けた土地との境界として従前板塀又は生垣が設けられていたのと同じ場所に有刺鉄線を張りめぐらした。
↓
結論
③ 本件係争地を本件売買契約の目的物としたと認定することはできない。
　⇒Xの請求棄却

　このようにチャート化してみると、最高裁は、売買の目的物が登記簿上の「116番1の土地全体」であることは動かないとした原判決の契約の解釈にそもそも問題があり、「売買契約書において目的物を登記簿上の地番によって特定した場合であっても、常に必ず当該地番の土地全体を目的物としたとは限らない」と考えていることがよく分かります。

　すなわち、最高裁は、原判決が当然の前提であるとして深く思考をめぐら

164

せなかった点にこそ問題が伏在していると考えているのです。

　そして、最高裁は、「S・X間の売買の目的物の一部に本件係争地を含んでいたとするのが合理的な事実認定であるのか、それとも本件係争地を含んでいなかったとするのが合理的な事実認定であるのか」という争点形成をし、S・X間の売買契約書中の目的物に係る「116番1の土地」と表示する条項の解釈問題につき、前記チャートのとおり「小結論①」を導いた上で、他の間接事実②をも総合して、「結論③」に到達したのです。

　契約の解釈が認定問題の下部構造を成している場合（第3類型）があるというのは、最1小判昭和61・2・27の判断の論理構造を以上のように理解するのが合理的であると考える立場に立っているからです。

　ところで、最1小判昭和61・2・27が説示する前記②の事実を「売買の目的物」認定の間接事実と位置付けたのではなく、契約成立後の事実ではあるが当該契約の目的物に係る条項の解釈をする上での考慮要素として位置付けたのであると読むという立場に立つとすると、同判決は正に契約の解釈を究極の争点とした第1類型に属するものであり、契約の解釈の誤りを理由にして原判決を破棄したものであると読むことになります。

　しかし、最高裁判所裁判集民事（集民）の判示事項が「一筆の土地全部が売買されたとの認定が経験則に反するとされた事例」というものであり、判決要旨が「一筆の土地が現地においてA部分とB部分とに明確に区分され、A部分は甲に、B部分は乙にそれぞれ賃貸された後において、甲が売買の目的物を右一筆の土地と表示して契約を締結したとしても、B部分を含める旨の明示的な合意がされている等特段の事情のない限り、右一筆の土地全部が売買の対象とされたものと認めることは、経験則に反する。」というものですから、最高裁の判例委員会も後者のような読み方はしていないものと理解して間違いがないと思われます。

(5)　重要な先例の存在──最1小判昭和39・10・8集民75号589頁

　一筆の土地を売買の目的物として表示した契約条項の解釈については、重

第6章 訴訟において「契約の解釈」が争点になる3つの態様

要な先例があるので、これを紹介しておきましょう。

最1小判昭和39・10・8集民75号589頁は、「当事者が一筆の山林を表示して売買契約を締結した場合には、<u>特段の事情がない限り、その一筆の山林を構成する地盤の全部を売買する意思であったと解するのが契約の解釈の通則である</u>。」と説示しています。

しかし、法律実務家としては、最高裁が「特段の事情がない限り」という留保を付しているときには、「特段の事情がある場合」とはどのような場合であるかを究明する姿勢を忘れてはいけません。特に、最1小判昭和39・10・8は、どのような場合が「特段の事情がある場合」として考えられるのかを説示しているばかりか、そこで扱った事案自体が「特段の事情がある場合」に当たると結論した判決であるからです。

すなわち、最1小判昭和39・10・8は、前記の説示部分に続けて、「しかし、売買契約書上一筆の山林を表示してはいるが、<u>契約締結当時の諸事情に照らして観察すれば、売買は右山林を構成する地盤の一部を指定し、これを譲渡するという契約の外ならず、契約上の表示は、単に右山林部分の同一性を示すために、右山林の地番を用いたというほどの意味しかなく、当事者は右山林部分のみを譲渡する意思を有するにすぎないと解される場合</u>は、前記特段の事情のある場合に当り、所有権移転の効力は右山林部分について生ずるにすぎず、買主は残地の所有権までも取得することはない。」と詳細に説明しています。

さらに、同判決は、「この理は、右山林部分が一筆の土地の一部であって、残地が存在する場合に、当事者が残地の存在を知らなかった場合においても、異なるところはないというべきである。」とした上で、事案に対する当てはめ判断をも示しています。

法律実務家が最1小判昭和39・10・8から理解すべきことは、最1小判昭和61・2・27に20年以上先立って、既に、<u>売買契約書上一筆の土地を売買の目的物として表示した場合であっても、それは目的物の同一性を示すために登記簿表題部の地番を表記したという意味しかなく、売買目的物の範囲（地</u>

166

3　契約の解釈が認定問題の下部構造を成している場合（第3類型）——最1小判昭和61・2・27

番をもって表記した土地の全部か一部か）を特定する意味を有していないときがあることが現に指摘されており、そのような特段の事情のある場合であるかどうかは、「契約締結当時の諸事情」に照らして判断すべきであることが説示されていたことです。

　その上、最1小判昭和39・10・8の事案は、一筆の土地がA部分とB部分とから構成されていたにもかかわらず、売買の当事者双方がB部分を含むことを知らないまま、A部分を地番で表示して売買契約を締結したという事案であって、同判決は、このような場合は特段の事情のある場合に当たると説示しているのです。

　最1小判昭和61・2・27の事案は、実測面積と公簿面積との相違から、Xが売買契約後だいぶ経ってから、契約書上「116番1の土地」と表示されている一筆の土地には本件係争地が含まれているのではないかと思い至ったというものですから、契約の解釈という観点からしても売買の対象の事実認定という観点からしても、事実審裁判所（第1審及び控訴審）の認定判断には重大な誤りがあると考えられます。また、その原因の一端は判例調査が十分でなかったところにあると考えられます。

　最1小判昭和61・2・27は、このように、法律実務家にとって様々な側面からレッスンになるものです。

167

第7章　遺言の解釈

1　はじめに

　本書では、序章から第6章までにおいて、契約の解釈と呼ばれる作業の基本的性質、契約の解釈と呼ばれる作業の中に本来的解釈と規範的解釈などと呼ばれる類型が存すること、契約の解釈と法規の適用との識別、契約の解釈をするに当たっての考慮要素、訴訟における契約の解釈という争点の出現形態などを検討してきました。また、これらの問題を抽象的に論ずるのではなく、実際の紛争の解決過程に沿って検討してきましたので、契約の解釈と呼ばれる問題の全体像のおおよそを理解することができたことと思います。

　本章では、単独行為の典型例である「遺言」の解釈の問題を検討することにします。これによって、二当事者間における意思表示の合致を要する「契約」の解釈についての理解をより深く確実なものにすることを期待しています。

2　遺言の解釈と契約の解釈との異同──最3小判昭和30・5・10

(1)　はじめに

　遺言は、その対象となる意思表示のうちに代替性のない身分行為にかかわるものがある上、遺言者の死亡によって効果が発生する単独行為であるため、遺言についての紛争が生ずる時点で遺言者にその趣旨を確認することができないのが通常です。

　そこで、我が国の民法は、有効な遺言であるための共通の要件として書面

性を要求し、各種類の遺言書に応じてそれ以外にも厳格な方式に従うことを要求しています[1]。

遺言の解釈が「法律行為（意思表示）の解釈」の問題の一場面であることは明らかなのですが、遺言者の最終意思を実現するという性質を有すること、取引の安全保護の必要がないことが通常であることもあり、後にみるように、「遺言者の真意の探求」という標語が強調されており、契約の解釈とは性質の異なる問題であるかのような誤解に導かれるおそれがないではありません。

そこで、最3小判昭和30・5・10民集9巻6号657頁によって、この辺りを整理するところから検討を始めることにします。

(2) 事案の概要

最3小判昭和30・5・10は、民法976条1項の規定する一般危急時遺言の解釈が争われたものです。その内容に身分行為にかかわるものが含まれているなど事案としても、興味深いものです。

原審の確定した事実関係は、以下のとおりです。

【検討事例15】

① Aは、昭和26年9月4日に死亡したが、病勢危急になった同年8月23日に大学病院で民法976条1項の規定する一般危急時遺言（以下「本件遺言」といい、その遺言書を「本件遺言書」という。）をした。

② 本件遺言書の記載は、以下のとおりである。「(i)養女Bはおぞい女で見るのもいや、4月末自分の荷物を無断で持ち出し○○へは何なる事があっても絶対に帰らないと云ふて出たのであるが、後を継す事は出来ないから離縁をしたい。(ii)後相続はXにさせるつもりなり。一切の財産はXにゆずる。(iii)此の遺言の執行はC弁護士に一切を御願えする。」

（注 (i)等の付番は筆者による。）

---

1 民法960条、967条～984条を参照。

③ C弁護士は、遺言執行者に就任し、家庭裁判所に対してBを相手方とする推定相続人廃除の審判を申し立てた。この審判手続は、本件の事実審口頭弁論終結時になお係属していた。

④ Bは、Aの死亡直後である昭和26年9月20日、Aの遺産である建物（Aによって所有権保存登記済みのもの。以下「本件建物」という。）につき、虚偽の所有権保存登記を経由した上、Yに対して同年11月28日に売却し、Yは、翌29日に所有権移転登記を経由し、本件建物に入居した。

⑤ Xは、C弁護士を代理人とし、本件遺言に基づいてAから包括遺贈を受けたから、Aの死亡と同時に本件建物の所有権を取得したと主張し、Yを相手方として本件建物処分禁止の仮処分を求め、昭和27年7月22日に仮処分決定（本件仮処分決定）を得た。

[関係図]

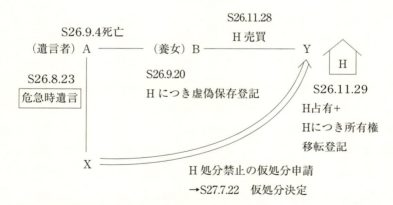

(3) 本件遺言条項の解釈に係る原審の判断とYの上告理由

本件仮処分決定に対するYの異議につき、第1審は本件仮処分決定を認可する旨の判決[2]をし、控訴審（原審）はYのした控訴を棄却しました[3]。

---

2 長野地松本支判昭和27・12・16民集9巻6号671頁。
3 東京高判昭和28・6・27民集9巻6号674頁。

第１審及び原審は、前記(2)②の本件遺言書の記載(i)につき推定相続人B を廃除するとの趣旨のものであり、同(ii)につきAの全財産をXに遺贈すると いう趣旨のものであると解釈し、その結果、本件建物の所有権はXに移転し たから、BとYとの間の売買は効力がなく、YはXに対して本件建物を明け渡 す義務があるとし、本件仮処分決定を認可するのが相当であると判断した。

　これに対し、Yは、原判決には遺言者の真意を無視して遺言の趣旨を解釈 した違法があり、また遺言の条項につき異なる二様の解釈が生じて不明確で ある場合には無効としなければならないのに、これを有効としたのは違法で あると主張して、上告しました。

(4)　最３小判昭和30・5・10のした遺言の解釈に係る判断

　最高裁は、以下(a)～(c)のとおり、原判決における本件遺言条項の解釈を相 当とした上、本件仮処分決定を認可すべきものとした原判決を維持すること とし、Yのした上告を棄却しました。

(a)　意思表示の内容は当事者の真意を合理的に探究し、できるかぎり適 法有効なものとして解釈すべきを本旨とし、遺言についてもこれと異 なる解釈をとるべき理由は認められない。

(b)　この趣旨にかんがみるときは、原審が本件遺言書中の「後相続はX にさせるつもりなり」「一切の財産はXにゆずる」の文言をXに対する 遺贈の趣旨と解し、養女Bに「後を継す事は出来ないから離縁をした い」の文言を相続人廃除の趣旨と解したのは相当であって、誤りがあ るとは認められず、また遺言の真意が不明確であるともいえないから、 所論は理由がない。

……

(c)　よって、民訴401条、95条、89条に従い、裁判官全員の一致で、主文 のとおり判決する。

第7章　遺言の解釈

(5)　遺言の解釈が「意思表示の解釈」の問題の一場面であることの確認

前記(4)(a)の説示は、遺言の解釈につき、最高裁が一般の意思表示の解釈の一場面にほかならず、これと性質の異なるものではないことを宣明したものと理解することができます。要式行為であること、単独行為であること等の理由から、その一義的明確性が強調されることがありますが、法律実務家としては、最高裁が一般の意思表示の解釈と異なるアプローチをする理由はないとした点の重みを忘れないことが肝要です。

この説示部分については、学説にもほぼ異論がありません[4]。

(6)　遺言の解釈の解釈態度と考慮要素

ア　「できるかぎり適法有効に」の解釈態度

最高裁は、前記(4)(a)において、意思表示の解釈一般につき、「できるかぎり適法有効なものとして解釈すべきを本旨と」すると説示しています。

ところで、最1小判昭和43・11・21民集22巻12号2741頁は、賃貸借契約中の無催告解除条項につき、賃料が約定の期日に支払われず、これがため契約を解除するに当たり催告をしなくてもあながち不合理とは認められないような事情が存する場合には無催告で解除権を行使することが許される旨を定めた約定であると解した上で、同無催告解除条項はそのように解する限度においてその効力を肯定すべきものである、と判断しました[5]。

このように、最高裁は、遺言の解釈についてであれ契約の解釈についてであれ、意思表示をした当事者の意思と不合理に乖離しない限度において当該意思表示を適法有効なものとするという解釈態度をとってきました。

本件遺言条項に即してみると、このような解釈態度の意味を理解することができます。

4　畑郁夫「遺贈目的物譲受人に対し受遺者のなす仮処分」中田淳一＝三ケ月章編『保全判例百選』18頁（有斐閣、1969年）、辻朗「危急者遺言と医師の立会い」加藤一郎＝太田武男編『家族法判例百選〔新版〕』268頁（有斐閣、1973年）を参照。

5　最1小判昭和43・11・21民集22巻12号2741頁についての詳細な検討は、第5章・4を参照。

172

すなわち、前記(2)②(i)の養女Bとの「離縁」についてみると、離婚と同様、死後の離縁が考えられない以上、その文言どおり離縁を意味すると解釈する場合には無効な遺言条項ということになり、また、同(ii)の「ゆずる」についてみると、遺言によって第三者を相続人として指定することができない以上、これをYの主張するように「相続させる」を意味すると解釈する場合には無効な遺言条項ということになります。

そこで、最高裁は、本件遺言書における他の記載部分等を考慮しつつ、「できるかぎり適法有効に」の解釈態度によってこれらの遺言条項をみると、前者につき「廃除」の趣旨に、後者につき「遺贈」の趣旨に解するのが相当であるとの法律判断をしたものと理解して間違いがないでしょう。

イ 「当事者の真意」とは「遺言者が実現しようとした目的」という考慮要素に帰着すること

「当事者の真意」がどのような内実を有するのかは、必ずしもその表現自体から明らかとはいえません。しかし、前記(4)(a)のとおり、最高裁は、意思表示の内容を「できるかぎり適法有効なものとして解釈す（る）」手段として「当事者の真意を合理的に探究」すべきである旨指摘していますから、全体としては、意思表示の主体が当該意思表示によって実現しようとした目的を合理的に探究して確定することによって、意思表示の内容が適法有効なものになるように解釈すべきであると説示していると理解するのが正しいものと考えられます。

そうすると、「当事者の真意」とは、第4章・4において契約の解釈の考慮要素として取り上げた「（当事者が契約）条項によって実現しようとした目的」に帰着することになります。

最3小判昭和30・5・10の事案に即してみますと、前記(4)(b)のとおり、最高裁は、「遺言の真意が不明であるともいえない」と説示しています。これは、原審において、遺言者Aの「実現しようとした目的」につき、信頼関係が失われた養女BをAの相続関係に入らせず、自らの全財産をXに承継させるというものであるとした事実認定に違法があるとはいえないとの趣旨に

第7章　遺言の解釈

出るものです。

(7)　本来的解釈か規範的解釈か

ところで、「遺言者が実現しようとした目的」の考慮要素を重視し、「できるかぎり適法有効に」の解釈態度によって到達した本件遺言の解釈（養女Bの「廃除」と第三者Aに対する「包括遺贈」）をもって、本来的解釈の範疇に収まるものとみることができるか、それとも規範的解釈の範疇に属するものとみるべきであるかは問題です。

第1章・3において検討したように、本来的解釈と規範的解釈という類型論は、理念型としての分類学にすぎません。最3小判昭和30・5・10は、厳密に識別することのできる場合ばかりでなく、説明の仕方によってそのいずれにも属する場合があってもおかしくないという消息を示す実例として位置付けることもできます。

3　遺言の解釈における考慮要素

(1)　はじめに

第2章・3及び4において、契約の解釈における考慮要素を検討しました。最高裁判例を分析した結果、本来的解釈の考慮要素は、その重要性に従って序列をつけて挙げると、「契約条項の文言の文理→他の条項との整合性→当事者の実現しようとした目的→契約の締結に至る経緯→契約締結後紛争発生に至る経緯→取引慣行・取引通念」であることが明らかになりました。

そして、契約条項について前記のような本来的解釈をしたのでは「当事者間の経済的利益の合理的均衡・交換的正義」に反する場合には、実定法の「任意規定」を考慮しつつ、契約の規範的解釈という作業をすることを理解するに至りました。

そこで、最高裁が、どのような考慮要素に着目して、遺言の解釈をめぐる具体的紛争事案の解決をしてきたかを検討することにしましょう。

ここでは、最2小判昭和58・3・18判時1075号115頁及び最3小判平成

174

5・1・19民集47巻1号1頁の二つの判例を取り上げることにします。

(2) 最2小判昭和58・3・18判時1075号115頁

ア 事案の概要

最2小判昭和58・3・18は、自筆の遺言書中の一般に「後継ぎ遺贈」と称される条項の解釈が争われたものです。

原審の確定した事実関係は、以下のとおりです。

─【検討事例16】─────────────

① 合資会社甲材木店の経営者Aは、昭和49年3月7日に自筆の遺言書（本件遺言書）を作成し、同51年12月24日に死亡した。

② 本件遺言書には、大要以下のとおりの内容が記載されている。

　　すなわち、(i)Aが経営してきた甲材木店のAなきあとの経営に関する条項、妻であるYの生活保障に関する条項並びに訴外B及びYに対する本件土地及び建物（本件不動産）以外の財産の遺贈に関する条項があり、次いで(ii)「本件不動産はYに遺贈す」との条項（第一次遺贈の条項）、及び「本件不動産は甲材木店が経営中は置場して必要付一応其儘して、Yの死後は、Xら3名を含む合計8名が各指定の割合で権利分割所有す、換金出来難い為、甲材木店に賃貸して収入を右の割合各自取得す　但右の割合で取得した本人が死亡した場合はその相続人が権利を継承す」との条項（第二次遺贈の条項）の本件不動産に係る条項があり、さらに(iii)「Yが一括して遺贈をうけた場合の不動産の税金が分割した場合より甚しく安い時は、Yが全部（或は一部）相続して、その後、前記の割合で頒合しても差支えなし」等の条項から成っている。

③ Yは、昭和52年6月13日、本件不動産につき、第一次遺贈の条項に基づいて所有権移転登記を経由した。

④ Xらは、Yに対し、本件遺言は本件不動産についてXらに対してYの死亡を停止条件とする遺贈をするものであるとし、遺贈を受けたことの確認及び前記③の所有権移転登記の抹消登記手続を求めて訴えを

175

第7章 遺言の解釈

提起した。
⑤ 第1審において敗訴したXらは、控訴審において、本件遺言のうち本件不動産に係る部分につき、Aの真意を把握することができないから無効であると主張し、予備的請求として、同遺言部分の無効確認の訴えを追加した。

[関係図]

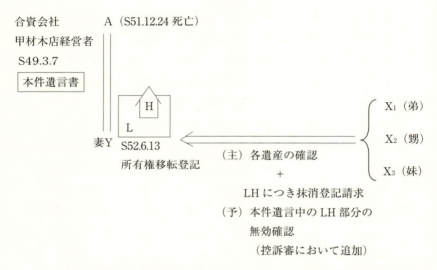

イ 本件不動産の遺贈に係る条項についての第1審及び原審の判断とXらの上告理由

　第1審は、本件不動産をYに遺贈したこと（第一次遺贈）は有効であるが、Xらに遺贈したこと（第二次遺贈）は、現行法上Xらの遺贈利益を保護する規定がなく、Aの単なる希望を述べたものにすぎないとみるべきであり、法的保護を与えるのは相当でないから、無効であるとし、Xらの請求を棄却しました[6]。

6　長崎地判昭和54・11・29（昭和53年（ワ）第446号）判例集未登載。

控訴審（原審）は、Ｘらのした控訴を棄却し、予備的請求を棄却しました[7]。

原審の判断の筋道は、以下①から⑤のとおりです。

① 本件遺贈は、一般に「後継ぎ遺贈」といわれるものであって、第一次受遺者の遺贈利益が第二次受遺者の生存中に第一次受遺者が死亡することを停止条件として第二次受遺者に移転するという特殊な遺贈である。

② この種の遺贈は、受遺者に一定の債務を負担させる負担付遺贈とも異なり、現行法上これを律すべき明文の規定がない。

③ そのため、この遺贈を有効とした場合には、第一次受遺者の受ける遺贈利益の内容が定かではなく、また、第一次受遺者、第二次受遺者及び第三者の相互間における法律関係を明確にすることができず、実際上複雑な紛争を生ぜしめるおそれがある。

④ 関係者相互間の法律関係を律する明文の規定を設けていない現行法の下においては、第二次受遺者の遺贈利益については法的保護が与えられていないものと解すべきである。

⑤ したがって、Ｘらに対する第二次遺贈の条項は、Ａの希望を述べたにすぎないものというべきであり、また、Ｙに対する第一次遺贈の条項は、これとは別個独立の通常の遺贈として有効である。

原審の前記の判断に対し、Ｘらは、第二次遺贈の条項において、「Ｘら３名を含む合計８名が各指定の割合で権利分割所有す」、「賃貸して収入を右の割合各自取得す」、「その相続人が権利を継承す」と明言している本件遺言の文言からしても、Ａの真意が本件不動産の所有権をＸら３名を含む合計８名の者に取得させるところにあることは明白であるから、Ａの希望を述べたにすぎない条項であると解釈するのは遺言の解釈を誤った違法があるなどと主

---

[7] 福岡高判昭和55・6・26家月36巻3号154頁。

第7章　遺言の解釈

張して上告しました。

　　ウ　最２小判昭和58・３・18の遺言の解釈についての判断

　最高裁は、原審の判断を是認することができないとして原判決を破棄した
上、本件遺贈の趣旨につき更に審理を尽くさせるため、本件を原審に差し戻
しました。

　最高裁は、第１に、遺言の解釈の判断枠組みを提示し、第２に、そこで提
示した判断枠組みの本件事案に対する当てはめ判断を説示するという丁寧な
構造の判決理由にしています。

　ここでも、「遺言の解釈の判断枠組み(a)」→「本件への当てはめ判断(b)～
(d)」の順に検討することにしましょう。

［遺言の解釈の判断枠組み］（【検討事例16】）

> (a)　遺言の解釈にあたっては、(i)遺言書の文言を形式的に判断するだけ
> ではなく、遺言者の真意を探求すべきものであり、(ii)遺言書が多数の
> 条項からなる場合にそのうちの特定の条項を解釈するにあたっても、
> 単に遺言書の中から当該条項のみを他から切り離して抽出しその文言
> 　（①）を形式的に解釈するだけでは十分ではなく、遺言書の全記載と
> の関係（②）、遺言書作成当時の事情（④）及び遺言者の置かれていた
> 状況（⑤）などを考慮して遺言者の真意（③）を探求し当該条項の趣旨
> を確定すべきものであると解するのが相当である。
> （注　(i)、①等の付番は、筆者によるものです。）

　最高裁は、前記の説示に続け、本件遺言書の全体がどのような条項で構成
されているかにつき、前記ア②の条項を摘記した上で、以下のとおり、本件
条項への当てはめ判断を説示しています。

［本件条項への当てはめ判断］（【検討事例16】）

> (b)　右遺言書の記載によれば、Aの真意とするところは、①第一次遺贈
> の条項はYに対する単純遺贈であって、第二次遺贈の条項はAの単な

る希望を述べたにすぎないと解する余地もないではないが、②本件遺言書によるYに対する遺贈につき遺贈の目的の一部である本件不動産の所有権をXらに対して移転すべき債務をYに負担させた負担付遺贈であると解するか、また、③Xらに対しては、Y死亡時に本件不動産の所有権がYに存するときには、その時点においてXらに移転するとの趣旨の遺贈であると解するか、更には、④Yは遺贈された本件不動産の処分を禁止され実質上は本件不動産に対する使用収益権を付与されたにすぎず、Xらに対するYの死亡を不確定期限とする遺贈であると解するか、の各余地も十分にありうるのである。

(c) 原審としては、本件遺言書の全記載、本件遺言書作成当時の事情などをも考慮して、本件遺言の趣旨を明らかにすべきであったといわなければならない。

(d) 以上によれば、前記原審認定の事実のみに基づき原審が判示するような解釈のもとに、Yに対する遺贈は通常のものであり、Xらに対する遺贈はAの単なる希望を述べたものにすぎないものである旨判断した原判決には、遺贈に関する法令の解釈適用を誤った違法があるか、又は審理不尽の違法があるものといわざるをえず、右違法が原判決の結論に影響を及ぼすことは明らかであるから、論旨は結局理由があり、原判決は破棄を免れない。

エ　遺言の解釈の判断枠組みと考慮要素

　最2小判昭和58・3・18は、前記ウのとおり、「遺言の解釈の判断枠組み」→「本件条項への当てはめ判断」という構造の判決理由にしており、「遺言の解釈の判断枠組み(a)」において遺言の解釈をするに当たって考慮すべき要素にも言及していますから、判決理由全体としては難解なものではありません。

　しかし、「遺言者の真意の探求」という作業と「当該条項の趣旨の確定（すなわち、遺言の解釈）」という作業との関係をどのように考えているのかは、

第7章　遺言の解釈

判決文上明快に語られてはいません。

　そのような留保を置きつつ、最2小判昭和58・3・18が挙げている遺言の解釈の考慮要素を整理すると、以下のようになります。

　　①　遺言書の条項の文言

　　②　当該条項と遺言書の全記載（他の条項）との関係

　　③　遺言者の真意

　　④　遺言書作成当時の事情

　　⑤　遺言者の置かれていた状況

これらを契約の本来的解釈における考慮要素と対照してみましょう。前記①は「契約条項の文言の文理」に、同②は「他の条項との整合性」に相応することが明らかです。前記④及び⑤の二つの項目は、全体として「契約の締結に至る経緯」に含まれるものですが、遺言ないし遺言書という法律行為の特色を考慮して、遺言者に着目した⑤とそれ以外の遺言書作成に至る事情である④の二つの項目に分けたものと思われます。

　そして、前記ウ(a)の（前記①、②、④、⑤の項目）「などを考慮して遺言者の真意を探求し当該条項の趣旨を確定すべきものである」との表現からすると、最2小判昭和58・3・18は、前記①、②、④、⑤の項目に挙げたところが考慮要素であって、「当該条項の趣旨の確定」とは「遺言者の真意の探求」と同義であると位置付けているようにもみえます。この点については、後記(3)において更に検討することにしましょう。

　　オ　二つ以上の読み方が可能な遺言書とその有効性

　前記2(5)に指摘したように、遺言についてはその一義的明確性が強調されることがありますが、最2小判昭和58・3・18は、この点につき重要な示唆をしています。

　最高裁は、本件不動産の遺贈に係る条項につき、前記ウ(b)のとおり、可能性として①から④までの4通りの読み方を提示しています。その上で、事実審である控訴審において更なる審理をすることによってそのうちのいずれかに確定することができる可能性があると考え、事件を原審に差し戻しまし

180

た。

　最高裁のこのような処理の仕方から理解すべきであるのは、遺言書の特定の条項につき、その記載文言のみからでは二義がある場合であっても、外部証拠によって認定することのできる前記④又は⑤の事情又は当該条項によって実現することを意図した目的をも勘案することによって、当該条項の意味するところが一つに確定することができるのであれば、当該条項は無効ではないということです。

　すなわち、遺言に要求される一義的明確性というのも、記載の外形のみから判断されるのではなく（記載の外形のみから一義的に明確であることが望ましいのは、そのとおりであるものの）、外部証拠によって認定することのできる諸事実を勘案した最終的なものであるのです。

　　カ　小　括

　このように、不明瞭な点はあるものの、最２小判昭和58・3・18によって、遺言の解釈の判断枠組みとその際の考慮要素について一応の見通しがきくようになりましたので、更にその後の最高裁判例を検討することにしましょう。

(3)　最３小判平成５・1・19民集47巻１号１頁

　　ア　事案の概要

　最３小判平成５・1・19は、自筆の遺言書中の「二、遺産は一切の相續を排除し、三、全部を公共に寄與する。」との条項（本件遺言条項）の解釈及びその有効性如何が争われたものです。

　原審の確定した事実関係は、以下のとおりです。

【検討事例17】

① 　Aは、昭和58年3月28日に「一、発喪不要。二、遺産は一切の相續を排除し、三、全部を公共に寄與する。」との自筆証書遺言（本件遺言書）を作成し、同60年10月17日に死亡した。Aの法定相続人は、妹であるYらだけであったが、本件遺言がされた時点では、AとYらとは長らく絶縁状態にあった。

第7章　遺言の解釈

② 　Aの妻Bは昭和53年11月25日に死亡しているが、Aは、妻Bの生前に
「遺産全部は妻の所有とし、妻死去の際は遺産全部を特殊法人日本赤
十字社に寄附する」旨の遺言書を作成したことがあった。

③ 　Bの遠縁に当たるXは、A・B夫婦と親戚付き合いをしていたが、昭
和29年頃郷里に戻って土地家屋調査士の仕事をするようになり、A・
B夫婦とは疎遠になった。

④ 　ところが、Xが昭和58年2月28日に東京に出張してA方を訪れたと
ころ、Aは、Xを遺言執行者とする旨の遺言書（本件遺言執行者指定の
遺言書）を作成してこれをXに託した上で、Aの誕生日である同年3
月28日に再度の来訪を求めた。本件遺言書はAの求めに応じて再訪し
たXの面前で作成されたものであり、AはこれをXに託し、自分は天
涯孤独である旨を述べた。

⑤ 　Yらは、昭和61年3月20日、Aの自宅であった土地建物（本件土地
建物）につき、相続を原因とする持分各2分の1の所有権移転登記を
経由した。

⑥ 　Xは、昭和61年4月22日、本件遺言執行者指定の遺言書及び本件遺
言書の検認を了し、翌23日、Yらに対し、Aの遺言執行者として就職
する旨通知した上、前記⑤の所有権移転登記の抹消登記手続を求めて
訴えを提起した。

⑦ 　これに対し、Yらは、本件遺言執行者指定の遺言書は単なる書簡で
あって遺言書ではないし、遺言書であると仮定しても、本件遺言が無
効であるから、Xには執行すべき遺言がないと主張して、Xが遺言執
行者の地位にないことを求める反訴を提起した。また、Xの提起した
本訴につき、本件遺言はその内容が無意味であるから無効であり、又
はその内容が不特定であってXに遺言の代理をさせることに帰するか
ら無効であるなどと主張して争った。

182

3　遺言の解釈における考慮要素

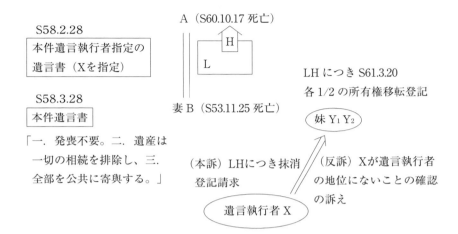

イ　本件条項についての第1審及び控訴審の判断とYらの上告理由

　第1審は、本件遺言書の「遺産は一切の相続を排除し」の記載部分につき、Aの相続人は遺留分を有しない妹であるYらであるから、無意味な記載であるとし、「全部を公共に寄與する」の記載部分につき、財団法人設立のための寄附行為の意と解すると、財団法人が設立されるまでは相続人が受託者として目的財産の形式的な帰属主体となるのであって、遺言執行者はこれを管理する者に過ぎないし、公共に対する包括遺贈の意と解すると、本件土地建物の所有権は直ちに公共に帰属するから、遺言執行者が介入する余地はないと判断し、本訴のXの請求を棄却しました。また、本件遺言執行者指定の遺言書につき、自筆証書遺言として有効と判断し、反訴のYらの請求も棄却しました[8]。

　控訴審は、反訴につき、Yらの控訴を棄却しましたが、本訴につき、第1審判決を取り消し、Xの請求を認容しました。その理由は、本件遺言の「遺産は一切の相続を排除し」の条項と「全部を公共に寄與する」の条項とを総

8　東京地判昭和61・12・17民集47巻1号27頁に収録。

183

第7章　遺言の解釈

合的にみると、Aの遺産を法定相続人であるYらに残さず、Aの遺産全てを国又は地方公共団体に包括遺贈する意思を表示したものであるところ、本件遺言執行者指定の遺言は、そのような受遺者の範囲内において、受遺者の具体的選定をXに委託する趣旨を含むものと解されるとし、民法1012条、1013条により、XはYらに対して抹消登記手続を請求することができるというものです[9]。

これに対し、Yらは、本件遺言条項につき、受遺者及び遺贈の対象が特定されていない上、受遺者を選定するための基準も定められていないから、遺言代理禁止の原則に反するものとして無効であるにもかかわらず、これを有効としたのは法令の解釈適用を誤る違法があり、判例（大判昭和14・10・13民集18巻17号1137頁）にも抵触すると主張して、上告しました。

　ウ　最3小判平成5・1・19の本件条項についての解釈

最高裁は、Yらの上告を棄却しました。

前記(2)の最2小判昭和58・3・18と同様、最高裁は、第1に、遺言の解釈の判断枠組みを提示し、第2に、そこで提示した判断枠組みの本件事案に対する当てはめ判断を説示しています。

ところが、最3小判平成5・1・19は、遺言の解釈の判断枠組みにつき、最2小判昭和58・3・18が提示したのとは微妙に異なる説示をしており、また、その当てはめ判断においても、本件遺言条項に係る解釈につき、原審の解釈を一部変更しており、なかなか興味深いものがあります。

そこで、最3小判平成5・1・19についても、「遺言の解釈の判断枠組み(a)」→「本件条項への当てはめ判断(b)〜(f)」の順に検討することにしましょう。

［遺言の解釈の判断枠組み］（【検討事例17】）

(a)　遺言の解釈に当たっては(i)遺言書に表明されている遺言者の意思を尊重して合理的にその趣旨を解釈すべきであるが、(ii)可能な限りこれ

9　東京高判昭和62・10・29民集47巻1号32頁に収録。

を有効となるように解釈することが右意思に沿うゆえんであり、その
ためには、遺言書の文言（①）を前提にしながらも、遺言者が遺言書
作成に至った経緯（②）及びその置かれた状況（③）等を考慮すること
も許されるものというべきである。

（（i）、①等の付番は、筆者によるものです。）

　最高裁は、前記の説示に続け、以下のとおり、本件への当てはめ判断を説
示しています。

［本件条項への当てはめ判断］（【検討事例17】）

(b)　このような見地から考えると、本件遺言書の文言全体の趣旨（①）
　　及び同遺言書作成時のAの置かれた状況（③）からすると、同人として
　　は、自らの遺産をY ら法定相続人に取得させず、これをすべて公益目
　　的のために役立てたいという意思を有していたことが明らかである。

(c)　そして、本件遺言書において、あえて遺産を「公共に寄与する」と
　　して、遺産の帰属すべき主体を明示することなく、遺産が公共のため
　　に利用されるべき旨の文言を用いていることからすると、本件遺言は、
　　右目的を達成することのできる団体等（原判決の挙げる国・地方公共団
　　体をその典型とし、民法34条に基づく公益法人あるいは特別法に基づく学校
　　法人、社会福祉法人等をも含む。）にその遺産の全部を包括遺贈する趣旨
　　であると解するのが相当である。

(d)　また、本件遺言に先立ち、本件遺言執行者指定の遺言書を作成して
　　これをXに託した上、本件遺言のためにXに再度の来宅を求めたという
　　前示の経緯をも併せ考慮すると、本件遺言執行者指定の遺言及びこれ
　　を前提にした本件遺言は、遺言執行者に指定したXに右団体等の中か
　　ら受遺者として特定のものを選定することをゆだねる趣旨を含むもの
　　と解するのが相当である。このように解すれば、遺言者であるAの意
　　思に沿うことになり、受遺者の特定にも欠けるところはない。

185

第7章　遺言の解釈

(e)　そして、前示の趣旨の本件遺言は、本件遺言執行者指定の遺言と併せれば、遺言者自らが具体的な受遺者を指定せず、その選定を遺言執行者に委託する内容を含むことになるが、遺言者にとって、このような遺言をする必要性のあることは否定できないところ、本件においては、遺産の利用目的が公益目的に限定されている上、被選定者の範囲も前記の団体等に限定され、そのいずれが受遺者として選定されても遺言者の意思と離れることはなく、したがって、選定者における選定権濫用の危険も認められないのであるから、本件遺言は、その効力を否定するいわれはないものというべきである。

(f)　以上と同旨の理解に立ち、本件遺言を有効であるとした原審の判断は、正当として是認することができ、原判決に所論の違法は認められない。所論引用の大審院判例は、事案を異にし本件に適切でない。

エ　遺言の解釈の判断枠組みと考慮要素の構造

　最3小判平成5・1・19が「遺言の解釈の判断枠組み」として説示した内容は、最2小判昭和58・3・18のそれとよくよく比較してみますと、幾つかの点で異なっていることに気づきます。

　第1に、「可能な限りこれを有効となるように解釈すること」という解釈態度の基本が明示されています。これは、前記2(4)の最3小判昭和30・5・10が説示していた解釈態度の基本であり、最高裁がそのような解釈態度を維持していることを示しています。

　第2に、最2小判昭和58・3・18では「遺言者の真意の探求」という作業と「当該条項の趣旨の確定（すなわち、遺言の解釈）」という作業との関係をどのように考えているのかが不明瞭であったのですが、最3小判平成5・1・19では、前記ウ(a)(i)のとおり、「遺言書に表明されている遺言者の意思を尊重して」と表現しており、「遺言書に表明されている遺言者の意思」は「その趣旨を合理的に解釈する」ための資料（考慮要素）の一つであることが判決文上多少なりとも明確になったということができます。

186

3　遺言の解釈における考慮要素

　そして、最3小判平成5・1・19にいう「遺言者の意思」をもう少し具体化して「遺言者の実現しようとした目的」と言い換えた上で、最2小判昭和58・3・18の挙げた考慮要素と併せてその重要性の序列を整理してみると、以下のようになります。

[遺言の解釈における考慮要素の重要性の序列]

> ①　遺言書の条項の文言
> ②　当該条項と遺言書の全記載（他の条項）との関係
> ③　遺言者の実現しようとした目的
> ④　遺言書作成に至った経緯
> ⑤　遺言者の置かれていた状況

　ところで、前記①、②の要素と③の要素との重要性の序列は必ずしも明快とはいえませんが、「遺言書に表明されている遺言者の意思」という説示からすると、「遺言者の実現しようとした目的」もまた基本的には「遺言書に表明されていなければならない」との立場に立っているので、最高裁としては、前記の序列を前提にしているものと考えられます。

　　オ　特定と不特定との限界事例
　最3小判平成5・1・19は、遺言条項が特定していて有効であるか不特定ゆえに無効であるかの限界事例のように思われます。

　最高裁が前記ウ(a)(ii)において「可能な限りこれを有効となるように解釈する」という解釈態度を強調しているのは、本件がそのような解釈態度によるのでないと不特定ゆえに無効であるとの結論が導かれてもおかしくない事案であることを示すものです。

　本件遺言の「遺産は一切の相続を排除し、全部を公共に寄與する。」との条項につき、原判決は「国、地方公共団体に包括遺贈するもの」と解釈したのに対し、最高裁は「国・地方公共団体をその典型とし、民法34条に基づく公益法人あるいは特別法に基づく学校法人、社会福祉法人等をも含む団体等にその遺産の全部を包括遺贈する趣旨」として受遺者の範囲についての解釈を変更しました。

187

第7章　遺言の解釈

　最高裁の受遺者の範囲についての解釈は、原審が認定した以下のような複数の具体的事実を考慮して導かれたものです。

①　本件遺言の「遺産は一切の相続を排除し、全部を公共に寄與する。」との条項の文言。

②　遺言者Aは、昭和53年11月25日に死亡した妻Bの生前、「遺産全部は妻の所有とし、妻死去の際は遺産全部を特殊法人日本赤十字社に寄附する」旨の遺言書を作成したことがあった。

③　遺言者Aの法定相続人は、妹であるYらだけであったが、本件遺言がされた時点では、AとYらとは長らく絶縁状態にあった。

　最高裁が受遺者となるべき者（被選定者）の範囲を原判決におけるよりも拡張した理由は、前記②の事実（遺言者Aがかつて日本赤十字社を受遺者としたことがあること）を重視したところにあります。しかし、前記②の事実を考慮に入れてみても、最高裁の受遺者となるべき者の範囲に係る判断が正しいかどうかには大いに異論があり得ます。

　筆者は、本件遺言の文言がこのように茫漠としたものであっても、かろうじて不特定とされなかった要因としては、まず、遺言を「可能な限りこれを有効となるように解釈する」という基本的解釈態度によるところが大きく、次に、本件事案に即した要因として挙げるべきは、本件遺言の直前に本件遺言執行者指定の遺言が存在しており、その遺言執行者が遺言者Aの信頼する土地家屋調査士Xであったという事実にあると考えています。

　最高裁は、前記ウ(e)のとおり、「遺産の利用目的が公益目的に限定されている上、被選定者の範囲も前記の団体等に限定され、そのいずれが受遺者として選定されても遺言者の意思と離れることはなく、したがって、選定者における選定権濫用の危険も認められない」と断言していますが、伊藤昌司教授が指摘するように「宗教法人・医療法人・社会福祉法人を支配する人々が皆公正厳直であるともいえない現状[10]」を前提にすると、本件におけるXの

10　伊藤昌司「判批」重判解〔平成5年度〕100頁を参照。

立場に立つ者の属性次第では、「選定権濫用の危険も認められない」という断言は、楽観的でありすぎて根拠のない断言というほかありません。

したがって、筆者は、最高裁が解釈するような内容で本件遺言条項を特定しているとするのは、前記のとおりの極めて例外的な事実（前記④の本件遺言作成に至る経緯）が認めることができたことを前提とするものであると位置付けるべきものと考えています。遺言条項の特定不特定の観点からすると、正に限界事例というべきものです。

すなわち、最３小判平成５・１・19は、文字どおりの「事例判例」と位置付けるべきものであって、展望的な問題として考えるときは、法律実務家として、本件におけるような遺言条項を推奨することは到底できません。

　　カ　遺言の解釈が法律問題であることの確認

前記オのとおり、最高裁は、本件遺言における包括遺贈の受遺者となるべき者（被選定者）の範囲を原判決よりも拡張しましたが、これは、遺言の解釈が事実審に委ねられるべき事実問題ではなく、法律審において判断可能な法律問題であることを示しています。

最高裁においては、このように契約の解釈であれ遺言の解釈であれ、法律行為の解釈は法律問題として性質付けしており、数多くの判決の中で明示又は黙示にこの考え方を実践しているのです。

4　遺言の解釈と遺言書に表われていない事情

⑴　はじめに

前記３において、遺言の解釈における考慮要素の概要とその重要性の序列について整理しました。

さらに、遺言の解釈の考慮要素として遺言書に表れていない事情を取り込むことの可否につき、最３小判平成13・３・13判時1745号88頁を素材として検討しましょう。

⑵　最３小判平成13・３・13の事案の概要

最３小判平成13・３・13は、自筆の遺言書中の「遺言者A所有の不動産で

第7章　遺言の解釈

ある東京都荒川区××□丁目○番△号をXに遺贈する」との条項（本件条項）
の解釈が争われたものです。

　原審の確定した事実関係は、以下のとおりです。ただし、実際には、共有
物分割を求める本訴と遺言無効確認を求める反訴とで構成される事件でした
が、ここでは、最高裁が取り上げた本訴についてのみ検討することにしま
す。

【検討事例18】

① 　後記②のAの住所に存する土地建物（本件土地建物）につき、Aは2
　　分の1の共有持分を有し、後記④のY_1・Y_2・Y_3・Y_4は各8分の1
　　の共有持分を有していた。本件建物は、本件土地に建っていた。A
　　は、本件土地建物のほかに不動産を有していなかった。

② 　平成4年4月20日付けで、その全文、日付及び氏名をAが自署し、
　　これに印を押した形の遺言書（本件遺言書）が存在する。本件遺言書
　　の本文には、「遺言者A所有の不動産である東京都荒川区××□丁目
　　○番△号をXに遺贈する」との記載（本件条項）がある。

③ 　Aは、平成6年1月3日に死亡した。

④ 　Aの相続人は、後記「関係図」のとおり、長女から五女まで、昭和
　　48年6月13日に死亡した長男Bの子であるY_2・Y_3・Y_4及び二男Xの
　　合計9名である。Y_1は、長男Bの妻である。

⑤ 　本件遺言書作成当時、本件土地建物は、Aの自宅として用いられる
　　とともに、Xらの同族会社であって廃品回収業を営む有限会社甲商店
　　の事業所としても用いられており、甲商店の借入金債務の担保として
　　金融機関に抵当権が設定されており、本件土地建物なしに甲商店の経
　　営が成り立たないことは明かであった。そして、本件遺言書作成の前
　　後において、甲商店の経営の実権を握っていたY_1とXとは反目して
　　おり、Y_1ら家族とXとの間には確執が続いていた。

⑥ 　Xは、本件遺言条項によって、本件土地建物の共有持分を取得した
　　と主張して、他の共有持分者であるY_1らに対し、本件土地建物の共

190

有物分割を求めて訴えを提起した。
⑦　これに対し、Y₁らは、本件遺言書はAの自筆によるものではない、本件遺言において遺贈不動産の所在地番、面積、共有持分が特定されていないから無効であるなどと主張して争った。

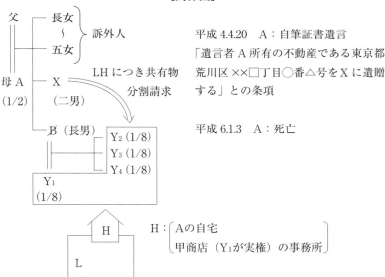

(3)　本件条項についての第1審及び控訴審の判断とXの上告理由

ア　第1審の判断

第1審は、本件遺言書はAの自筆により作成されたものと認定した上で、遺贈の対象の特定につき、本件条項の記載は「本件土地建物の特定として完全なものとはいえないが、弁論の全趣旨によれば、Aの財産は本件土地建物のみであったのであり、他に同一性を混同するような財産は見当たらないのであるから、その内容が不特定であるとして無効となるような不正確性はない。」と判断し、本件土地建物についてXのした共有物分割請求を認容しま

191

第7章　遺言の解釈

した[11]。

イ　控訴審の判断

　控訴審は、以下①～③のとおり判断し、第1審判決を変更し、Xの本件土地の共有物分割請求を却下し、本件建物のみの競売を命じ、その売得金をXに2分の1、Y₁らに各8分の1の割合で分割することを命じました[12]。

---

①　本件遺言書に記載された「××□丁目○番△号」は住居表示であり、文字どおりに解するならば、同所所在の建物と解すべきことになる。

②　前記(2)⑤の本件遺言書作成当時の事情によれば、Xに本件土地建物の共有持分全部を遺贈した場合には、甲商店の経営方針に関して相克が生じて経営が求心力を失い、早晩破綻する結果となることを当然Aは予測することができたはずであるから、そのような遺贈をAがするはずはなく、Aが本件土地の共有持分をXに遺贈する真意を有していたと解することはできない。

③　これらを総合すると、Aは本件建物の共有持分のみをXに遺贈したものと解すべきである。

ウ　Xの上告理由

　これに対し、Xは、前記イ②のようなAの真意の認定は経験則に反する、住居表示が建物を指示するとの前提に立ってした前記イ①の解釈は遺言の意思解釈を誤ったものであるなどと主張して上告しました。

(4)　最3小判平成13・3・13の本件条項についての解釈

　最高裁は、以下のとおり判断して、原判決のうち本件土地の共有物分割請求に係る部分を破棄し、この部分につき本件を原審に差し戻しました。

　最3小判平成13・3・13は、前記3で取り上げた最2小判昭和58・3・18及び最3小判平成5・1・19とは異なり、遺言の解釈の判断枠組みについてそれとして説示をすることなく、ほぼ全てを本件条項についての原判決の解

11　東京地判平成8・4・23金判1122号19頁。
12　東京高判平成9・12・10金判1122号16頁。

192

4 遺言の解釈と遺言書に表われていない事情

釈の誤りを指摘するのに費やしていますが、遺言書に表われていない事情を遺言の解釈の考慮要素に組み込むことの可否につき、興味深い説示をしています。

この点に着目して、最3小判平成13・3・13の理由説示を検討することにしましょう。

(a) 遺言の意思解釈に当たっては、遺言書の記載に照らし、遺言者の真意を合理的に探究すべきところ、本件遺言書には遺贈の目的について単に「不動産」と記載されているだけであって、本件土地を遺贈の目的から明示的に排除していない。

(b) 一方、本件遺言書に記載された「荒川区××□丁目○番△号」は、Aの住所であって、同人が永年居住していた自宅の所在場所を表示する住居表示である。そして、本件土地の登記簿上の所在は「荒川区××□丁目」、地番は「158番6」であり、本件建物の登記簿上の所在は「荒川区××□丁目158番地6号」、家屋番号は「158番の6の1」であって、いずれも本件遺言書の記載とは一致しない。以上のことは記録上明らかである。

(c) そうすると、本件遺言書の記載は、Aの住所地にある本件土地及び本件建物を一体として、その各共有持分をXに遺贈する旨の意思を表示していたものと解するのが相当であり、これを本件建物の共有持分のみの遺贈と限定して解するのは当を得ない。

(d) 原審は、前記(2)⑤のように本件遺言書作成当時の事情を判示し、これを遺言の意思解釈の根拠としているが、以上に説示したように遺言書の記載自体から遺言者の意思が合理的に解釈し得る本件においては、遺言書に表われていない前記(2)⑤のような事情をもって、遺言の意思解釈の根拠とすることは許されないといわなければならない。

(e) 以上のとおり、Aが本件建物の共有持分のみをXに遺贈したものと解すべきであるとした原審の判断には、遺言に関する法令の解釈適用を

第7章　遺言の解釈

> 誤った違法があり、この違法は原判決の結論に影響を及ぼすことが明らかである。この趣旨をいう論旨は理由があり、原判決中Xの本件土地の共有物分割請求を却下した部分は破棄を免れない。そして、本件土地の分割方法につき審理を尽くさせる必要があるから、同部分を原審に差し戻すこととする。

(5)　「遺言条項の文言に忠実に」の第1原則

前記(3)、(4)の第1審、控訴審及び最高裁の判断を検討してみますと、以下ア〜ウのとおり、いずれも「遺言条項の文言に忠実に」の第1原則によるとの立場に立っていることを理解することができます。

ア　第1審の本件条項の解釈

第1審は、本件条項の文言が「遺言者A所有の不動産である東京都荒川区××□丁目○番△号をXに遺贈する」というものであるから、「東京都荒川区××□丁目○番△号」という住居表示によって特定された場所に存する「遺言者A所有の不動産」である「本件土地建物のAの共有持分をXに遺贈する」との趣旨をいうものと解釈するのが「遺言条項の文言に忠実に」の第1原則に従うゆえんであると判断したことが明らかです。

第1審は、Aの財産は本件土地建物のみであり、他に同一性を混同するような財産が見当たらないことに言及していますが、これは、住居表示によって特定された場所に本件土地建物のほかにA所有の財産がないのであるから、住居表示と「遺言者A所有の不動産」という記載によって不動産を二義なく特定しているとの理をいうものです。

ところで、民法86条1項は「土地及びその定着物は、不動産とする。」と規定し、同条2項は「不動産以外の物は、すべて動産とする。」と規定しています。また、不動産登記法2条1号は、「不動産」の定義として「土地又は建物をいう。」と規定しています。

そして、日常生活においても、土地と建物とをひっくるめて「不動産」と表現し、いずれかに限定する場合には、「不動産」と表現するのを避け、「土

194

地」であるのか「建物」であるのかを明示するという方法をとるのが一般的です。これは、「不動産」、「土地」、「建物」といった日本語の使用方法についての経験則です。

第1審は、本件条項につき、「本件土地建物のAの共有持分」を意味するものと解釈したのですが、その基礎には、このような目的物特定についての法的論理と日本語の使用方法についての経験則とがあるのです。

イ　控訴審の本件条項の解釈

控訴審は、第1審と結論を異にしたのですが、前記(3)①の説示をみれば、本件条項の検討を「遺言条項の文言に忠実に」の原則からスタートさせたことが明らかです。

しかし、控訴審は、前記の説示に照らし、「住居表示をもって不動産を特定した場合には、その文言の文理からして、そこに存する建物を意味すると解するのが素直な解釈である」と考えたのですが、このような文理解釈に根拠があるかどうかが正に問題です。控訴審の解釈は、「住居（表示）」→「物理的な建物（の表示）」→「土地を含まない」という一種の三段論法によるものです。

これに対し、最高裁は、前記(4)(b)のとおり、「住居表示」→「個人の居住場所の表示」→「建物又は土地そのものを特定するための表示（記載）とは直接の関係がない」という論理を明示し、控訴審の文理解釈が誤りであることを詳細に説示しています。

ウ　最高裁の本件条項の解釈

最高裁は、前記(4)(a)において遺言の解釈の起点が「遺言書の記載」であることを宣明しています。当然すぎる指摘であるため、読み飛ばしてしまいそうな説示ですが、この冒頭の一句が後尾の(d)において効いてきます。この点については後記(6)に詳述します。

最高裁は、前記アに説明したように、「不動産」とは土地と建物とを総称して用いるという日本語の使用方法についての経験則を大前提として本件条項の検討を始め、前記(4)(a)において、単に「不動産」と記載された場合に

第7章　遺言の解釈

は土地と建物の双方を対象にしたものと読むのが日本語の文理であって、土地又は建物の一方を当該記載の対象にしないのであれば、それを明示するのが一般的な用語法であるとの理屈を述べています。

　最高裁の述べたこの理屈は、「不動産」という用語を前提にすると、極めて当然の事柄のように受け取られるかもしれません。しかし、用語Aが「a、b、c」を総称する概念として使用されるのが一般的である場合において、契約の対象として単に「A」と表示するにとどまり「b、c」を明示に排除しないときは、契約の解釈の第1原則によると「a、b、c」全てを含むものと解釈されるという理屈をいうものであり、実際のビジネスの場面でこのような点が争われる紛争もありますので、契約締結の場面では注意が必要です。

　最高裁は、このような日本語の用語方法についての経験則を前提に、前記(4)(b)において控訴審の文理の理解の誤りを指摘した上で、同(c)において文理解釈の原則に戻って本件条項の解釈の結論を導いたのです。

(6)　遺言書に表れていない事情を取り込むことの可否

　前記3(3)エのとおり、最3小判平成5・1・19までの判例の展開の説明において、遺言の解釈の考慮要素として、①遺言書の条項の文理、②当該条項と遺言書の全記載（他の条項）との関係といった「遺言条項の文言に忠実に」の第1原則の下位に、③遺言者の実現しようとした目的、④遺言書作成に至った経緯及び⑤遺言者の置かれていた状況といった三つの要素があることに触れました。

　控訴審は、前記(3)イ②のように、「本件遺言書作成当時の事情」を間接事実として推認するという方法によって遺言者Aの認識や内心の意図といった事実を認定し、それを本件条項の解釈をする際の考慮要素として取り込みました。

　最高裁は、この点につき、前記(4)(d)のとおり、「原審は、前記(2)⑤のように本件遺言書作成当時の事情を判示し、これを遺言の意思解釈の根拠としているが、以上に説示したように遺言書の記載自体から遺言者の意思が合理的

196

に解釈し得る本件においては、遺言書に表われていない前記(2)⑤のような事情をもって、遺言の意思解釈の根拠とすることは許されない」と説示しました。

　最高裁のこの説示部分を表面的に読むと、解釈の根拠とすることが許されない事情とは、原審（控訴審）の確定した事実関係である前記(2)⑤に摘示されたものを指しており、控訴審が本件遺言書作成当時の事情を間接事実として推認することによって導いた遺言者Aの認識や内心の意図を指しているのではないかの如くです。しかし、そのような読み方は、控訴審が前記(3)イ②のように説示して本件条項解釈の結論を導いた根拠（理由）と整合しておらず、正鵠を射たものとはいえません。

　最高裁としては、遺言者Aが本件条項の文言をもって遺言することとした背景となるAの認識やAの意図（ないし目的）を遺言書に記載して残しているのであればともかく、遺言書の記載の外にある当時の事情はもちろん、当時の事情から推認によって導いた遺言者の認識や意図をもって、遺言書の記載自体から合理的に導かれる条項解釈を覆すことは許されない旨を説示したと理解するのが正しいというべきでしょう。

　すなわち、最高裁は、遺言の解釈に当たって考慮すべき前記の三つの要素につき、遺言書の記載以外の資料によって認定することが許されないとの趣旨を説示しているわけではないので、この点を誤解しないことが重要です。

　次に、最高裁は、遺言の解釈において、いかに「遺言者の真意（遺言者の実現しようとした目的）の探究」が重要であるとはいっても、考慮要素の序列としては、「遺言条項の文言の文理」の下に位置するものであるから、それが遺言書に記載されていない場合には、遺言書の記載以外の資料によって認定した前記の三つの要素を考慮することによって遺言条項の文言の文理解釈を覆すことは許されない旨を説示したわけです。

　なお、最高裁は、本件条項の解釈のためには「遺言条項の文言に忠実に」の第1原則によることで結論を導くことができると判断したため、前記(3)イ②のように、本件遺言書作成当時の事情を間接事実として控訴審が推認した

第7章　遺言の解釈

遺言者Aの認識及び内心の意図についての事実認定の正否（経験則違反の事実認定かどうか）には、それとして言及していません[13]。

(7)　遺言の解釈が法律問題であることの確認

最高裁は、前記(4)(e)のとおり、「Aが本件建物の共有持分のみをXに遺贈したものと解すべきであるとした原審の判断には、遺言に関する法令の解釈適用を誤った違法があ（る）」と説示しました。

これは、遺言の解釈という作業が事実認定の性質を有するものではなく、法律問題（法令の解釈適用に関する問題）の性質を有するものであるとの最高裁の一貫した立場を明らかにしたものです。

(8)　小　括

以上のとおり、最3小判平成13・3・13は、極めて単純な遺言条項の解釈が争われた事件において、従前からしばしば問題になっていた「遺言者の真意の探究」と遺言の解釈との関係、及び遺言の解釈における考慮要素間の序列をめぐる問題に明示の判断を示したものであり、事例判例ではあるものの相当に重要なものというべきものです。

5　遺言の解釈における条項の文言の形式的解釈と他の要素の総合考慮とのバランス

(1)　はじめに

前記3及び4において幾つかの最高裁判例を検討した結果、遺言の解釈という作業は法律問題（法令の解釈適用に係る問題）であって、解釈という作業の前提となる各考慮要素の具体的内容を確定するという作業は事実問題（事実審の専権に属する事実認定に係る問題）であることを、理解することができました。

そして、遺言の解釈における考慮要素を事柄の性質によって大別すると、以下のとおり5項目に整理することができ、その重要性の序列は、①＞②＞③＞④＞⑤であると理解することができます。

13　控訴審判決の事実認定に係る問題点の詳細につき、田中・紛争類型別275〜276頁を参照。

5　遺言の解釈における条項の文言の形式的解釈と他の要素の総合考慮とのバランス

[遺言の解釈における考慮要素]

① 　遺言書の条項の文言
② 　当該条項と遺言書の全記載（他の条項）との関係
③ 　遺言者の実現しようとした目的
④ 　遺言書作成に至った経緯
⑤ 　遺言者の置かれていた状況

　しかし、問題とされた遺言条項につき、①及び②の要素—すなわち、文言の明瞭さの程度—が低ければ低いほど、当該条項の解釈の余地は広く（大きく）なりますから、法律実務家の中でも当該条項の解釈についての意見が相違し、当該条項が意味するところを確定する（解釈する）のに困難を来すことになります。

　そこで、最２小判平成17・7・22判時1908号128頁を素材として、具体的事案における前記考慮要素の重要性の高低の問題を検討することによって、この問題の実際上の困難さないし微妙さをより深く理解することにしましょう。

(2)　最２小判平成17・7・22の事案の概要

　最２小判平成17・7・22は、自筆証書遺言中の「遺言者は法的に定められたる相続人を以って相続を与へる。」との条項の解釈が争われた事件におけるものです。

　実際の事案にはやや複雑なところがありますが、ここでは、最高裁において争われた範囲に事案を簡略化して紹介することにします。

　原審の確定した事実関係は、以下のとおりです。

【検討事例19】

① 　Aとその妻B（A夫婦）は、その間に子がなかったため、昭和18年１月20日、Aの兄Cとその妻D（C夫婦）との間に出生したYをA夫婦の嫡出子として出生の届出をした。その結果、Aを筆頭者とする戸籍には、YはAの長男として記載されている。
② 　Bは昭和37年８月13日に死亡し、Aは昭和62年12月26日に死亡した。

199

第7章　遺言の解釈

Aの相続人は、Aの兄C、弟E及びX₁の３人であった。その後、Eが死亡し、Eの遺産をその子であるX₂〜X₇の６人が相続した。次いで、Cが死亡し、Cの遺産をその配偶者及び子（Yを含む。）が相続した。

③　Aは、昭和57年５月11日付けの自筆の遺言書（本件遺言書）を作成した。本件遺言書は４項目から成るものであり、１項から３項までは、特定の財産について特定人を指定して贈与等する旨の条項であり、４項は、「遺言者は法的に定められたる相続人を以って相続を与へる。」という条項（本件条項）である。

④　本件は、X₁〜X₇がA及びEの順次の相続によりAの遺産（本件遺産）を各法定相続分に応じて取得したと主張して、Yに対し、本件遺産につき、各法定相続分の割合による持分を有することの確認を求める事件（甲事件）、及び、Yが本件遺言書によるAの遺言に基づき本件遺産を遺贈されたと主張して、X₁〜X₇に対し、Yが本件遺産のうちの不動産について所有権を有することの確認を求める事件（乙事件）との二つから成る。

［関係図］

甲事件：Aの遺産につきX₁〜X₇の各法定相続分の割合による持分を有することの確認を求める

乙事件：Aの遺産のうちの不動産につきYが所有権を有することの確認を求める

200

5 遺言の解釈における条項の文言の形式的解釈と他の要素の総合考慮とのバランス

(3) 本件条項についての第1審及び控訴審（原審）の判断とY の上告理由

第1審[14]と控訴審（原審）[15]は、遺言の解釈に係る問題について全く同じ判断をしていますから、まとめて紹介することにします。

控訴審（原審）は、甲事件におけるX₁〜X₇の請求の全てを認容すべきものとし、乙事件におけるYの請求については、YがAの相続人であるCの相続人として有する相続分に相当する持分36分の1を有することの確認を求める限度で認容すべきものとしました[16]。

控訴審の本件条項の解釈に係る判断の筋道は、以下のとおりです。

① 本件遺言書は、1項から3項までにおいて、特定人を指定して遺贈等をする旨の記載がされているが、4項においては「法的に定められたる相続人」とのみ記載されている。

② 仮にAが本件遺言書1項から3項までに記載された遺産を除く同人の遺産をYに遺贈する意思を有していたのであれば、同4項においても、同1項から3項までと同様に、Yを具体的に指定すれば足りるのにこれをしていない。

③ 以上の点からして、同4項の「法的に定められたる相続人」は、Yを指すものでもYを積極的に排斥するものでもなく、単に法定相続人を指すものと解するのが相当である。

④ また、同1項及び3項では「贈与」の文言が用いられているが、同4項では同文言が用いられていないことからすると、同項の「相続を与へる」を遺贈の趣旨であると解することはできない。

⑤ 本件遺言書の以上のような記載に照らすと、本件遺言書4項は、同1項から3項までに記載された遺産を除くAの遺産を同人の法定相続

14　神戸地判平成14・11・6金判1233号34頁。
15　大阪高判平成15・11・26金判1233号29頁。
16　この点は、第1審の判断から当然に導かれる結論であり、控訴審のこの点の判断は第1審の単純な判断ミスを更正するものです。

第7章 遺言の解釈

> 人に相続させる趣旨のものであることが明らかである。

　これに対し、Yは、前記3(2)の最2小判昭和58・3・18を引用しつつ、原判決は本件条項を形式的に解釈したにすぎず、遺言書の全記載との関係や遺言書作成当時の事情等を考慮し、遺言者の真意を探求することによって、本件条項の趣旨を確定する作業をしていないから、同最高裁判例に反し、法令の解釈適用を誤ったものであると主張して、上告受理申立てをしました。

(4) 最2小判平成17・7・22の説示した遺言の解釈の判断枠組みとその適用

　最高裁は、前記(3)のYの論旨を採用し、原判決のY敗訴部分を破棄し、その部分を原審に差し戻しました。

　最高裁は、前記3で取り上げた最2小判昭和58・3・18及び最3小判平成5・1・19と同様、「遺言の解釈の判断枠組み(a)」→「本件条項への当てはめ判断(b)〜(g)」の順に判決理由を説示していますので、これまでの復習を兼ねて、その順に検討することにしましょう。

[遺言の解釈の判断枠組み]（【検討事例19】）

> (a)　遺言を解釈するに当たっては、(i)遺言書の文言を形式的に判断するだけでなく、遺言者の真意を探求すべきであり、(ii)遺言書が複数の条項から成る場合に、そのうちの特定の条項を解釈するに当たっても、単に遺言書の中から当該条項のみを他から切り離して抽出し、その文言（①）を形式的に解釈するだけでは十分でなく、遺言書の全記載との関係（②）、遺言書作成当時の事情（④）及び遺言者の置かれていた状況（⑤）などを考慮して、遺言者の真意（③）を探求し、当該条項の趣旨を確定すべきである[17]。
>
> （注　(i)、①等の付番は筆者によるものです。）

17　最2小判平成17・7・22は、ここで最2小判昭和58・3・18を参照しています。

5　遺言の解釈における条項の文言の形式的解釈と他の要素の総合考慮とのバランス

　前記の「遺言の解釈の判断枠組み(a)」は、前記3(2)ウと対照すれば明らか
なように、最2小判昭和58・3・18の「遺言の解釈の判断枠組み(a)」とほと
んど同一の説示です。そこで、この説示部分については、前記3(2)ウを参照
してください。

［本件条項への当てはめ判断］（【検討事例19】）

(b)　原審は、本件遺言書の記載のみに依拠して、本件遺言書4項の趣旨
を上記のとおり解釈しているが、<u>記録によれば</u>、Aは、Bとの間に子が
なかったため、C夫婦の間に出生したYをA夫婦の実子として養育する
意図で、YにつきA夫婦の嫡出子として出生の届出をしたこと、

(c)　Yは、昭和18年1月20日に出生してから学齢期に達するまで、九州
在住のC夫婦の下で養育され、その後、神戸市在住のA夫婦に引き取ら
れたが、Yが上記の間C夫婦の下で養育されたのは、戦中戦後の食糧難
の時期であったためであり、Yは、A夫婦に引き取られた後Aが死亡す
るまでの約39年間、A夫婦とは実の親子と同様の生活をしていたこと
<u>がうかがわれる</u>。

(d)　そして、Aが死亡するまで、本件遺言書が作成されたころも含め、A
とYとの間の上記生活状態に変化が生じたことは<u>うかがわれない</u>。

(e)　以上の諸点に加えて、本件遺言書が作成された当時、Yは、戸籍上、
Aの唯一の相続人であったことにかんがみると、法律の専門家でなかっ
たAとしては、同人の相続人はYのみであるとの認識で、Aの遺産のう
ち本件遺言書1項から3項までに記載のもの以外はすべてYに取得さ
せるとの意図の下に本件遺言書を作成したものであり、同4項の「法
的に定められたる相続人」はYを指し、「相続を与へる」は客観的には
遺贈の趣旨と解する余地が十分にあるというべきである。

(f)　原審としては、本件遺言書の記載だけでなく、上記の点等をも考慮
して、同項の趣旨を明らかにすべきであったといわなければならない。
ところが、原審は、上記の点等についての審理を尽くすことなく、同項

203

第7章　遺言の解釈

の文言を形式的に解釈したものであって、原審の判断には、審理不尽の結果、判決に影響を及ぼすことが明らかな法令の違反があるというべきである。

(g)　論旨は理由があり、原判決中Y敗訴部分は破棄を免れない。そして、更に審理を尽くさせるため、同部分につき本件を原審に差し戻すこととする。

　前記の「本件条項への当てはめ判断(b)～(g)」は、どのような構造の理由説示であるのかが分かりよいとはいえません。

　そこで、遺言の解釈が法律問題であるにもかかわらず、なぜ最高裁が本件を原審に差し戻すこととしたのかの問題に焦点をあてて、この説示部分を読み解くことにしましょう。

(5)　考慮要素に当たる具体的事実の認定は事実問題であること

　最高裁は、前記(4)の「本件条項への当てはめ判断(b)及び(c)」において、本件訴訟記録によって認定可能な事実の候補として、Yの出自についての事実((b))及びA夫婦とYとの間の約39年間にわたる実の親子と同様の生活実態についての事実((c))を摘示しています。

　さらに、最高裁は、前記(4)の「本件条項への当てはめ判断(d)」において、本件遺言書の作成時を含むAの死亡時まで同(c)の生活実態に変化が生じなかったことを摘示しています。

　しかし、最高裁は法律審であって事実審ではありませんから、事実審である原審が確定した事実（当事者間に争いがないために自白が成立した事実及び争いがあったために証拠又は弁論の全趣旨によって認定した事実の双方を含みます。）のみを判決の基礎にすることができ、原審が確定しなかった事実を判決の基礎にすることはできません。

　したがって、最高裁が前記(4)の「本件条項への当てはめ判断(b)及び(c)」において「記録によれば、……うかがわれる」として摘示した二つの事実及び同(d)において「……うかがわれない」として摘示した一つの事実は、判決の

5　遺言の解釈における条項の文言の形式的解釈と他の要素の総合考慮とのバランス

基礎にするために最高裁が独自に認定した事実であるのではなく、事実審である原審が確定しなかったことを前提にして、最高裁が差戻し後の原審における審理の参考に供するために指摘した事実というにすぎません。差戻し後の原審は、もちろん、最高裁のそのような指摘に従わなければならない義務はありません。

　もう少し踏み込んで説明しますと、原審が前記(b)(c)(d)の三つの事実を認定していた場合には、最高裁は、「記録によれば、……うかがわれる」とか「……うかがわれない」などという回りくどい説示をする必要はなく、それら三つの事実を遺言の解釈における考慮要素に当たる具体的事実として判断に組み込むことができ、法律審である最高裁が法律判断として本件条項の解釈を示すことができたと考えることができます。

　最高裁が前記(4)(f)において「上記の点等についての審理を尽くすことなく」又は「審理不尽」と説示しているのは、この点を指摘しているのです。

　最2小判平成17・7・22は、遺言の解釈という争点に即して、遺言の解釈における考慮要素に当たる具体的事実の確定は事実審が職責を有する事実問題であり、それら確定された考慮要素に当たる具体的事実を解析し総合することによって導かれる遺言の解釈は法律審が職責を有する法律問題であることを具体的に理解するための良い素材を提供するものになっています。

⑹　最3小判平成13・3・13と本件遺言書の記載との関係

　本件において第1審及び控訴審と最高裁の解釈とが相違する結果になったのは、本件遺言書の記載がそれ以外の解釈を容れない程度に明瞭であると考えるかどうかの判断を異にしたところに原因があります。

　前記4(4)(d)のとおり、最3小判平成13・3・13は、「遺言書の記載自体から遺言者の意思が合理的に解釈し得る本件においては、遺言書に表われていない……事情をもって、遺言の意思解釈の根拠とすることは許されない」と説示しました。

　本件の第1審及び控訴審の事実審裁判官は、最3小判平成13・3・13の前記の理由説示に従って本件条項の解釈をしたものと考えて前記(3)の①～⑤の

205

第7章　遺言の解釈

ように判断したのです。

　すなわち、本件遺言書の1項から4項までの記載を前提とすれば、同4項の「遺言者は法的に定められたる相続人を以って相続を与へる。」という本件条項は、同1項から3項までに記載された遺産を除くAの遺産を同人の法定相続人に相続させる趣旨のものであることが明らかであると判断したため、むしろ、本件遺言書の条項に表われていない事情を認定しそれを根拠にして、本件条項を解釈することは許されないと考えたのです。

　しかし、最3小判平成13・3・13が扱ったのは、住居表示をもって特定した「不動産」という文言につき、そこに存する建物のみを指しているのであって土地は含まれないと解釈すべきであるかどうかという極めて単純な文言解釈をめぐる問題であったことに注意すべきです。

　これに対し、最2小判平成17・7・22が扱った遺言条項は、前記のとおりの文言によるものであって、かなりの程度に多義的なものというべきです。そうすると、本件遺言書の記載が、性質として事例判例である最3小判平成13・3・13の理由中の説示の適用範囲内のものであるかどうかについては慎重な検討を要するということになります。

　日常的に判例を取り扱う立場にいる法律実務家としては、このような広い意味での判例の射程の範囲や区別（distinction）の方法等を身に付けておく必要があります。

(7)　遺言条項の明瞭性の程度とその他の考慮要素との関係

　本件条項が「遺言者は法的に定められたる相続人を以って相続を与へる。」という日常使用する日本語としてみてもかなり奇妙な表現であることを前提とし、Yが戸籍上唯一のAの法定相続人であること及び真実はYがいわゆる「藁の上からの養子」であることといった争いのない幾つかの事実を考慮すると、文言解釈の観点からして、「法的に定められたる相続人」＝「真実の（客観的な）法定相続人」と解釈するしか選択肢がないとは断言できません。

　その上、遺言の解釈における考慮要素②の「当該条項と遺言書の全記載（他の条項）との関係」の点についてみても、本件遺言書1項から3項まで

206

の条項が戸籍上Ａの法定相続人ではない者に対して遺贈することを主要な目的とする条項である場合には、同４項が戸籍上唯一のＡの法定相続人であるＹに対してその余の財産を遺贈することを目的とする条項であっても不合理ではなく、むしろ、遺言書の記載全体としてみると、遺言者であるＡが本件遺言書を作成することによって実現しようとした目的が合理的な姿をみせることになります。

そうであるとすると、原判決の遺言の解釈は、考慮要素②についての検討も十分にされていないということになります。

そして、遺言の解釈における考慮要素③の「遺言者の実現しようとした目的」、④の「遺言書作成に至った経緯」及び⑤の「遺言者の置かれていた状況」の各要素については、最高裁が前記(4)の(b)〜(e)に説示するとおりです。

(8) 小　括

最３小判平成13・3・13は、遺言条項の文言自体によって当該条項の意味するところが合理的に確定することができる場合に、そのような遺言書の記載を離れて「遺言者の置かれていた状況」等の要素を外的証拠によって認定するなどしてそれを理由に当該条項の解釈を縮小する等の変容を咎めたものです。

これに対し、最２小判平成17・7・22は、遺言条項の文言自体によって当該条項の意味するところが合理的に確定することができるかどうかの判断を表面的・形式的にするだけでは遺言の解釈として相当ではないとして、表面的・形式的文言解釈を咎めたものです。

これら二つの最高裁判例を比較検討してみるだけでも、遺言の解釈が一筋縄ではいかないことがよく分かります。遺言の解釈に当たっては、遺言書の条項の文言から出発し、遺言書作成に至った経緯や遺言者の置かれていた状況等を勘案して、遺言者の実現しようとした目的を探求し、再度、条項の文言に戻ってその意味を見定めるという作業をすることになります。

法律実務家としては、一見相反するかのように思われる前記二つの判例の要求を満たすべく分析と総合とを繰り返すことが肝要です。

第7章　遺言の解釈

6　遺言の解釈と契約の解釈との関係

(1)　遺言の解釈は法律行為（意思表示）の解釈の一場面であること

　前記2で取り上げた最3小判昭和30・5・10の説示するように、遺言の解釈は法律行為（意思表示）の解釈の一場面です。

　この点に異論はないのですが、学説では、それに続けて、例えば、「これはいわゆる財産行為の解釈つまり財産行為の内容をなす意思表示の解釈とは全く異なっている。遺言の解釈の場合は、遺言者のなした意思表示の内心的効果意思つまり真意を明確にすることであるが、財産行為における意思表示の解釈は表示上の効果意思を明確にすることである。」などと説明されます[18]。財産行為における意思表示の典型は、売買や賃貸借等の契約の申込み又は承諾の意思表示ですから、このような説明に接すると、「遺言の解釈」という作業と「契約の解釈」という作業とが性質として全く異なるものであるかのような印象を受けます。

　しかし、「契約の解釈」とは契約条項の法的意味（法的価値）を確定する作業をいう[19]ところ、「遺言の解釈」とは遺言条項の法的意味（法的価値）を確定する作業をいうのであり、その法的性質に異なるところはありません。

　そして、前記1から5までに昭和30年から平成17年までの半世紀にわたる最高裁判例を検討しましたが、これを通じて、現実の紛争を解決してきた訴訟の実務においては、「遺言の解釈」という作業が証拠による事実認定ではなく、遺言条項の法的意味（法的価値）を確定するという法律判断として位置付けてきたことを繰り返し確認することができました。

　確かに、遺言の解釈に当たって相手方の信頼保護や取引の安全保護といった観点が考慮要素として大きな地位を占めることはないのですが、これは遺

18　高野竹三郎「遺言の解釈」久貴忠彦=米倉明編『家族法判例百選〔第4版〕』220頁（有斐閣、1988年）。
19　第1章・2(2)を参照されたい。

208

言という法律行為の性質がしからしむるところです。すなわち、遺言の解釈という法律判断をするに当たり、誤りのない合理的な結論に到達すべくそのような特徴を念頭に置いておくべき留意点であるということはできても、そのことの故に遺言の解釈と契約の解釈とが全く異なった性質のものというのは当たりません。

遺言の解釈の特殊性を強調することは理論的にも実務的にも適切ではありません。

(2) 「真意の探求」と遺言の解釈との関係

前記2から5までにおいて検討したところを要約すると、「遺言者の真意」とは、遺言者が遺言書中の条項によって実現しようとした目的を指すのであって、証拠によって認定すべき内心の事実です。したがって、これは事実審の専権に属する事柄です。

前記2で取り上げた最3小判昭和30・5・10は、その判決理由中で「原審が証拠によって正当に判断した遺言書の真意」と表現しています。「遺言書の真意」(「遺言者の真意」と表現するのが分かりやすいと思われますが、それはともかく)が証拠によって認定されるべき「事実」であることを明らかにしており、その点に価値のある説示です[20]。

そして、前記5で取り上げた最2小判平成17・7・22が説示するように、遺言者の真意は「遺言書の全記載との関連、遺言書作成当時の事情及び遺言者の置かれていた状況などを考慮して」探求(認定)することになります。

したがって、「遺言者の真意の探求」＝「遺言の解釈」と考えるのは正確ではなく、「遺言者の真意(遺言者が遺言書中の条項によって実現しようとした目的)」は「遺言の解釈」における考慮要素の一つとして位置付けるのが正確です[21]。

---

[20] この点についての詳細な説明は、田中・紛争類型別268〜269頁を参照。

[21] なお、学説の多くが「遺言の解釈すなわち遺言者の真意の探求」と表現して、「遺言者の真意の探求」＝「遺言の解釈」と考えていることにつき、田中・紛争類型別268頁を参照。

第7章　遺言の解釈

(3)　本来的解釈と規範的解釈

　第3章・2において、契約の解釈につき、本来的解釈と規範的解釈という類型論につき、実際に契約の解釈が争われる場面でいずれの方法論によるかをあらかじめ決することができるわけではなく、また、契約の解釈をした結果をみても、いずれの方法論によったのかを明確に識別することができるわけでもなく、結局のところ、この分類学は頭の整理のための理念型にすぎないと説明しました。

　前記2(7)のとおり、最3小判昭和30・5・10の事案において、「後を継す事は出来ないから離縁をしたい」という条項を養女Bの「廃除」を意味するものと解釈し、「後相続はAにさせるつもりなり」「一切の財産はAにゆずる」という条項を第三者Aに対する「包括遺贈」を意味するものと解釈することにつき、本来的解釈の範疇に収まるものとする考え方も、規範的解釈の範疇に属するものとする考え方も成立し得ることを指摘しました。

　このように、遺言の解釈においても、本来的解釈と規範的解釈という類型論は頭の整理のための理念型として有用である[22]ものの、それによって一定の結論を導くことができるような都合の良いものではありません。

　この辺りの消息も、契約の解釈と遺言の解釈とで異なるものではありません。

(4)　考慮要素の異同

　第2章・3(2)オに契約の（本来的）解釈の考慮要素を図示しましたが、これを再掲すると、以下のとおりです。

[契約の解釈の考慮要素]

1	争われている契約における条項の文言の文理（language）
2	当該条項と他の条項との整合性（consistency）
3	当事者が当該契約の締結によって実現しようとした目的（purpose）

22　浦野由紀子「遺言の補充的解釈」私法61号200頁（1999年）は、遺言の解釈における本来的解釈と規範的解釈につき、「解明的解釈」と「補充的解釈」という用語を使って説明しています。

6 遺言の解釈と契約の解釈との関係

> 4 当該契約の準備段階・交渉開始から締結に至る経緯（history up to the execution of the contract）
>
> 5 当該契約の締結後紛争発生に至る経緯（history after the execution of the contract）
>
> 6 当該契約と同種の取引についての慣行及び通念（business customs and practices）

次に、前記3(3)エに整理した遺言の解釈の考慮要素を再掲すると、以下のとおりです。

［遺言の解釈の考慮要素］

> ① 遺言書の条項の文言
>
> ② 当該条項と遺言書の全記載（他の条項）との関係
>
> ③ 遺言者の実現しようとした目的
>
> ④ 遺言書作成に至った経緯
>
> ⑤ 遺言者の置かれていた状況

このように対照させてみると、考慮要素のうち重要性の程度の高い4項目は、契約の解釈におけるものと遺言の解釈におけるものとの間で実質的に相違がないことが明らかです。

契約の解釈における考慮要素5及び6が遺言の解釈における考慮要素として現れないことが最重要の相違点です。しかし、これらは前記(1)で検討したように、取引行為であることに由来する考慮要素です。すなわち、遺言書に記載された条項の意味を確定するという観点からすると、そのような作業に意味のある行為は遺言書作成時点において終了していますし、遺言という法律行為が単独行為であるという本質から、契約の解釈における考慮要素5及び6が遺言の解釈における考慮要素として現れないのは、当然の事柄なのです。

また、遺言の解釈における考慮要素⑤は、契約の解釈における考慮要素のいずれかの又は複数の項目で検討されるものと考えることができます。

(5) 結 論

以上のように様々な観点から検討してみますと、契約の解釈であれ遺言の

211

第7章　遺言の解釈

解釈であれ、その条項の法的意味（法的価値）を確定する作業の実際は、共通する部分が圧倒的に多く、契約と遺言という法律行為の性質の相違から生ずる当然の相違に留意する限り、基本的にはむしろ同一の作業として把握するのが適切であるという結論に到達します。

第8章 約款・規約等の解釈

1　はじめに

　第7章において遺言の解釈をめぐる問題を検討しました。一つの意思表示で成立する遺言という法律行為と逆方向の二つの意思表示が合致して初めて成立する契約という法律行為との間の本質的な相違及び遺言が一人の人間の重要事項についての最終意思の表示という観点から厳格な要式性が法律によって要求されているという相違を反映して、それぞれの条項の解釈が争われた場合にどのような点にどの程度の相違が生じるのか又は実際にはそれほど大きな相違が生じないのかのイメージを形成することができたことと期待しています。

　本章では、まず、合意すること（契約すること）によって当事者間の規範に組み込まれることになる約款の解釈を、次に、建物の使用や共用部分等の管理につき協力すべき関係にある区分所有者間の定めである規約の解釈を具体的に検討することにします。

　遺言の解釈に続き、約款及び規約の解釈に係る問題を多角的に検討することによって、契約の解釈についての理解をより深く実質的なものにすることができます。

2　約款の解釈——最2小判平成26・12・19

(1)　事案の概要

　最2小判平成26・12・19判時2247号27頁は、川崎市が共同企業体との間で締結した請負契約に添付されて契約の一部に取り込まれた川崎市工事請負契

第8章　約款・規約等の解釈

約約款の「不正行為に対する賠償金」に係る条項（本件賠償金条項）の解釈
が争われたものです。

　原審の確定した事実関係等の概要は、以下のとおりです。

【検討事例20】

① 　AとYは共同企業体（本件共同企業体）を結成して、平成20年2月
　にX（川崎市）が実施した川崎市a地区ほかの下水管きょ工事（本件
　工事）の一般競争入札に参加して落札し、同年3月、Xとの間で代
　金を2億7000万円とする本件工事の請負契約（本件契約）を締結し
　た。

② 　本件契約の契約書では、注文者であるXは「甲」と表記され、請負
　人である本件共同企業体は「乙」と表記されていた。本件契約書には
　川崎市工事請負契約約款（本件約款）が添付されていて本件契約の内
　容の一部を構成していたところ、次の条項があった。

　ア 　本件約款1条12項：乙が共同企業体である場合には、その構成
　　員は共同連帯してこの契約を履行しなければならない（本件連帯条
　　項）。

　イ 　本件約款53条1項：乙が本件契約の当事者となる目的でした行為
　　に関し、公正取引委員会が、乙に私的独占の禁止及び公正取引の確
　　保に関する法律（独禁法）の規定に違反する行為があったとして排
　　除措置命令又は課徴金納付命令（排除措置命令等）を行い、これが
　　確定した場合、乙は、甲に対し、不正行為に対する賠償金として、
　　請負金額の10分の2相当額を甲の指定する期限までに支払わなけれ
　　ばならない（本件賠償金条項）。

　ウ 　本件約款54条：乙が前記賠償金を前記期限までに支払わなかった
　　ときは、乙は、甲に対し、年8.25％の割合による遅延損害金を支払
　　わなければならない。

③ 　本件賠償金条項は、Xにおいて、入札談合等の不正行為が行われた
　場合に損害の立証が困難であることに鑑みて、その立証の負担を軽減

214

し、損害の回復を容易にするとともに、不正行為を抑止することを目的として設けられたものであった。

④　Xと本件共同企業体は、平成21年3月及び同年6月、本件契約の内容を一部変更し、請負金額を合計3億0757万6500円に増額した。

⑤　公正取引委員会は、平成22年4月、川崎市内の事業者らが本件工事を含む一連の下水管きょ工事において談合をしていたとして、A及びYを含む23社に対して排除措置命令を行うとともに、A及びYを含む20社に対して課徴金納付命令を行った。

　Aに対する排除措置命令及び課徴金納付命令は確定したが、Yに対する排除措置命令及び課徴金納付命令については、Yから独禁法49条6項及び50条4項の規定による審判の請求がされたため、確定しなかった。

⑥　Xは、平成22年9月、A及びYに対し、本件賠償金条項に基づく賠償金として、本件契約の請負金額の10分の2に相当する6151万5300円の支払を請求し、その支払期限を同年11月30日と定めた。Aは、同年12月、Xに対し、前記賠償金の内金922万7295円を支払った。

⑦　Xは、平成23年7月、本件訴えを提起し、Yに対し、前記賠償金の残額5228万8005円及びこれに対する平成22年12月1日から支払済みまで約定の年8.25％の割合による遅延損害金の支払を請求した。

⑧　前記⑤のYに対する排除措置命令及び課徴金納付命令は、原審口頭弁論終結時において、いずれも確定していない。

第8章 約款・規約等の解釈

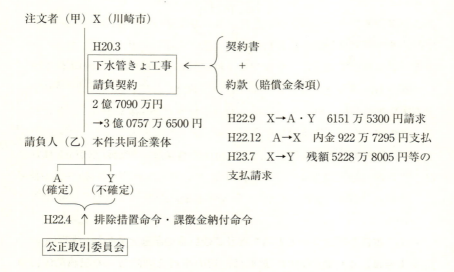

(2) 第1審と控訴審の判断及びYの上告受理申立て理由

第1審は、「本件共同企業体受注工事において、本件共同企業体の代表者であるAについては、公正取引委員会の排除措置命令及び課徴金納付命令の処分が確定しており、本件共同企業体が不可分一体となってXと締結した本件請負契約について本件受注調整行為が行われていたことが認められる以上、本件共同企業体は、本件約款53条、48条1項に基づき、Xに対し、賠償金支払債務を負い、それにつき、Yも連帯債務を負担すると解される。」と判示し、XのYに対する請求を認容しました[1]。

第1審は、前記のとおり、本件共同企業体が不可分一体となって受注調整行為が行われていたことが認められる旨判示していますが、不可分一体の受注調整行為の存在を自ら事実認定しているわけではないので、Aとの関係でそのような事実に基づく排除措置命令等が確定すれば、本件連帯条項が発動

---

1 横浜地川崎支判平成24・8・27金判1471号34頁。

されて、YはAとともに連帯債務を負担するとの趣旨の判断であるのかもしれません。

　いずれにしても、第1審判決の理屈は、論理と論理の隙間が多く、そもそも本件賠償金条項についての解釈を示しているのかどうかが判然としません。

　そこで、Yは、控訴審（原審）において、「公正取引委員会が本件共同企業体の構成員全てについて排除措置命令等をしてこれが確定しない限り、本件共同企業体に排除措置命令等をしてこれが確定したということはできないから、本件共同企業体には未だ賠償金支払債務が発生していない」と主張を補充しました。

　原審は、以下のように説示してYの主張を排斥し、Yの控訴を棄却しました[2]。

> ①　本件工事の一般競争入札に参加するためには共同企業体を結成することを要し、A・Y間で作成された（本件協定書）は、本件請負契約の締結に際してXに差し入れられ、本件契約書の別紙となっているから、本件請負契約は本件協定書の内容を前提にして締結されている。
> ②　独禁法上排除措置命令等の対象となるのは事業者であるところ、本件工事の請負のみを目的とする本件共同企業体が独禁法上の事業者に当たると解されるとは通常考え難く、その対象となるのは本件共同企業体の構成員であるA又はYであることは容易に想定することができる。
> ③　本件賠償金条項の目的は、Xの立証負担の軽減及び不正行為の抑止にある。
> ④　上記①～③を踏まえると、「乙」は、「本件共同企業体又はその構成員であるA若しくはY」を意味するものであって、「本件共同企業体又はその構成員であるA及びY」を意味するものではないと解するのが相当である。

2　東京高判平成25・4・17金判1471号31頁。

第8章　約款・規約等の解釈

⑤　Aについて排除措置命令等が確定している以上、本件共同企業体は本件賠償金条項に基づいて賠償金の支払義務を負い、Yも本件連帯条項に基づいてその支払義務を負う。

　原審の前記の説示も、第1審と同様、論理の筋道を辿るのが困難なものです。まず、前記①の本件協定書の内容を前提とした本件請負契約であることが同④の本件賠償金条項の解釈にどのような影響を及ぼすのかの論理は不明です。前記②、③は、その説示の内容自体は了解可能なものですが、それが同④の解釈に当然に結びつくものではなく（すなわち、Yの主張する「本件共同企業体又はその構成員であるA及びY」を意味するとの解釈を排斥する理由になってはおらず）、隙間だらけの理由構成ということになります。

　最大限に善解すると、前記③にいう「本件賠償金条項の目的」を最も効果的に達することができる解釈は、「乙」が「本件共同企業体又はその構成員であるA若しくはY」を意味するとする解釈であるという立場に立っているということであるのかもしれません。しかし、そうであれば、この読み方によっても、共同企業体の構成員の法的利益を不合理に害するものではないことを論証する（理由説示において明示する）必要があります。

　Yの上告受理申立て理由は、大要、以上の点にあります。

（3）　最2小判平成26・12・19の本件賠償金条項（本件約款53条1項）の解釈

　最高裁は、以下(a)～(f)のとおり、本件賠償金条項の解釈について説示して原判決を破棄し、第1審判決を取り消した上で、Xの請求を棄却しました。

(a)　本件賠償金条項における賠償金支払義務は、飽くまでも「乙」に対する排除措置命令等の確定を条件とするものであり、ここにいう「乙」とは、本件約款の文理上は請負人を指すものにすぎない。

(b)　もっとも、本件賠償金条項は、請負人が共同企業体の場合には、共同企業体だけでなく、その構成員について排除措置命令等が確定した

ときにも賠償金支払義務を生じさせる趣旨であると解するのが相当であるところ、本件契約において上記「乙」が「A又はY」を意味するのか、それとも「A及びY」を意味するのかは、文言上、一義的に明らかというわけではない。

(c)　そして、Xは、共同企業体の構成員のうちいずれかの者についてのみ排除措置命令等が確定した場合に、不正行為に関与せずに排除措置命令等を受けていない構成員や、排除措置命令等を受けたが不服申立て手続をとって係争中の構成員にまで賠償金の支払義務を負わせようというのであれば、少なくとも、上記「乙」の後に例えば「（共同企業体にあっては、その構成員のいずれかの者をも含む。）」などと記載するなどの工夫が必要であり、このような記載のないままに、上記「乙」が共同企業体の構成員のいずれかの者をも含むと解し、結果的に、排除措置命令等が確定していない構成員についてまで、請負金額の10分の2相当額もの賠償金の支払義務を確定的に負わせ、かつ、年8.25％の割合による遅延損害金の支払義務も負わせるというのは、上記構成員に不測の不利益を被らせることにもなる。

(d)　したがって、本件賠償金条項において排除措置命令等が確定したことを要する「乙」とは、本件においては、本件共同企業体又は「A及びY」をいうものとする点で合意が成立していると解するのが相当である。

(e)　このように解しても、後にYに対する排除措置命令等が確定すれば、Xとしては改めてYに対して賠償金の支払を求めることができるから、本件賠償金条項の目的が不当に害されることにもならない。

(f)　以上と異なる原審の判断には、判決に影響を及ぼすことが明らかな法令の違反がある。論旨は理由があり、原判決は破棄を免れない。

　最高裁の前記の説示は、前記(2)で検討した第1審及び控訴審の各説示に比べ、理解しづらいところは少ないと思われます。

　ただし、前記(b)中の「請負人が共同企業体の場合には、共同企業体だけで

第8章　約款・規約等の解釈

なく、その構成員について排除措置命令等が確定したときにも賠償金支払義務を生じさせる趣旨であると解するのが相当である」との判示部分には、共同企業体について排除措置命令等が確定しなかったのに、その構成員についてのみ排除措置命令等が確定したときにも賠償金支払義務を生じさせる趣旨のものと解するのが相当である理由を明示していません。

　最高裁がそのように考えた理由を推測すると、前記(1)③のとおり確定した事実とされている本件賠償金条項の目的のうちの「入札談合等の不正行為の抑止」にその理由を求めているのかもしれません[3]。

　このように、最高裁は、もともと、本件賠償金条項の厳密な文言解釈によっては、構成員についてのみ排除措置命令等が確定したときに賠償金支払義務を生じさせるという効果を肯定するのは困難であるとの立場から論理をスタートさせた上、「そのような文言によってできあがっている条項につき、前記のような目的論的解釈によってどこまで要件を緩めて解釈しても条項の合理的解釈の範疇に収まるだろうか」という問いに応えようとしたのです。

　すなわち、最高裁が前記(d)の結論を導いた伏線は同(a)にあり、更にこれを前提に、前記のような厳格解釈の論理を組み合わせたものなのです。このような論理の構造を見通すことができると、最高裁の採用したそれ以外の理屈も大きな困難なく理解することができます。

　それでは、最高裁の理由説示の全体像を、補足意見も参照しつつ、解明することにしましょう。

(4)　契約（約款）の解釈と「作成者不利の原則」

　「作成者不利（contra proferentem）の原則[4]」とは、条項の意味が不明確で多様に解釈される場合には、その作成者に不利な意味に解釈されるべきであるとする考え方をいいます。比較法的に広く承認された解釈原則であり、我

3　損害の立証負担の軽減と損害回復の容易化目的は、排除措置命令等の確定を要件とすることによって実現することが可能ですから、その構成員についてのみ排除措置命令等が確定したときにも賠償金支払義務を生じさせることには結びつかないと考えられます。
4　一般に「contra原則」と呼ばれます。

が国では約款の解釈の場面で援用されることが多いのですが、沿革的には契約の解釈一般に通用する原則であるとされています。そして、この原則の根拠は、究極的には、交換的正義にあるとされています[5]。

最２小判平成26・12・19は、前記(3)(b)において、「上記『乙』が『A又はY』を意味するのか、それとも『A及びY』を意味するのかは、文言上、一義的に明らかというわけではない」と説示した上、同(c)において、本件約款の作成者であるXが「乙（共同企業体にあっては、その構成員のいずれかの者をも含む。）」などと記載するなどの方法で本件賠償金条項の文言上、前記「乙」が「A又はY」を意味することを明確化することができることを挙げて、本件約款の作成者であるXに不利な「A及びY」を意味するものと解する理由の一つとしていますから、最高裁が「作成者不利の原則」を採用した一例と位置付けて間違いありません。

(5)　「不測の不利益」と「作成者不利の原則」との関係

最２小判平成26・12・19は、前記(3)(c)において、「乙」が「A又はY」を意味すると解する場合には、排除措置命令等が確定していない構成員（本件におけるY）に「不測の不利益を被らせること」を指摘しています。

ところで、最高裁が「不利益」の内容とするのは、請負金額の10分の２相当額の賠償金及び年8.25％の割合による遅延損害金の各支払義務のことです。そして、各支払義務の内容は、本件約款上明らかにされています。

そうすると、最高裁が「不測の」と指摘する中身は、賠償金及び遅延損害金がどのような金額に上るのかの合理的な予測ができないことではなく、「乙」が「A又はY」を意味すると解することの当然の帰結—すなわち、排除措置命令等が確定していない共同企業体の構成員（本件におけるY）が前記の支払義務を負うことそのこと自体—であることが明らかです。

---

[5]　ここで交換的正義が持ち出されるのは、言語による条項を作成し、それを合意内容にすることができる能力のある契約当事者は、他方当事者と比較して、自己に有利な条項によって結果的に均衡を失した財の配分状態をもたらす可能性を多く有しているから、作成当事者に不利な解釈をすることによって失われた均衡を回復することができるという考え方によっています。以上につき、平井・契約総論106〜107頁を参照。

第8章　約款・規約等の解釈

　すなわち、最高裁が指摘したいポイントは、排除措置命令等が確定していない構成員（本件におけるY）が、自らに排除措置命令等が確定していない場合であっても、他の構成員に排除措置命令等が確定したときは、本件約款に定める賠償金及び遅延損害金の支払義務を負うことを二義なく理解することのできる条項にせよ、というに尽きているのです[6]。法廷意見にいう「不測の不利益」という説示部分は、その表現上も「上記構成員に不測の不利益を被らせることに<u>も</u>なる」というものであって、いわゆる「つっかい棒」としての補助的理由であるのですが、「作成者不利の原則」に係る理由に付け加えるべき何らかの実質があるわけではありません。

　このような最高裁の考えの基礎にあるのは、独占禁止法上の不正行為に基づく排除措置命令等が確定していない構成員に対して前記のような契約上の支払義務を負わせることは、公序良俗違反又は信義則違反の問題が生じるとまでいえないとしても、少なくとも「自己責任の原則」をはみ出す責任を負わせるものであるから、二義を許さない明確な条項（合意）であることを要するとする考え方です。

(6)　契約の解釈と「合意が成立している」という表現との関係

　最2小判平成26・12・19は、前記(3)(d)において、「『乙』とは、本件においては、本件共同企業体又は『A及びY』をいうもの<u>とする点で合意が成立している</u>と解するのが相当である」と説示しています。

　この「とする点で合意が成立している」という表現をみると、あたかも「合意の成否」という事実認定について語っているかのようですが、最高裁は法律審であって事実審ではありませんから、もちろん事実認定についての説示をしているのではありません。

　すなわち、最2小判平成26・12・19の理由説示のどこをみても、本件契約の当事者であるXとA・Y間における合致した意思表示（成立した合意）の内

6　更に厳密に説明しておくとすれば、最高裁は、賠償金及び遅延損害金の金額が無視してよいようなものでなくその名称に値する実質的なものであること（本件約款がその一例）を要求しています。

222

容を認定していないことは当然ですが、そればかりか、事実審において認定した合意を具体的に摘示するなどして自らの理由付けの根拠にするといったことは全くしていません[7]。なぜなら、第1審判決及び原判決のいずれもがそのような認定をしていないので、最高裁として、事実審が認定してもいない事実を判断の基礎にすることはできない筋合いであるからです。

したがって、最2小判平成26・12・19が「本件共同企業体又は『A及びY』をいうものとする点で合意が成立している」との説示部分は、XとYとの間の現実の合意の成立をいうものではなく、本件賠償金条項の解釈の結論を述べているにすぎないのです[8]。

結局のところ、「とする点で合意が成立している」との説示部分は、「作成者不利の原則」を本件約款の解釈に適用すると、「乙」とは「A及びY」をいうものとする解釈に帰着するとの趣旨をいうレトリックなのであり、「『乙』とは、本件においては、本件共同企業体又は『A及びY』をいうものと解するのが相当である」と簡明に説示した場合と全く同じ意味なのです。

(7) 法廷意見と補足意見

千葉裁判官の補足意見は、約款の解釈につき、「当該約款を抽象的な規範として捉えて解釈するのではなく、……当事者間で成立した契約における条項の解釈として行うべき」などと述べていますが、これは、法廷意見が明示してはいないものの、その基礎にある考え方を敷衍して説明するものと理解することができます。そして、当事者の合致した内心の意思如何に争いがあるという通常の場合には、「約款を含む契約条項の文言を基に、当事者の合理的意思解釈をおこなっていく」という確立した判例の立場を確認していま

---

7 作内良平「判例研究・共同企業体と地方公共団体との請負契約に付された約款における賠償金条項の解釈」都法61巻2号301、306頁（2021年）は、同旨を指摘しています。

8 椙村寛道「判批」NBL1052号79、81頁（2015年）は、「当事者の主観的意思の合致を認定しているのではなく」と指摘し、前記の本文と同じ読み方をしています。これに対し、奈良輝久「判批」金判1473号8、12頁（2015年）は、本判決につき、XY間の合意（共通の理解）が認められるかについて判断していると読んでいますが、本文のとおり疑問です。

第8章　約款・規約等の解釈

す。

　ところで、前記(6)において法廷意見について検討したのと同様、補足意見にも、「本件賠償金条項による賠償義務の発生について、当事者の合理的な意思表示は何であるのかを探り、どこで意思の合致があったのか、合致がなかったのか、をみるべきであろう」という表現が用いられており、あたかも当事者間の意思の合致の有無、合致した内容等について最高裁が認定する又は事実審の具体的認定内容の正否を判断するかのように読まれ得る説明部分があります。しかし、補足意見においても、法廷意見と同様、事実審において認定した当事者間の合意を具体的に摘示するなどして自らの理由付けの根拠にするといったことは全くしていません[9]。

　このようにみてきますと、千葉裁判官の補足意見は、本来の補足意見であって、法廷意見とは異なる見解に基づいて「原判決破棄、自判」の同じ結論に至るといういわゆる「意見」の色彩はないことが分かります。

(8)　最2小判平成26・12・19の契約の解釈に係る判例としての位置付け

ア　契約の解釈全般に対する影響

　最2小判平成26・12・19は、本件契約の内容として取り込まれた請負契約約款中の本件賠償金条項の解釈を示したものです。本判決は、本件契約及び約款の条項の具体的文言を前提にしてその解釈を示したものですから、判例の性質としては「事例判例」に位置付けられるものです。ただし、本件賠償金条項は、全国的に統一されたものではないとはいうものの、かなり一般的に使用されており、本判決後もほとんど改定されていない[10]ようですから、「事例判例」とはいっても、影響するところは広範囲にわたることが想定さ

9　補足意見中には、「合意された当事者の合理的な意思としては、B社（上告人）も賠償金の支払義務を了承していたと解する余地はない」といった表現もみられ、当事者の一方が支払義務を了承したかどうかの事実認定の問題を述べているのかやや不明瞭ではありますが、「合意された当事者の合理的意思」としての契約の解釈の問題を議論しているものと読むのが正確であると思われます。結局のところ、「作成者不利の原則」に帰着する議論を、作成者でない当事者の側から説明しようとするものであると思われます。

10　石上敬子「判批」東北大学法学82巻6号65、68頁（2018年）を参照。

れます。

　そして、法廷意見及び補足意見のいずれもが、少なくとも本件の対象となった請負契約約款における条項の解釈は、通常の契約の解釈と異なるところはないという立場に立っていますから、今後、本判決の採用した「作成者不利の原則」が通常の契約の解釈の場面においても援用されることになるものと考えられます。

　　イ　本来的解釈か規範的解釈か

　本判決の示した本件賠償金条項の解釈が本来的解釈をしたものと分類すべきであるのか、規範的解釈をしたものと分類すべきであるのかについても、考え方の分かれるところです。

　この点につき、内容の不当性をも併せ考慮して内容を事実上修正する解釈をしたのではないかとの見方もあります[11]。しかし、筆者は、最も厳しい文言解釈によれば、共同企業体のみが責任を負うという解釈もあり得ないではないところ、談合等の不正行為防止を目的とする条項であることを考慮して目的論的解釈をすることとし、「作成者不利の原則」を採用することによって、構成員全員に排除措置命令等が確定した場合には構成員も責任を負うという条項解釈の結論を導いたという論理構造からすると、本来的解釈の範疇に属するものと性質付けるのが正しいと考えています。

　本書で何回も言及しているように、これは頭の整理のための分類学にすぎず、それ以上の意味はありません。

　　ウ　本件賠償金条項が本判決後も改定されないことの意味

　前記アのとおり、本判決の後においても、本判決が理由説示中に例示するように、「乙（共同企業体にあっては、その構成員のいずれかの者を含む。）」といった条項に改定する動きはみられないようです。

　これは、本判決が前記(3)(e)において、「このように解しても、後にYに対する排除措置命令等が確定すれば、Xとしては改めてYに対して賠償金の支

11　石上・前掲判批（注10）74頁を参照。

第8章　約款・規約等の解釈

払を求めることができるから、本件賠償金条項の目的が不当に害されること
にもならない。」という説示が的確であったことを示しています。

　すなわち、Yに対する排除措置命令等は平成27年4月16日に確定した[12]の
であり、正に法廷意見の説示した筋道を経て、本件賠償金条項の目的が実現
されたわけです。

　約款作成者の立場に立ってみれば、自己責任の原則をはみ出すという問題
を潜在させた条項に改定するよりも、本件賠償金条項の目的が実現されるの
であれば、最高裁の解釈を前提にした現条項を適用する方が適切であると考
えるのは合理的であり賢明であるということになります。

　ただし、共同企業体の構成員の一部の者が談合等の不正行為に出た場合、
その者が賠償金の支払義務を負うかどうかの問題は残されていますから、こ
の点を明らかにする条項を約款中に置くといった対応をすることは、合理的
な約款のあり方として十分に考えられるところです。

3　規約の解釈──最1小判平成29・12・18

(1)　事案の概要

　最1小判平成29・12・18民集71巻10号2546頁は、マンションの管理組合の
理事長の解職（理事長の役職にある者の地位を理事に変更すること）につき、
区分所有者の総会の決議でなく、理事の過半数による理事会決議でしたこと
の有効性如何が争われた事件における判決です。具体的には、当該マンショ
ンの管理規約中の理事の互選によって理事長を選任する旨の定めの解釈が争
点になりました。

　前記の規約の解釈の問題以外に、名誉毀損等の派生的争点もあった事件で
すが、ここでは規約の解釈の問題に焦点を絞って事案を紹介することにしま
す。原審の確定した事実関係の大要は、以下のとおりです。

12　石上・前掲判批（注10）75頁を参照。

3　規約の解釈──最1小判平成29・12・18

┌─【検討事例21】─────────────────────

① 　マンション管理組合（以下この管理組合を「Y」という。）は、建物の
区分所有等に関する法律（区分所有法）3条前段に定めるマンション
Y（本件マンション）の区分所有者全員を構成員とする団体である。X
は、本件マンションの区分所有者であり、平成25年1月開催のYの総
会で理事に選任され、同年3月開催の理事会で理事の互選により理事
長に選任された者である。

② 　Yが定めた本件マンションの管理規約（本件規約）には、要旨以下
の定めがある。

　ア 　管理組合にその役員として理事長及び副理事長等を含む理事並び
に監事を置く（40条1項）。理事及び監事は組合員のうちから総会
で選任し（同条2項）、理事長及び副理事長等は理事の互選により
選任する（同条3項）。役員の選任及び解任については、総会の決
議を経なければならない（53条13号）。

　イ 　理事長は、管理組合を代表し、その業務を統括する（43条1項）。
理事長は、区分所有法に定める管理者とする（同条2項）。

　ウ 　理事長は、通常総会を毎年1回新会計年度開始以後3箇月以内に
開催しなければならない（47条3項）。理事長は、必要と認める場
合には、理事会の決議を経て、いつでも臨時総会を招集することが
できる（同条4項）。総会を招集するには、少なくとも会議を開く
日の2週間前までに、会議の日時、場所及び目的を示して、組合員
に通知を発しなければならない（48条1項）。

　エ 　組合員が組合員総数の5分の1以上及び議決権総数の5分の1以
上に当たる組合員の同意を得て、会議の目的を示して総会の招集を
請求した場合には、理事長は、2週間以内にその請求があった日か
ら4週間以内の日を会日とする臨時総会の招集通知を発しなければ
ならない（49条1項）。理事長が同項の通知を発しない場合には、同項
の請求をした組合員は、臨時総会を招集することができる（同条2項）。

227

第8章　約款・規約等の解釈

オ　理事は、理事会を構成し、理事会の定めるところに従い、管理組合の業務を担当する（45条１項）。理事会は、理事長が招集する（57条１項）。理事会の招集手続については48条の規定を準用する（57条３項）。理事会の会議は理事の半数以上が出席しなければ開くことができず、その議事は出席理事の過半数で決する（58条１項）。

③　平成25年１月に開催されたYの臨時総会において、Xを含む役員10名が選任され、同年３月に開催されたYの理事会において、理事の互選により、Xが理事長に選任された。

④　平成25年８月に開催されたYの通常総会において、前記③の役員10名に加え、新役員５名が選任された。平成25年９月に開催されたYの理事会において、役員15名のうち13名出席の下、同年10月20日に新役員を含めた役員の役職決定を議題とする理事会を開催することが決定された。

⑤　ところが、Xは、平成25年10月10日、理事会決議を経ないまま、他の理事から総会の議案とすることを反対されていた案件を諮るため、理事長として臨時総会の招集通知を発した。このようなことから、同月20日に開催されたYの理事会において、Xを除く役員14名のうち11名（理事10名、監事１名）出席の下、本件規約40条３項に基づき、理事10名の一致により、AをXに代わる理事長に選任し、Xの役職を理事長から理事に変更する旨の決議（本件理事会決議）がされた。

⑥　Yの組合員は、平成26年５月18日、X及びAに対し、本件規約49条１項所定の割合の組合員の同意を得て、同項に基づきXを理事から解任すること等を会議の目的とする臨時総会の招集請求をした。そして、Xは、同年６月１日、理事長名義で会日を同月13日とする臨時総会の招集通知を発した。しかし、前記招集請求をした組合員は、前記招集通知が本件規約48条１項に違反して無効であると主張して、本件規約49条２項に基づき臨時総会を招集した。

前記組合員の招集により平成26年７月５日に開催されたYの臨時総

3　規約の解釈——最1小判平成29・12・18

会において、Xを理事から解任するなどの決議（本件総会決議）がさ
れ、同日開催されたYの理事会において、Bが理事長に選任された。
⑦　Bの招集により平成26年8月に開催されたYの通常総会において役
員を選任する旨の決議がされ、同年9月に開催されたYの理事会にお
いて、Cを理事長に選任する旨の決議がされた（以下、前記の総会決議
及び理事会決議を併せて「その余の決議」という。）。
⑧　Xは、Yに対し、本件理事会決議（前記⑤）、本件総会決議（前記⑥）
及びその余の決議（前記⑦）の無効確認を求めて訴え（本訴）を提起
した。Xは、Yにおける理事長は役員である（本件規約40条1項）とこ
ろ、役員の解任には総会の決議を要する（本件規約53条13号）から、
理事長の選任に関する本件規約40条3項を根拠としてすることはでき
ず、本件理事会決議は本件規約に違反して無効であると主張した。こ
れに対し、Yは、理事長互選に係る本件規約40条3項の規定は、選任
のみならず解任にも及び、理事会決議によって理事長という役職を解
任することはできるものと解すべきであるから、本件理事会決議は本
件規約に違反するものではない、と主張して争った。

[関係図]

X（区分所有者・もと理事長）　　H25.3　X：理事の互選によって理事長に選任

```
本件理事会決議等の
無効確認の訴え
```

H25.10.20　本件理事会決議
　　①Xの役職を理事長から理事に変更
　　②AをXに代わる理事長に選任

Y（マンション管理組合）　　H26.7.5　本件総会決議
　　Xを理事から解任

　　H26.8　通常総会決議
　　　　　　　　　　　　　　その余の決議
　　H26.9　理事会決議

229

第8章　約款・規約等の解釈

(2)　第1審及び控訴審（原審）の判断とYの上告受理申立て理由

　第1審は、Yの理事長は建物の区分所有等に関する法律（区分所有法）3条にいう「管理者」に当たるところ、管理者の解任は規約に別段の定めがない限り集会の決議によるべきである（同法25条1項）。したがって、理事長の地位を喪失させるには規約の定めが必要であるところ、本件規約40条3項は選任についての定めであるから、これを根拠にして理事長を解職することはできないと判断しました[13]。

　控訴審（原審）は、第1審のこの判断を引用した上、前記(1)⑧のYの主張につき、「Yの役員の選任及び解任については、Yの規約に従って行われるべきであり、規約の解釈にあたっては、各規定相互の整合性等を総合考慮して行うべきであるところ、規約には、『役員の任期は、原則として2年とする。（41条1項本文）』、『理事長、副理事長、会計担当理事および書記担当理事は、理事の互選により選任する。（40条3項）』、『（役員の選任および解任については、）総会の決議を経なければならない。（53条13号）』と規定していることに照らし、役員の選任と解任とは明確に区別されていることは明らかであるから、Yの規約上、一旦選任された役員を理事会決議で解任することは予定されていないものと解するのが相当である。」と判断し、Xの役職を理事長から理事に変更する旨の本件理事会決議は、本件規約に違反して無効であると結論しました。

　そして、理事長の地位を喪失していなかったXが適法に本件規約49条1項の臨時総会の招集通知を発した以上、本件総会決議は、同条2項の要件を欠きその招集手続に瑕疵があるから無効であり、本件総会決議が有効であること等を前提とするその余の決議も無効であるとし、Yのした控訴を棄却しました[14]。

　Yは、Yにおける理事長の解職は本件規約40条3項を根拠とすることを予定していると解すべきであるから、原判決には本件規約の解釈を誤った違法

13　福岡地久留米支判平成28・3・29民集71巻10号2559頁に収録。
14　福岡高判平成28・10・4民集71巻10号2585頁に収録。

230

があると主張して、上告受理の申立てをしました。

(3)　最1小判平成29・12・18の理由と結論

　最高裁は、以下(a)〜(f)のとおり、原審の前記(2)の判断は是認することができないとして原判決を破棄し、本件を原審に差し戻しました。

(a)　区分所有法によれば、区分所有者は、全員で、建物等の管理を行うための団体を構成し、同法の定めるところにより、集会を開き、規約を定め、及び管理者を置くことができるとされ（3条）、規約に別段の定めがない限り、集会の決議によって、管理者を選任し、又は解任することができるとされている（25条1項）。そうすると、区分所有法は、集会の決議以外の方法による管理者の解任を認めるか否か及びその方法について区分所有者の意思に基づく自治的規範である規約に委ねているものと解される。

(b)　そして、本件規約は、理事長を区分所有法に定める管理者とし（43条2項）、役員である理事に理事長等を含むものとした上（40条1項）、役員の選任及び解任について総会の決議を経なければならない（53条13号）とする一方で、理事は、組合員のうちから総会で選任し（40条2項）、その互選により理事長を選任する（同条3項）としている。これは、理事長を理事が就く役職の1つと位置付けた上、総会で選任された理事に対し、原則として、その互選により理事長の職に就く者を定めることを委ねるものと解される。

(c)　そうすると、<u>このような定めは、理事の互選により選任された理事長について理事の過半数の一致により理事長の職を解き、別の理事を理事長に定めることも総会で選任された理事に委ねる趣旨と解するのが、本件規約を定めた区分所有者の合理的意思に合致するというべきである</u>。本件規約において役員の解任が総会の決議事項とされていることは、上記のように解する妨げにはならない。

(d)　したがって、上記(b)のような定めがある規約を有するYにおいては、

第8章　約款・規約等の解釈

理事の互選により選任された理事長につき、本件規約40条3項に基づいて、理事の過半数の一致により理事長の職を解くことができると解するのが相当である。

(e)　これを本件についてみると、前記事実関係等によれば、本件理事会決議は、平成25年10月20日に開催されたYの理事会において、理事の互選により理事長に選任されたXにつき、本件規約40条3項に基づいて、出席した理事10名の一致により理事長の職を解き、理事としたものであるから、このような決議の内容が本件規約に違反するとはいえない。

(f)　以上によれば、これと異なる原審の……判断には、判決に影響を及ぼすことが明らかな法令の違反がある。また、本件理事会決議が無効であり、Xの役職が理事長から理事に変更されたとは認められないことを前提として本件総会決議を無効とした原審の……判断にも、判決に影響を及ぼすことが明らかな法令の違反がある。論旨は以上の趣旨をいうものとして理由があり、原判決中Xの本訴請求に関する部分は破棄を免れない。そして、本件理事会決議の手続の瑕疵の有無等について更に審理を尽くさせるため、同部分につき本件を原審に差し戻すこととする。

前記(b)の説示からすると、最高裁は、本件規約における管理組合の機関構成につき、総会決議によって選任・解任される理事を役員と位置付け、そのようにして選任された理事の互選によって選任される理事長を理事の就く役職と位置付けており、理事と理事長という地位を明確に性質の異なるものとして区別していることが明らかです。

これに対し、第1審及び控訴審（原審）は、本件規約を形式的に（換言すると、平板に）読んだために、理事長を理事と性質を同じくする役員として位置付けています。最高裁と結論を異にした理由はここにあります。

最高裁と第1審及び控訴審とが結論を異にした理由は、前記のとおり明ら

かなのですが、最高裁の判断がそれ自体として明快なものといえるかどうかには疑問があります。

以下、最高裁のした本件規約の解釈につき、本書でこれまで検討してきた契約の解釈と対比しつつ、検討することにしましょう。

(4) 最高裁は本件規約全体の解釈によって結論を導いたのかそれとも本件規約40条3項の解釈によって結論を導いたのか

最高裁が理事の過半数の一致（すなわち、理事会の普通決議）によって理事長の職を解くことができると解釈したことは明らかなのですが、前記(3)の最1小判平成29・12・18の理由説示からは、本件規約全体の解釈によって結論を導いたのかそれとも本件規約40条3項の解釈によって結論を導いたのかは、必ずしも明らかではありません。

最高裁は、前記(3)(e)の本件事案に対する当てはめ判断部分において、「Yの理事会において、理事の互選により理事長に選任されたXにつき、本件規約40条3項に基づいて、出席した理事10名の一致により理事長の職を解き、理事としたものであるから、このような決議の内容が本件規約に違反するとはいえない」と説示していますから、この部分を取り出してみますと、明示には理事長の選任の根拠となる本件規約40条3項の定めが、理事長の解職をも含意していると解釈することができると説示するものとして読むこともできます。

しかし、前記(3)(b)において本件規約の構成の全体像を検討し、本件規約40条1項が役員である理事に理事長等を含むものとしていること、同条2項が組合員のうちから総会で理事を選任するものとしていること、同条3項がそのようにして選任された理事の互選により理事長を選任するものとしていること、同53条13号が役員の選任及び解任を総会の決議によってするものとしていること等を認定することによって、理事の地位とそれを前提とした役職としての理事長という性質の違いに係る判断をした上で、同(c)において、「このような定めは、……理事長について理事の過半数の一致により理事長の職を解き、……ことも……理事に委ねる趣旨と解するのが、本件規約を定

233

第8章 約款・規約等の解釈

めた区分所有者の合理的意思に合致する」との結論を導いているところから
しますと、本件規約全体の解釈によって結論を導いたと読むのが正確である
と考えられます。

　ただし、後者の読み方もまた、本件規約中の他の条項の趣旨と整合的に本
件規約40条３項を解釈したのであって、そのような解釈の結果、理事長解職
の根拠となるのは選任の根拠である本件規約40条３項なのである（前記(3)(e)
の説示はその趣旨に出るものである）と説明すれば、前者の読み方と結局のと
ころ違いはないということになります。

(5)　区分所有法と最１小判平成29・12・18

　区分所有法は、建物の管理等を行うために全員参加の団体を構成すること
ができるとしています（同法３条）。この団体には、法人格のない社団とし
ての管理組合と管理組合法人（同法47条）との２種類がありますが、前者の
法人格のない社団としての管理組合による例が圧倒的に多いのが現実です。

　区分所有法は、法人格のない社団としての管理組合において、管理業務を
管理者が行うこととしており（同法25条１項、26条）、この場合を一般に「管
理者方式」と呼びます。同法25条１項は、自治規範としての規約中に管理に
ついて別段の定めをすることを認めており、管理業務を集会で選任された複
数の理事によって構成される理事会に委ねることを認めており、この場合を
一般に「理事会方式」と呼びます。

　法人格のない社団であるＹ管理組合の本件規約は、管理業務を理事会方式
によることとしており、その具体的内容は、前記(3)(b)のとおりです。

　第１審判決は、前記(2)のとおり、本件規約43条２項が理事長を区分所有法
３条にいう「管理者」としていることを根拠にして、前記のとおり理事会方
式を採用している管理組合の理事長の解任（解職）に同法25条１項の規定を
適用したのですが、本件規約における理事長の職務ないし地位と同法３条に
いう「管理者」の職務ないし地位とを同一視して同法25条１項の規定を適用
するという論理の運びに大きな飛躍を感じざるを得ません。

　これに対し、控訴審判決（原判決）は、役員の解任については本件規約53

条13号の定めが適用されるから、Xの役職を理事長から理事に変更するには総会の決議を経なければならないと判断しました。このように、本件理事会決議を無効とする結論は第1審判決と同じですが、無効とする理由を本件規約違反に求めており、その理由付けは全く異なります。

最後に、最1小判平成29・12・18は、前記(4)にみたとおり、Yの役員としての理事という地位と理事の就く役職としての理事長という地位との性質の相違を明らかにした上で、本件規約の解釈によって理事会決議によって解職することができると結論したのです。

このように、最高裁も、原判決と同様、本件規約の解釈をしたのであって、区分所有法の解釈をしたわけではありません。この辺りは、判決を読む上での基礎であり、誤読することのないようにしたいものです。

(6) 団体役員としての地位と役員の就く役職との峻別という発想

団体役員としての地位と役員の就く役職とを峻別するという考え方は、何も目新しいものではありません。

一般社団法人及び一般財団法人に関する法律（以下「一般法人法」といいます。）は、一般社団法人において理事を役員とし、社員総会の決議によって役員を選任し、解任することができることとし（同法63条1項、70条1項）、定款の定めによって理事会を置くことができるものとし（同法60条2項）、理事会設置一般社団法人においては理事会に代表理事の選定及び解職の権限を付与しています（同法90条2項3号）。

また、会社法は、取締役を株式会社の役員とし、株主総会の決議によって役員を選任し、解任することができることとし（同法329条1項、339条1項）、定款の定めによって取締役会を置くことができるものとし（同法326条2項）、取締役会設置会社においては取締役会に代表取締役の選定及び解職の権限を付与しています（同法362条2項3号）。

以上のように、一般社団法人及び株式会社においては、役員としての理事又は取締役という地位と、理事又は取締役の就く役職としての代表理事又は

第8章　約款・規約等の解釈

代表取締役という地位とを峻別した上、選任・解任又は選定・解職する権限を有する機関を一致させています。

　一般法人法及び会社法における以上の制度設計は、団体の機関構成として合理的かつ効率的なものということができます。これらの制度と異なり、理事会又は取締役会に代表理事又は代表取締役の選定権限はあるが解職権限はないとしたり、社員総会又は株主総会に代表理事又は代表取締役の解職権限はあるが選定権限はないといった制度設計をするときは、一般社団法人又は株式会社の運営が合理的かつ効率的に遂行されることは期待することはできません。

　区分所有者の管理組合の運営についての問題として視野を狭窄させることなく、団体運営一般に共通する問題として示した規約の解釈に合理性があることに思い至ることができます。

　ただし、一般法人法も会社法も、前記のとおり、明文で代表理事又は代表取締役の選定・解職権限の所在を規定しています。本件紛争は、標準管理規約[15]とそれに準拠した本件規約が理事長の選定権限の所在について明示の定めを置いたにもかかわらず、その解職権限の所在について明示の定めを置かなかった（本件規約40条3項）ばかりか、その文言のみに従って形式的に読むときは、理事長の解職権限の所在に係る定めと読むこともできないではない不明瞭な定めを置いた（本件規約40条1項、53条13号）ことに端を発しています。

　標準管理規約と本件規約の作成者は、最1小判平成29・12・18の説示したように読むのが当然であると考えていたのかもしれません。しかし、本件第1審及び控訴審（原審）の裁判官は、そのようには読まなかったのです。本件最高裁判決は、法律文書の作成に当たる者に対し、その基本に立ち戻る重要性を教える教材でもあります。

(7)　「区分所有者の合理的意思」に言及する意味

　前記(3)(c)のとおり、最1小判平成29・12・18は、最高裁が採ることとし

15　国土交通省住宅局長通知「マンション標準管理規約（単棟型）」（平成28年3月に改正される前の平成16年1月23日国総動第232号・国住マ第37号通知）。

3　規約の解釈——最1小判平成29・12・18

た本件規約の解釈が「本件規約を定めた区分所有者の合理的意思に合致する」と説示しています。

　この説示部分のみを卒然と読むときは、最高裁が採ることとした本件規約の解釈につき、最高裁において本件規約制定時の区分所有者の多数を占める者が実際に考えていた内容（意思）についての事実認定をした上で、それと一致していることを確認したかのようにみえます。

　しかし、このような読み方が正しくないことは、明らかです。なぜなら、最高裁には事実認定権限がないところ、本件第1審及び控訴審の事実審は、本件規約制定時の区分所有者が実際にどのようなことを考えて本件規約の内容を定めたのか、区分所有者の多数を占める者がどうであったのか、反対意見があったのかどうかといった事実関係について全く証拠調べをしておらず、当然のことながらそのような点についての事実認定をしてはいないからです。

　前記(3)(c)の第1文のうちの「本件規約を定めた区分所有者の合理的意思に合致する」の部分は、本件規約の解釈として合理的であるとの趣旨をいうに帰着することになります。結局、前記(3)(c)の第1文は、「そうすると、このような定めは、理事の互選により選任された理事長について理事の過半数の一致により理事長の職を解き、別の理事を理事長に定めることも総会で選任された理事に委ねる趣旨と解するのが<u>相当</u>というべきである。」と書き換えることができます。

　また、本件規約制定時の区分所有者の多数を占める者が実際に考えていた内心の意思を問題にしたかのような誤解を生まないためには、前記のような簡明な説示の方が望ましいとすらいうことができます。

　ただし、最高裁が「区分所有者の合理的意思」に言及したことに全く意味がないわけではありません。それは、あまりにも当然の事柄ではありますが、区分所有者の自治的規範である規約という法律行為の解釈をする場合の導きの星は「区分所有者の合理的意思」であることを宣明するという意味です。

237

第8章　約款・規約等の解釈

　ここまできますと、多くの読者は気付かれたことでしょうが、約款の解釈を検討するために取り上げた最2小判平成26・12・19が、前記2(3)(d)において、「したがって、本件賠償金条項において排除措置命令等が確定したことを要する『乙』とは、本件においては、本件共同企業体又は『A及びY』をいうものとする点で<u>合意が成立している</u>と解するのが相当である。」と説示したことです。

　前記の説示部分は、あたかも請負契約の当事者間において成立した具体的合意の内容を認定したかのようにみえるのですが、実はそうではなく、「本件共同企業体又は『A及びY』をいうものと解するのが相当である。」と書き換えることができると説明しました。最高裁は、契約に取り込まれる約款の場合には、その解釈の導きの星が「契約当事者間で成立したと考えられる合理的内容の合意」であることを宣明したのです。

　翻って考えてみますと、本書で扱った契約の解釈、遺言の解釈、約款の解釈及び規約の解釈の導きの星は、それら法律行為の当事者の合理的意思であるというに帰着するということになります。ですから、法律行為の解釈の類型として大別して本来的解釈と規範的解釈の二つがあると説明して頭の整理をするのですが、いずれの類型に分類されようとも、解釈という作業は、そこで問題とされている条項につき、考慮要素とされる具体的事実を総合することによって法的意味を解明する作業としての法律判断の問題なのだということになります。

　約款の解釈及び規約の解釈を扱った本章は、法律行為の解釈の基本に立ち戻る契機を与えてくれています。

(8)　最1小判平成29・12・18の位置付け

ア　事例判例であることと実際に及ぼす影響の範囲

　最1小判平成29・12・18は、前記(3)(b)の定めを有するマンション管理組合の規約の解釈を示した事例判例ですから、それと同旨の定めを有する管理組合の規約を射程に収めるものです。

　前記(6)のとおり、本件紛争の発生原因は、本件規約に理事長の選任に関す

238

る明示の定めは存するものの、その解任（解職）に関する明示の定めが存しなかったところにあるのですが、それは、準拠した標準管理規約がそうであったことに起因しています。そして、平成28年3月改正の標準管理規約もこの点を改正していませんから、本件最高裁判決は、実際上、マンション管理の実務にかなり大きな影響を及ぼすものであって、現在でも参照する価値のある判例ということになります。

　ところで、本件最高裁判決は、理事長の解職権限の所在に関するものであり、役員である理事の解任は、本件規約53条13号の定めに従って総会決議によることになります。

　　イ　規約の解釈が法律問題であることの確認

　前記(7)において、規約の解釈の問題が事実認定ではなく、法律判断の問題であることの論理的説明をしました。

　最1小判平成29・12・18は、前記(3)(f)において、「以上によれば、これと異なる<u>原審の……判断には</u>、判決に影響を及ぼすことが明らかな<u>法令の違反がある。</u>」と説示し、契約の解釈のみならず規約の解釈の問題につき、最高裁として、法律判断の問題であることを明示しています。

　当然の理屈ではありますが、最高裁の立場を確認しておくことにしましょう。

終章　契約の解釈の全体像

終章　契約の解釈の全体像

1　はじめに

　本書を執筆することにした筆者の目的は、単に筆者が正しいと又は適切で合理的であると考える「契約の解釈」の方法を提唱するところにあるのではなく、私たちの身の回りで（現代の家族生活・社会生活・経済生活において）実際に使われている契約を素材にして、当該契約を締結した当事者間でどのような条項についてどのように意見の対立（紛争）が生じ、その紛争が訴訟に発展し、訴訟における当事者間の主張と立証とを反映したはずの判決によってどのように判断されたかを動的に解析することによって、生きた「契約の解釈」の方法を正確に把握するとともに、今後の「契約書の作成」に活かすべきレッスンを得ようとするところにあります。

　このような目的から、本書は、客観的な分析と批判の対象にするのに適した最高裁判決をもって確定した事案を素材として、当該事案における当事者の主張・立証及び下級審判決の判断等を分析しつつ、それまでの最高裁判例の中に位置付けることによって、できるだけ正確で客観的な「現代における契約の解釈」の全体像を示すことを試みています。

　本書は、このような目的の下、序章に始まり終章を含めて全10章で構成されていますが、この終章では、本書の全体構成を簡潔に振り返るとともに、読者に留意しておいていただきたい点を取り上げて説明しておくことにします。

2　序章及び第1章から第3章まで──総論──

(1)　序　章

　序章は、個人であれ法人であれ、現代の家族生活・社会生活・経済生活が

240

「契約」なしに一日たりとも送ることができないという現実を、「身分から契約へ」という人口に膾炙された標語によって説明しています。

(2) 第1章──契約の解釈とは

第1章は、契約の解釈をする判断プロセスが、第1ステップ（契約条項の表現、当該契約に係る取引慣行等を確定する事実認定の性質を有する作業）と第2ステップ（契約条項の意味を確定する法律判断の性質を有する作業）の2段階から成り立っていることを説明しています。

一般に「契約の解釈」の問題という場合には、前記の第2ステップの問題を指しています（これを「狭義の契約の解釈」ということもできます。）から、（狭義の）契約の解釈は法律問題であるということになります。本文中で繰り返し言及したところですが、最高裁は、この立場に立つことを様々な機会に明らかにしています。

次に、契約の解釈の類型論を取り上げています。すなわち、民法の解釈論ではないのですが、（狭義の）契約の解釈に、大別して「本来的解釈」と「規範的解釈（これを更に「補充的解釈」と「修正的解釈」とに分類する立場もあります。）」の二つの類型があることを解説しています。

そして、債権法改正の際、このような類型論を反映させた条文化の動きが法学研究者の一部にありましたが、最終的にはそれが見送られました。この債権法改正の際の議論の大筋を把握しておくことは、契約条項の解釈をめぐって意見の相違（紛争）が発生したときに、意見の相違の原因は何か、相手方はいずれの類型に属する解釈をしているのか等を分析するのに役立ちます。

(3) 第2章──契約の解釈における基本問題

第2章は、契約の解釈が争われる場合に、法律実務家として身に付けておくことが望ましい基本問題を解説しています。

まず、契約の解釈の基準時の問題を取り上げています。契約の解釈をめぐる紛争は、過去に締結された契約が現在（紛争発生時又は事実審の口頭弁論終結時）の当事者間の権利義務をどのように規律しているかという問題に係る

終章　契約の解釈の全体像

ものですから、契約の解釈の基準時は、契約締結時ではなく現在であるということになります。特に、継続的契約の条項の解釈が問題になるときに、解釈の基準時が主要争点になることがありますので、正確に理解しておく必要があります。

　次に、契約の解釈の考慮要素を検討しています。法律実務家は、契約の解釈が争われて訴訟になった場合には、必ず自らの採用する解釈が合理的であるゆえんを主張しなければなりません。したがって、どのような事由が考慮要素になるのか、複数の考慮要素間の重要度はどのような序列であるのかを把握しておくことは、法律実務家にとっての基礎知識であるといって過言ではありません。

　そして、最高裁は、契約の解釈を「当事者の合理的意思解釈」の問題として位置付けていて、本来的解釈によるべき場合と規範的解釈によるべき場合とをあらかじめ一定の基準（標準）によって区別することができるという立場に立ってはいませんから、基本的には、本来的解釈における考慮要素を検討してもなお、契約当事者間の経済的利益のバランスをとることができないといった特段の事情が存する場合には、考慮要素として交換的正義といった規範的観点を導入することによって、結論としての判断に到達することになります。このような過程を経て到達した契約の解釈の結論的判断を規範的解釈によったものと分類することになるのです。第2章では、このような消息をも解説しています。

　法律実務家の中には、本来的解釈によるべき場合と規範的解釈によるべき場合とをあらかじめ区別することのできる基準（標準）があれば、正解に辿り着きやすいと考える向きがあるかもしれません。

　しかし、前記(2)に挙げた債権法改正の際の議論は、そのような便利な基準（標準）を作るのが極めて困難であること、及び抽象化されたそのような基準（標準）を作った場合には、当事者及び法律実務家にとって、実際の事案の解決に資する便益よりも解決を硬直化させる又は議論の混迷を招く弊害が大きくなる可能性があることを示唆しています。債権法改正の際の議論を本

242

2 序章及び第1章から第3章まで──総論──

書でかなり詳細に取り上げたのは、このあたりの理解の向上を期待してのことです。

(4) 第3章──本来的解釈と規範的解釈との識別、契約の解釈と法規の適用との識別

第3章は、第1章及び第2章で取り扱った契約の解釈の基本を前提に、近時の最高裁判決を素材として、やや難易度の高い問題を検討しています。

まず、本来的解釈によって解釈の結論に到達したのか、それとも規範的解釈によって解釈の結論に到達したのかの識別の問題を取り上げました。請負契約におけるいわゆる「入金リンク条項」につき、第2章で検討した本来的解釈の考慮要素を順次検討するプロセスを通じて、本来的解釈によって結論に到達することができることを確認することができましたが、そこでの解釈の論理が請負契約の有償双務契約性という民法の任意規定に大きく依拠しているところに着目すると、根底において規範的解釈によっていると考えることができることを指摘しました。

第2章で取り上げた担保目的の代物弁済に係る最高裁判決は、規範的解釈によって結論を導いたことが誰の目にも分かりやすいものです。しかし、「入金リンク条項」に係る最高裁判決は、一見すると、本来的解釈によって結論を導いているようにみえるのですが、その背後に規範的観点が通奏低音のように流れているのです。このように、具体的な契約条項についての解釈の実際を検討してみますと、本来的解釈と規範的解釈という類型があくまでも理念型としてのものであって、相互に排他的な関係に立つものではないことを体感することができます。

次に、法律の解釈と契約の解釈の識別の問題を取り上げました。一つの紛争を解決するために、法律の解釈（法規の適用）によって結論を導くという方法と、当事者間で締結されている契約の解釈によって結論を導くという方法が存することは、自明であるといってよいでしょう。しかし、裁判所のした判断がそのいずれの方法によったのかを識別することがしかく容易であるとは限りません。また、実際の紛争の解決に当たって、そのうちのいずれの

243

終章　契約の解釈の全体像

方法によるのが賢明であるのか、説得力があるのかは慎重に検討する必要があります。そこで、最高裁判決を素材にして、この点を検討しています。

3　第4章及び第5章—各論—

(1)　第4章——本来的解釈をめぐる主要な問題

第2章において、本来的解釈の複数の考慮要素間の重要性の序列につき、一般的には「①契約条項の文理→②条項間の整合性→③契約締結の目的→④契約の交渉経緯→⑤契約締結後の経緯→⑥取引慣行・通念」になるとの分析を示しましたが、第4章では、契約の解釈が争われた具体的契約を素材にして、各考慮要素の意味と重要性の序列について解説しています。

前記の検討の過程で、約款の本質論、約款の解釈についての原則—「作成者不利の原則」、「免責条項の類推（拡大）解釈禁止の原則」といった原則—をも取り上げることによって、契約の解釈と約款の解釈との関係を検討するとともに、第8章（約款、規約等の解釈）への橋渡しの役割を果たしています。

ところで、「催告による解除」に係る現行民法541条ただし書は、「ただし、その期間を経過した時における債務の不履行がその契約及び取引上の社会通念に照らして軽微であるときは、この限りでない。」と規定していますが、ここにいう「軽微であるとき」とは、その契約の解釈として、「契約締結の目的達成に重大な影響を及ぼす債務の不履行とはいえないとき」を意味することを明らかにすることによって、第4章で取り上げた最高裁の事例判例が現行民法541条ただし書として明文化されたことを示し、司法と立法とのダイナミズムの一端に触れています。

(2)　第5章——規範的解釈をめぐる主要な問題

第2章において、考慮要素として交換的正義の観点を導入することによって結論として合理的な判断に到達したために規範的解釈をしたものと位置付けられている最高裁判例を検討しましたが、規範的解釈の考慮要素は交換的正義の観点に限られるものではありません。

そこで、第5章では、交換的正義の観点をよりどころとして規範的解釈を

した別の最高裁判例、規範的解釈をした原判決を手続的正義の観点から破棄して「文言に忠実に」の本来的解釈をすべきものとした最高裁判例、任意規定の採用する規範を契約の解釈に導入した最高裁判例を取り上げることによって、規範的解釈の諸相を検討しています。

また、前記の検討の過程で、契約締結後紛争発生時までの諸般の事情が契約の解釈の考慮要素になり得ることを説示した最高裁判例の存在を指摘し、第2章において検討した契約の解釈の基準時の問題を復習しています。

4　第6章―争点の構造論―

契約の解釈が訴訟において争点になる態様としては、契約の解釈が訴訟物についての帰趨を決する争点である場合（第1類型）が典型的ではありますが、それ以外に、契約の解釈が法律の解釈適用をめぐる問題の下部構造を成している場合（第2類型）、契約の解釈が事実認定をめぐる問題の下部構造を成している場合（第3類型）があります。

第1類型に属する訴訟については、第1章から第5章までにおいて繰り返し取り上げて検討しましたので、第6章では、第2類型及び第3類型に属する訴訟を取り上げ、契約の解釈という争点の訴訟における出現の仕方を検討しています。やや高度で難解な問題のように受け取られるかもしれませんが、「訴訟の構造」に係るものであり、法律実務家としては理解しておくことが望まれます。

そして、第2類型に属する訴訟を検討することによって、消費者契約法10条にいう「法令中の公の秩序に関しない規定の適用による場合に比して消費者の権利を制限し又は消費者の義務を加重する消費者契約の条項であって、民法第1条第2項に規定する基本原則に反して消費者の利益を一方的に害するもの」に当たるかどうかを決する前提としての契約の解釈においては、先回りして任意規定の採用する規範的観点を導入した規範的解釈によることは相当でなく、本来的解釈によるべきであることが明らかになりました。

前記2(3)において、「基本的には、本来的解釈における考慮要素を検討し

245

終章　契約の解釈の全体像

てもなお、契約当事者間の経済的利益のバランスをとることができないといった特段の事情が存する場合には、考慮要素として交換的正義といった規範的観点を導入することによって、結論としての判断に到達することになります」と説明しましたが、この説明と前記の「規範的観点を導入した規範的解釈によることは相当でなく、本来的解釈によるべきである」場合との関係を無理なく理解するためには、「契約の解釈という争点の訴訟における出現の仕方」についての訴訟構造論を身に付けておく必要があります。

すなわち、契約の解釈という争点の訴訟における出現の仕方としては第1類型に属するものが典型であり多数ですから、原則論としてみれば、前記2⑶のように理解するのが適切であるのですが、例外である第2類型に属する訴訟においては、原則論がそのまま通用することはないのです。

この辺りの理解が身に付き、実際の場面で無理なく使いこなせるようになった時が、法律実務家としての実力がワンランクアップした時ということになります。

5　第7章及び第8章―展開編―

⑴　第7章――遺言の解釈

第7章では、単独行為の典型例である遺言の解釈を取り扱いました。多数の最高裁判例を分析することにより、遺言の解釈の考慮要素は、「①遺言書の条項の文言→②当該条項と他の条項との関係→③遺言者の実現しようとした目的→④遺言書作成に至った経緯→⑤遺言者の置かれていた状況」になるとの結論に至りました。

遺言の解釈の考慮要素についてのこのリストと契約の本来的解釈についての前記3⑴のリストとを比較すると、遺言という法律行為の性質上問題にならないことが当然である要素を除き、実質的に相違がないこと、遺言の解釈において強調されることの多い「遺言者の真意」は、「遺言者が当該条項によって実現しようとした目的」をいうのであって、「遺言者の真意の探求」＝「遺言の解釈」と考えるのは正確ではない（最高裁判例の立場ではない）こ

246

とを詳説しました。

遺言の解釈は、契約の解釈と性質の異なる作業ではなく、法律行為の解釈として連続性のある問題の一場面であるという理解に達したものと期待しています。

(2) 第8章——約款・規約等の解釈

第8章では、拘束される関係者が多数に上ることが予定される約款及び規約の解釈を取り扱っています。

まず、請負契約の一部を構成する約款につき、いわゆる「作成者不利の原則」を採用したといってよい最高裁判例を取り上げています。「合意の成否」という事実認定を問題にしているようにみえて、約款の解釈を問題にしているという基礎的なところから、共同企業体を指す「乙」の表記をもって「共同企業体又はその構成員全員」をいうとの結論を導いた解釈を検討しています。

次に、マンションの管理組合の規約における「理事は、組合員のうちから総会で選任する。その互選により理事長を選任する。」との条項が理事長の解職（理事長の役職にある者の地位を理事に変更すること）に適用されるかどうかが争われた最高裁判例を取り上げています。理事長の選任に関する明示の定めは存するものの、解職に関する明示の定めが存しないことに起因する紛争であり、本件規約及びその準拠した標準管理規約の作成上の問題を認識させる判例です。また、最高裁は、規約の解釈についても法律判断の問題であることを明示しており、このような基本的問題についても参考になる判例です。

6　結　び

序章において述べたように、本書は、最高裁判例を素材にして、契約の解釈という問題の現時点における到達点を確認しつつ、将来の展望を得ようというものです。

したがって、多数の最高裁判例を取り上げましたが、その目的は、読者に

終章　契約の解釈の全体像

対して個別の事例として参考に供するというところにあるのではなく、契約
の解釈をめぐって争われる様々な論点につき、単に理屈の問題としてではな
く、実際に生起した具体的紛争のコンテクストに位置付けることによって、
契約の解釈という問題の全体像の輪郭を鮮明に把握するというところにある
のです。

　この終章は、そのような本書における最終メッセージです。

事項別索引

【英字】

a+b	111
business customs and practices	22,37,211
consistency	37,210
contra proferentem	98,220
distinction	206
history after the execution of the contract	37,211
history up to the execution of the contract	37,211
hypothetical question	22
language	37,210
purpose	37,210
reasonable balance of economic benefits / justice on fair exchange	53
under the condition that	6

【あ行】

明渡し擬制条項	155
明渡猶予期間	139
明渡猶予の約定	134
後継ぎ遺贈	175
いいとこどり	65
遺言条項の特定不特定	187
遺言代理禁止の原則	184
一義的明確性	172,180
一時的契約	25,143
一般危急時遺言	169
オープンアカウント	70

【か行】

解釈の基準時	24,140
回収不能のリスク	64
解除条件	126
課徴金納付命令	216
仮定的判断	22
加盟店基本契約	69
加盟店契約	27
慣習	7
管理組合法人	234
管理者方式	234
関連条項の整合的解釈	119
期限	54,58
規範的解釈	13,42
——の基準	62
業界慣行	68
狭義の解釈	13
共同企業体	216
区別（distinction）	206
経験則に反する認定	165
継続的契約	25,143
契約条項によって実現しようとした目的	102
契約条項の文言に忠実に	85
契約説	98
契約締結当時の諸事情	166
契約の主たる目的	107
契約の有効的解釈	145
限定解釈	146
合意の欠缺	75,80
交換的正義	129,221
更新の申出	6
更新申入れを拒絶	8
公正取引委員会	216
合理的平均人	101
個別訴訟	157
混合契約	78

事項別索引

【さ行】

債権法改正	4, 14
——の基本方針	15
——の目的	19
債権放棄の抗弁	124
最終意思の実現	169
債務の不履行がその契約及び取引	
上の社会通念に照らして軽微で	
あるとき	112
作成者不利（contra proferentem）	
の原則	98, 220
差止訴訟	157
仕入報奨金（リベート）の開示義	
務	77
自己責任の原則	222
事実認定	10, 26
事実認定上の争点	162
事実問題	90, 198
自治的規範	231
実現しようとした目的	67
私法統一国際協会	78
社会的経済的状況の変化	147
修正的解釈	13
出世払いの合意	63
受任者の報告義務	71
準委任	72
条件	54
条項間の統一的・整合的解釈	93
条項によって実現しようとした目	
的	99, 173
条項の文言	119
消費者契約の解釈	156
条理	62
事例判例　32, 59, 61, 108, 206, 224, 238	
真意の探求	169
信義則	62, 158

信頼関係の破壊	143
信頼関係破壊論の二面性	144
推定相続人廃除の審判	170
占有正権原	139
訴訟上の和解	132

【た行】

第一次遺贈	175
第二次遺贈	175
団体役員としての地位	235
単独行為	168
賃料改定期間	135
通常生ずべき損害	115
つっかい棒	222
停止条件	58, 124
適格消費者団体	149
できるかぎり適法有効	172
手続的正義の観点	138
典型契約	78, 80
当事者の合理的意思	129
当事者の真意	173
当事者の目的	7
特段の事情	76, 110, 145, 166
特別の事情によって生じた損害	115
取引慣行又は社会通念	113
取引の通念	7

【な行】

二義なく特定	194
入金リンク	54
任意規定	62, 69, 141, 158
認定問題の下部構造	148, 159

【は行】

場合判例	47, 118
排除措置命令	216
配分的正義	62, 129

事項別索引

判例の射程	101,206
判例理論	79,106
標準管理規約	236
不確定期限付遺贈	179
付随的債務	106
不測の不利益	221
負担付遺贈	179
フランチャイザー	27
フランチャイジー	27
法規説	98
法人格のない社団としての管理組合	234
法律行為の解釈を誤った違法	7,8
法律行為をするに至った事情	7
法律判断	10,20,26
法律問題	33,48,59,90,111,131,189,198,239
——の下部構造	148,149
補充的解釈	13,75
本来的解釈	13,26,225
——をした事例判例	35

【ま行】

民法（債権関係）の改正に関する中間試案	17
無催告解除条項	141,153
免責規定の類推解釈及び拡張解釈禁止の原則	98
目的論的解釈	225
文言に忠実に	137

【や行】

役員の就く役職	235
約款	98
やむを得ない事由	144
有償双務契約	58,61
ユニドロワ	78

要素たる債務	106

【ら行】

理事会方式	234
理念型	13
留保合意の成立	126
例文	142

【わ行】

和解成立以後の諸般の状況	136
和解の成立に至った経緯	136

判例索引

(年月日順)

大判大正 4 ・ 3 ・24民録21輯439頁 ………………………………………… 63

大判昭和14・10・13民集18巻17号1137頁 ………………………………… 184

最 2 小判昭和27・ 4 ・25民集 6 巻 4 号451頁 …………………………… 144

長野地松本支判昭和27・12・16民集 9 巻 6 号671頁 ……………………… 170

東京高判昭和28・ 6 ・27民集 9 巻 6 号674頁 ………………………………… 170

最 3 小判昭和30・ 5 ・10民集 9 巻 6 号657頁 [42] ……………………… 169

最 2 小判昭和31・ 3 ・30民集10巻 3 号242頁 [15] ………………………… 137

最 3 小判昭和31・ 5 ・15民集10巻 5 号496頁 [28] ………………………… 79

最 3 小判昭和31・ 6 ・26民集10巻 6 号730頁 [43] ………………………… 144

最 3 小判昭和36・11・21民集15巻10号2507頁 [126] ……………………… 106

最 1 小判昭和37・ 4 ・ 5 民集16巻 4 号679頁 [39] ………………………… 145

最 3 小判昭和38・ 6 ・ 4 民集17巻 5 号716頁 [47] ………………………… 124

大津地判昭和38・ 9 ・30民集22巻 3 号593頁 ……………………………… 125

大津地彦根支判昭和39・ 6 ・25民集21巻 9 号2439頁 …………………… 44

最 1 小判昭和39・10・ 8 集民75号589頁 …………………………………… 165

大阪高判昭和39・12・16民集22巻 3 号601頁 ……………………………… 126

福岡地判昭和40・ 4 ・12金判98号13頁 ……………………………………… 104

最 2 小判昭和40・ 7 ・ 2 民集19巻 5 号1153頁 [49] ……………………… 145

福岡高判昭和40・ 9 ・20金判98号12頁 ……………………………………… 105

大阪高判昭和40・ 9 ・30判時435号42頁 …………………………………… 44

大阪高判昭和40・11・15下民集16巻11号1704頁 …………………………… 130

東京地判昭和40・11・22訟月11巻12号64頁 ………………………………… 86

最 1 小判昭和41・ 1 ・27民集20巻 1 号136頁 [8] ………………………… 144

最 1 小判昭和41・ 4 ・28民集20巻 4 号900頁 [115] ……………………… 46

東京地判昭和41・ 8 ・25民集22巻12号2755頁 ……………………………… 142

最 1 小判昭和41・ 9 ・29民集20巻 7 号1408頁 [74] ……………………… 45

最 1 小判昭和42・ 3 ・30集民86号773頁 …………………………………… 144

東京高判昭和42・ 7 ・17民集22巻12号2764頁 ……………………………… 142

最 1 小判昭和42・11・16民集21巻 9 号2430頁 [120] ……………… 12, 122

最 2 小判昭和43・ 2 ・23民集22巻 2 号281頁 [7] ……………………… 102

最 2 小判昭和43・ 3 ・15民集22巻 3 号587頁 [17] ……………………… 123

東京高判昭和43・ 8 ・30訟月14巻10号20頁 ………………………………… 87

大阪高判昭和43・ 9 ・10民集23巻 8 号1462頁 ……………………………… 134

最 2 小判昭和43・ 9 ・20判タ227号146頁 ………………………………… 63

判例索引

最 1 小判昭和43・11・21民集22巻12号2741頁 ［128］ ················· 141,151,172

最 3 小判昭和44・ 2 ・18民集23巻 2 号379頁 ［6 ］ ······················· 144

最 1 小判昭和44・ 7 ・10民集23巻 8 号1450頁 ［48］ ······················ 132

最 1 小判昭和47・ 3 ・ 2 集民105号225頁 ······························· 85

最 1 小判昭和51・ 7 ・19集民118号291頁 ······························· 5

長崎地判昭和54・11・29（昭和53年（ワ）第446号）判例集未登載 ········ 176

福岡高判昭和55・ 6 ・26家月36巻 3 号154頁 ··························· 177

静岡地富士支判昭和57・ 2 ・25金判745号 9 頁 ························· 161

最 2 小判昭和58・ 3 ・18判時1075号115頁 ···························· 174

東京高判昭和59・ 3 ・22金判745号 8 頁 ······························· 161

最 1 小判昭和61・ 2 ・27判時1193号112頁 ···························· 159

東京地判昭和61・12・17民集47巻 1 号27頁 ··························· 183

東京高判昭和62・10・29民集47巻 1 号32頁 ··························· 184

神戸地判平成 3 ・ 3 ・26判時1397号100頁 ····························· 95

大阪高判平成 3 ・11・29判タ777号201頁 ······························ 95

最 3 小判平成 5 ・ 1 ・19民集47巻 1 号 1 頁 ［1 ］ ······················ 181

最 2 小判平成 7 ・11・10民集49巻 9 号2918頁 ［39］ ···················· 93

東京地判平成 8 ・ 4 ・23金判1122号19頁 ······························ 192

最 3 小判平成 9 ・ 2 ・25判時1599号66頁 ······························ 113

東京高判平成 9 ・12・10金判1122号16頁 ······························ 192

最 3 小判平成13・ 3 ・13判時1745号88頁 ······························ 189

神戸地判平成14・11・ 6 金判1233号34頁 ······························ 201

大阪高判平成15・11・26金判1233号29頁 ······························ 201

東京高判平成17・ 2 ・24金判1250号33頁 ······························ 30

最 2 小判平成17・ 7 ・22判時1908号128頁 ···························· 199

東京地判平成19・ 1 ・12（平成17年（ワ）第19021号、第19727号）判例集未登載 ······· 71

東京高判平成19・ 5 ・31（平成19年（ネ）第877号）判例集未登載 ········· 71

最 2 小判平成19・ 6 ・11集民224号521頁・判タ1250号76頁 ··········· 26,27

最 2 小判平成20・ 7 ・ 4 判時2028号32頁 ······························ 69

東京地判平成20・ 7 ・30金判1357号20頁 ······························ 57

最 1 小判平成21・ 1 ・22民集63巻 1 号228頁 ［4 ］ ···················· 80

東京高判平成21・ 2 ・25金判1357号17頁 ······························ 57

東京高判平成21・ 8 ・25LLI/DB判例秘書L06420449 ··················· 77

最 3 小判平成22・ 7 ・20集民234号323頁 ····························· 64

最 1 小判平成22・10・14判時2097号34頁 ···························· 54

最 2 小判平成23・ 7 ・15民集65巻 5 号2269頁 ［21］ ··················· 158

横浜地川崎支判平成24・ 8 ・27金判1471号34頁 ························ 216

253

判例索引

東京高判平成25・4・17金判1471号31頁 ……………………………………… 217
最大決平成25・9・4民集67巻6号1320頁［14］ …………………………… 25
最2小判平成26・12・19判時2247号27頁 …………………………………… 213
福岡地久留米支判平成28・3・29民集71巻10号2559頁………………………… 230
福岡高判平成28・10・4民集71巻10号2585頁……………………………………… 230
最1小判平成29・12・18民集71巻10号2546頁［33］ ……………………… 226
大阪地判令和元・6・21民集76巻7号1757頁……………………………………… 151
大阪高判令和3・3・5民集76巻7号1820頁……………………………………… 151
最1小判令和4・12・12民集76巻7号1696頁………………………………… 149

・最高裁判例の後ろに付された［　］の番号は、最高裁判例解説民事篇における解説掲載
　番号となります。
・ゴシック体は、検討事例の素材となった判例となります。

〔執筆者略歴〕

田　中　　豊（たなか　ゆたか）

弁護士（大江・田中・大宅法律事務所）

［略　歴］

1973年東京大学法学部卒業、1977年ハーバード大学ロー・スクール修士課程修了（L.L.M.）、1975年裁判官任官、東京地方裁判所判事、司法研修所教官（民事裁判担当）、最高裁判所調査官（民事事件担当）等を経て1996年弁護士登録（東京弁護士会）

慶應義塾大学大学院法務研究科教授（2004年～2021年）

司法試験考査委員（民事訴訟法　1989年～1998年／民法　1990年）

新司法試験考査委員（2006年11月～2007年10月）

［主要著書］

『衆議のかたち1──アメリカ連邦最高裁判所判例研究（1993～2005)』（東京大学出版会、2008年・共著）／『債権法改正と裁判実務──要件事実・事実認定の重要論点』（商事法務、2011年・編著）／『債権法改正と裁判実務Ⅱ──要件事実・事実認定の重要論点』（商事法務、2013年・編著）／『Q&A金融ADRの手引き──全銀協あっせん手続の実務』（商事法務、2014年・編著）／『和解交渉と条項作成の実務』（学陽書房、2014年）／『衆議のかたち2──アメリカ連邦最高裁判所判例研究（2005～2013)』（羽鳥書店、2017年・共著）／『民事訴訟判例読み方の基本』（日本評論社、2017年）／『論点精解　民事訴訟法』（民事法研究会、2018年）／『法律文書作成の基本〔第2版〕』（日本評論社、2019年）／『判例でみる音楽著作権訴訟の論点80講』（日本評論社、2019年・編著）／『紛争類型別　事実認定の考え方と実務〔第2版〕』（民事法研究会、2020年）／『論点精解　改正民法』（弘文堂、2020年）／『事実認定の考え方と実務〔第2版〕』（民事法研究会、2021年）／『最高裁破棄判決──失敗事例に学ぶ主張・立証、認定・判断』（ぎょうせい、2022年）

255

契約の解釈

——訴訟における争点化と立証方法

令和7年3月18日　第1刷発行
令和7年5月15日　第2刷発行

著　者　田　中　　豊
発　行　株式会社 ぎょうせい

〒136-8575　東京都江東区新木場1-18-11
URL：https://gyosei.jp

フリーコール　0120-953-431

ぎょうせい お問い合わせ 検索 https://gyosei.jp/inquiry/

〈検印省略〉

印刷　ぎょうせいデジタル株式会社　　　　　©2025　Printed in Japan
※乱丁・落丁本はお取り替えいたします。
ISBN978-4-324-11510-7
(5108995-00-000)
〔略号：契約解釈〕